PE

Dr. Volker Zotz

FREIHEIT UND GLÜCK

Buddhas Lehren für das tägliche Leben

Verlag PETER ERD · München

Umschlaggestaltung: Barbara Klauer

Printed in West-Germany
ISBN 3-8138-0090-3

Das menschliche Dasein gleicht einer Feder,
wie ein Stückchen Flaum wird man vom Umstand des
Windes umhergeweht. Bald oben,
bald unten, bald links, bald rechts.... planlos
und ohne Absicht....

Doch kann dieses federleichte Dasein
auch ein freies schwereloses Schweben erleben.
Wer die Gesetze des Windes kennt,
kann sich selbst ausrichten, um im Aufwind
zu sein. Mit Leichtigkeit
bewegt er sich mit Hilfe des Windes, benutzt
ihn und seine Gesetze, um in eine
selbstgewählte Richtung zu steuern.

INHALT

Dem Gedächtnis an
Dr. Ernst Pagenstecher
und seine Frau Traude
gewidmet

VORWORT

Sind Alter, Krankheit und Tod für mich wirklich Bedrohungen, die zwangsläufig Schmerz, Kummer und Verzweiflung bringen müssen? Wie kann ich trotz der zahlreichen inneren und äußeren Probleme, die mich leiden lassen, dauerhaftes Glück und wahren Frieden finden? Ist es möglich, in jedem Augenblick des Lebens aus einer wachen und klaren Bewußtheit zu handeln? Muß ich ein Opfer ungewollter Umstände sein, oder kann ich mein Dasein tatsächlich selbst in die Hand nehmen? Wie wird aus einem trüben, eintönigen Alltag ein erfülltes und vollkommenes Leben? Gibt es eine Erkenntnis, die mir echte Freiheit schenken kann?

Vor mehr als 2500 Jahren lebte in Indien ein Weiser, der auf diese Fragen eindeutige Antworten fand. Man nannte ihn den *Buddha*, was in indischen Sprachen »der Erwachte« bedeutet, denn in jeder Situation behielt er einen wachen und ungetrübten Geist. Obwohl er auf ein Königreich als Erbe verzichtete und die Kriegskunst, die er in seiner Jugend erlernte, niemals ausübte, wurde er zu einem der einflußreichsten Menschen der Weltgeschichte. Ungezählte Frauen und Männer fanden durch seine Weisheit, die sich bald über ganz Asien verbreitete, zu einem glücklichen und erfüllten Leben.

Nun sind 2500 Jahre eine lange Zeitspanne, und Indien ist ein fernes Land. Sind jene Antworten, die der weise Buddha damals auf die Kernfragen des Lebens fand, auch hier und heute noch aktuell? Können sie uns bei der Bewältigung unserer täglichen Schwierigkeiten hilfreich sein?

Echte Weisheit ist zeitlos. Die Bedeutung eines wahren Weisen besteht darin, daß er *Gesetzmäßigkeiten der Natur und des Geistes* aufzeigt, die immer gültig sind. So, wie die Lehren der Weisen Griechenlands und Chinas stets Geltung besitzen, verkündete auch der Buddha eine zeitlose Botschaft. Echte Weisheit kann das Leben jedes Menschen bereichern, gleichgültig welcher Religion er angehört, welche Sprache er spricht und wo sein Platz in der Gesellschaft ist. Die Lehren des Buddha kennen dabei keine engstirnigen Dogmen. Sie stellen die persönliche Erfahrung des Menschen und seine großartigen Möglichkeiten zu innerem Wachstum in den Mittelpunkt.

Aber es ist ein schillerndes Gewand, in das sich diese zeitlose Botschaft hüllt, und es heißt aufzupassen, daß man dadurch nicht vom Eigentlichen abgelenkt wird. Wer die Lehren des Buddha zur Meisterung seines Daseins nutzen möchte, darf dies keinesfalls mit einer Faszination von exotischen Sitten und Gebräuchen verwechseln. Das würde bedeuten, daß man überlieferte *Formen* über die wesentlichen *Inhalte* stellt.

Diese wesentlichen Inhalte sind praktisch anwendbare Hilfen: Der Buddha zeigte seinen Schülern, was sie tun können, um jene Freiheit zu finden, die sie sich wünschen. Er gab dazu Ratschläge für das tägliche Leben: zum rechten Gebrauch des *Denkens* und der *Erkenntnis,* zur *Lebensführung* und zur *Meditation.*

Jene Ratschläge des Buddha und anderer großer Weiser aus Indien, Tibet, China und Japan, die in seiner Nachfolge standen, bilden die Grundlage des vorliegenden Buches. Es möchte diese wesentlichen Inhalte in der Sprache unserer Zeit vermitteln, ohne dabei an traditionellen Formen zu haften. Im Zentrum stehen folgende Fragen: »Wie kann mir die Weisheit des Buddha heute im täglichen Kampf helfen? Wie komme ich zu einer meditativen Lebenshaltung, die mir geistige Klarheit, wache Handlungsfähigkeit und inneren Frieden schenkt? Welche praktischen Übungen können hierzu förderlich sein? Wie fange ich an?«

Die Weisheit des Buddha ist oftmals erstaunlich einfach. Viele Menschen suchen nach hochtrabenden Systemen, die schwer verständlich und möglichst undurchschaubar klingen. Aber das, was uns Zufriedenheit und Erfolg bringen kann, ist in Wahrheit meist ganz simpel. Wer meint, nur das Komplizierte und Teure könnte hilfreich sein, übersieht dabei leicht die einfachen Schritte, die wir selbst zu Freiheit und Glück gehen können.

Der Buddha weist stets auf das Naheliegende. Der Mensch neigt dazu, sich durch Fragen und Überlegungen, die nichts mit seinen *unmittelbaren* Schwierigkeiten zu tun haben, abzulenken oder noch zusätzliche Probleme zu schaffen. Dabei wissen wir oft ganz genau, wo wir beginnen sollten. Doch wir haben Angst, es könnte mühselig oder beschwerlich ein, das Naheliegende zu tun. Wir schaffen uns ungezählte Ablenkungen, die uns im entscheidenden Moment vom Wesentlichen fernhalten. So verschieben wir alles auf eine unbestimmte Zukunft und verdrängen aus unserem Bewußtsein, daß jeder Augenblick ein entscheidender ist, in dem wir die Richtung unseres Lebens grundsätzlich ändern könnten.

Wir können den Weg zu Glück und Freiheit einschlagen. Oder aber auch Sklaven der äußeren Umstände und unserer Ablenkungen bleiben. Die Wahl liegt bei jedem einzelnen Menschen. Die einfachen und auf das Naheliegende gerichteten Ratschläge des Buddha zeigen sichere Möglichkeiten auf, wie man das eigene Leben selbstverantwortlich und schöpferisch gestaltet. Meditative Methoden unterstützen diesen Weg und führen zu klarer Bewußtheit und ungeahnten Erkenntnissen. Angst vor der Veränderung wird überwunden. Wir kommen in die Lage, endlich und wirklich zu werden und zu tun, was wir wahrhaft wollen. Wir verwirklichen die Harmonie mit den Gesetzen der Natur und des Geistes.

Wer mehr aus seinem Dasein machen möchte, wer sich nicht länger mit Scheinerklärungen, Ablenkungen und Entschuldigungen, die man selbst nicht glaubt, zufriedengeben möchte, kann in den Lehren des Buddha klare Anregungen erwarten, um für sein Leben Antworten auf lange gestellte Fragen zu finden.

Die folgende Darstellung einiger wichtiger Lehren des Buddha für das tägliche Leben gründet sich auf Vortragsmanuskripte und Mitschriften aus Seminaren, die von mir in den vergangenen Jahren an verschiedenen Orten, insbesondere am Buddhistischen Zentrum in Wien, abgehalten wurden. Zudem konnte ich in wenigen Punkten auf eine kurze sechsteilige Einführung in die Botschaft des Buddha zurückgreifen, die ich vor einigen Jahren unter der Redaktion Lama Anagarika Govindas verfaßte (Kasar-Devi-Publication Almora, Indien 1980).

Die Anregung zur Zusammenstellung vorliegenden Buches entstammt einem inspirierenden Gespräch mit dem Verleger Peter Erd, dem ich an dieser Stelle für die Verwirklichung herzlich danke. Gewidmet sei es dem Andenken an Dr. Ernst Pagenstecher und seine Frau Traude, die mir in früher Jugend durch ihr Vorbild die Lehre des Buddha in wunderbarer Weise nahebrachten.

Wien, im Mai 1987 Dr. Volker Zotz

1. Kapitel

DAS LEBEN UND BEISPIEL DES BUDDHA

Jahrtausendealte Texte[1] aus Asien berichten die folgende wahre Geschichte: Vor mehr als 2500 Jahren wurde im Norden Indiens ein Knabe geboren, der den Namen *Siddhartha* erhielt. In sehr bevorzugten Verhältnissen erblickte der Junge das Licht der Welt. Zu jener Zeit bestanden im nordostindischen Raum zahlreiche Fürstentümer. Der Vater des Kindes war gewählter Herrscher eines solchen Staates. Lumbini, der Geburtsort des Knaben, befindet sich auf dem Gebiet des heutigen Königreiches von Nepal.

Auf Grund der hohen sozialen Stellung der Familie war es selbstverständlich, daß auch der Sohn in eine ähnlich wichtige Funktion hineinwachsen sollte, wie der Vater sie innehatte. Entsprechend gestaltete sich die Erziehung und Ausbildung: Die besten Lehrer waren bestrebt, dem künftigen Regenten des Landes vollkommene Kenntnisse und Fertigkeiten zu vermitteln. Neben einer umfassenden Bildung waren dies auch Waffenkünste, denn schließlich war der Vater als Fürst ein Angehöriger des Kriegerstandes.

Die alten Texte berichten uns auch über den unvorstellbaren Luxus, der die Kindheit und Jugend des Prinzen Siddhartha begleitete. Ausführlich erfahren wir von einem außergewöhnlichen materiellen Reichtum und den damit verbundenen zahllosen Möglichkeiten der Zerstreuung. Dem jungen Prinzen standen alle nur denkbaren Vergnügungen zur Verfügung. Musikanten sorgten in seinen Palästen für Unterhaltung, hübsche Tänzerinnen warteten dem Prinzen auf und lasen ihm jeden Wunsch von den Augen ab.

Siddhartha schöpfte alle Möglichkeiten vollkommen aus: Er genoß die gebotenen Vergnügungen ebenso, wie er sich eine für seine Zeit optimale Bildung aneignete und seine geistigen und körperlichen Fähigkeiten schulte.

Alles Negative hielt man jedoch vom Prinzen fern: Trauriges, Häßliches und Leidvolles sollte er nicht erleben. Vielleicht spielte dabei eine Rolle, daß seine Mutter kurz nach der Geburt gestorben war, worauf Vater und Pflegemutter alles Kummervolle aus dem jungen Leben verbannen wollten. Auch glaubte man, seiner Neigung zu stillem und tiefem Nachdenken auf diese Weise entgegenzuwirken. So kannte er nur Genuß, Freude und Glück.

Als Siddharta sechzehn Jahre alt war, bemerkten seine Angehörigen, daß er sehr verschlossen und nachdenklich wurde. Er sann über sein Leben nach: Er besaß alles im Überfluß. Aber materieller Reichtum und die Gewißheit, jede Lust befriedigen zu können, führen zum Überdruß, wenn man nicht einen tieferen Sinn im Dasein entdeckt, der über das bloße Genießen hinausgeht. Unbewußt sehnte sich der Prinz nach einem anderen Leben.

Wen wundert es, daß seine Umgebung auf derartige Tendenzen höchst besorgt reagierte und befürchtete, er könnte trotz seiner Begabung auf einen Eintritt in die politische Laufbahn und den ihm winkenden Herrscherberuf verzichten. Nicht zuletzt aus diesem Grunde wurde er im Alter von sechzehn Jahren mit einem Mädchen seiner Liebe verheiratet. Auf diese Weise hoffte man, den Prinzen für immer an die Welt des Reichtums und der Macht zu binden. Ein Sohn ging aus Siddharthas glücklicher Ehe hervor. Um ihn ganz für ein Leben nach den Vorstellungen seiner fürstlichen Familie zu gewinnen, bestimmte man Siddhartha zum Mitregenten des Landes. Dennoch erkannte der Prinz dieses Leben in Macht, Lust, Glück und Herrlichkeit in seinem tiefsten Inneren als etwas Wirklichkeitsfremdes und Einseitiges, als eine extreme Lebensform, die auf lange Sicht unbefriedigend bleibt.

Der Preis des Lebens

Das Bestreben seiner Angehörigen, ihm nur das Schöne und Gute zu zeigen, hatte Siddharthas Bewegungsraum auf die fürstlichen Schlösser und Parks beschränkt. Oft dachte er daran, ob sich nicht vielleicht jenseits des abgegrenzten Bereiches der Paläste etwas finden könnte, was ihn Überdruß und Unzufriedenheit vergessen lassen würde. Und so berichten uns die alten Texte, wie es ihn aus der Sicherheit des Gewohnten hinaustrieb. Der junge Familienvater und Mitregent seines Landes wollte nun auf Ausritten auch jene Dinge kennenlernen, mit denen Menschen seines Standes normalerweise jede Konfrontation vermieden.

Dabei widerfuhren ihm entscheidende Einschnitte seines Lebens: Gleich bei seiner ersten Ausfahrt erblickte er am Wegesrand einen menschlichen Körper, der schwach und ausgezehrt unter der indischen Sonne lag. Schockiert vom Anblick eines derart entstellten Leibes, mußte der Prinz erfahren, daß jener Mensch an einer als unheilbar geltenden Krankheit litt. Es wurde ihm klar, wie häufig Kummer und Verzweiflung über körperliche Schmerzen in dieser Welt vorkommen. Er stellte sich die Möglichkeit vor, daß der gewohnte Lauf seines überglücklichen Lebens durch Krankheit plötzlich unterbrochen würde. Der Rausch des Genusses wäre dann vom Leiden abgelöst; doch welchen Sinn sollte all das haben? Die Frage ließ ihn nicht mehr los.

Später begegnete er einem vom Alter und der Last eines schweren Lebens gebeugten Greis. Siddhartha beobachtete, wie diesem Manne alles eine unendliche Mühe bereitete. Nichts mehr erinnerte an die einstige Kraft und Jugendfrische, die ihn früher wohl beseelt hatte. Mit einem Male wurde dem Prinzen da bewußt, wie *auch er* dem Alter entgegensteuerte. Selbst wenn ihm das Los einer Krankheit erspart bliebe, seine Kraft würde in fernerer Zukunft sicher abnehmen und der Leib verwelken. Und da war wieder diese Frage: Welchen Sinn sollte all das haben?

Schließlich führte eine der Erkundungsfahrten Siddhartha zu seiner erschreckendsten Entdeckung: Erstmals stand er vor einem Leichnam und sah sich mit dem Tode konfrontiert. Niemals war die Tatsache, die ihm dabei entsetzlich vor Augen stand, im Palast erwähnt worden: Auch wenn man dem Fluch der Krankheit und eines schweren Alters entgeht, *der Tod steht jedem Menschen bevor. Er ist der Preis des Lebens.*

Das Gesehene stellte Prinz Siddharthas bisherige Lebensweise in Frage, wie es noch kein Gefühl des Unbefriedigtseins vermocht hatte. Eines wußte er genau: Kein Glück dieser Erde hätte von nun an so groß sein können, ihn seine Fragen vergessen zu lassen. Warum kommt ein Mensch zur Welt, lebt, leidet und verschwindet wieder? Welche Gesetzmäßigkeiten stehen hinter seinem Dasein? Gibt es ein wahres Glück, das unabhängig von den Wechseln des Lebens besteht, jenseits der Extreme von Werden und Vergehen, Geburt und Tod, Lust und Leid, Gewinn und Verlust?

Bei einer weiteren Ausfahrt kam es zu einer Begegnung anderer Art. Der Prinz traf einen Mann, dessen Züge innere Freiheit verrieten und der in heiterer Gelassenheit seines Weges ging. Beeindruckt von dessen Ausstrahlung, brachte er in Erfahrung, daß jener Mann ein wandernder Weiser wäre, der sein Leben frei von materiellen Bindungen ganz der Suche nach dem Sinn des Daseins gewidmet hätte.

Diesen Weisen kleidete ein einfaches Tuch, kein kostbares Gewand; er besaß kein Pferd und keinen Wagen, seine Füße gingen im Staub der Erde; er hatte niemandem zu befehlen, und ihm gehörte nur das, was er bei sich trug. Kein Reichtum und keine Macht standen ihm zur Verfügung, um all den Kummer, den er täglich unter den Menschen sehen mußte, durch Zerstreuungen zu vergessen. Und trotzdem erstrahlte er in echter, aus der Tiefe seines Wesens kommender Freude.

Ausgelöst durch diese Begegnung, wuchs in Siddhartha eine folgenschwere Entscheidung heran. Er entschloß sich, sein altes Leben aufzugeben, um sich vollkommen der Klärung seiner Fragen zu widmen. Wenn es eine Möglichkeit gäbe, die Unzulänglichkeiten des menschlichen Lebens aufzuheben, dann müßte er sie finden. Wenn es einen sicheren Weg gäbe, der vom Leiden zu wahrem Glück und ungetrübter Freude führte, dann wollte er ihn entdecken. So nahm er sich vor, seine gesamte Energie auf dieses eine Ziel zu richten.

Nichts sollte ihn an diesem Entschluß hindern; allen Ablenkungen wollte er entsagen. Gegen den Wunsch seiner fassungslosen Familie verließ er den Palast, verzichtete freiwillig auf Macht, Prunk und

Reichtum. Neunundzwanzig Jahre war Siddhartha alt, als er so ins Ungewisse zog.

Wege und Irrwege

Die Umstellung war groß: Die Sicherheit behüteter Räume und bequemer Transportmittel wich einem Leben und Wandern in unwirtlicher Natur. Siddhartha, der nur die köstlichsten Speisen einer fürstlichen Küche kannte, mußte hart gegen den Ekel kämpfen, als er erstmals mit armen Menschen ihre karge Nahrung teilte. Doch sein Entschluß stand fest: Er wollte unter innerlich freien Menschen Lehrer finden, die ihm bei der Suche nach Antworten auf seine Fragen halfen.

Im geistigen Leben des damaligen Indien herrschte eine große schöpferische Unruhe. Viele Menschen suchten nach Gesetzmäßigkeiten des Daseins, nach einer *Todlosigkeit* jenseits des Wandels von Werden und Vergehen, um Geburt und Sterben einen Sinn zu verleihen. An vielen Orten fanden sich Wahrheitssucher zusammen, entstanden Philosophenschulen, scharten sich Gruppen Lernbegieriger um Mystiker mit unterschiedlichsten Lehren und Übungssystemen. Hier wollte auch Siddhartha sich umsehen.

Dabei konnte er zunächst beobachten, welche verschiedenen Wege und Irrwege Menschen auf der Suche nach dem Sinn beschritten. So traf er Fakire, die sich in Stacheln und Asche wälzten, ihre Körper mit schlammiger Erde einrieben und die wenigen Stunden des Schlafes auf Dornen, rauhem Felsgestein oder im Wasser verbrachten. Andere hielten sich ständig an Leichenverbrennungsstätten auf, um mit dem Anblick der qualmenden Scheiterhaufen stets die Vergänglichkeit vor sich zu sehen. Es gab auch solche, die sich absichtlich quälten, indem sie ihre Glieder unnatürlich verrenkten und in solchen Stellungen lange Zeit aushielten. Schließlich waren da jene, die sich zwischen heiße Feuer setzten, um in höllischen Gluten zu schmoren.

Siddhartha wollte wissen, aus welchem Grunde Menschen derartiges taten. Sie erklärten ihm, daß sie sich zu Lebzeiten freiwillig solchen Qualen unterwürfen, um dereinst nach dem Tode ein ewiges Glück zu erlangen. Sollte man durch selbstgewählte Schmerzen tatsächlich wahres Glück gewinnen können? Diese Leute, dachte Siddhartha, berauschen sich am Leid, wie er selbst sich zuvor durch die Lust der Zerstreuungen berauscht hatte. Beides waren einseitige Extreme, die ein Erkennen der Wirklichkeit des Lebens nicht zuließen. Wer den Weg sinnlosen Leidens einschlägt, wird sich selbst immer tieferes Leid erschaffen. Hier konnte er nichts Positives lernen. Siddhartha zog weiter.

Er begegnete nun anderen Gruppen und Lehrern, die behaupteten, im Besitz von Einsichten in die Wahrheit zu sein. Es handelte sich dabei um scharfsinnige Denker, die gewaltige und komplizierte Systeme zur Erklärung der Welt aufgestellt hatten. Mit spitzfindiger Logik diskutierten sie über ihre Spekulationen und hielten ihre schön formulierten Ansichten und Meinungen für die Wahrheit selbst. Siddhartha durfte erkennen, daß nicht nur der einseitige Genuß oder der Weg in selbstgewähltes Leid eine Flucht vor der Wirklichkeit war, auch durch den Umgang mit *nur erdachten* Erklärungssystemen, so klug diese auch sein mögen, kann man vor dem eigentlichen Leben fliehen. Das war es nicht, was Siddhartha wollte. Ihm ging es nicht darum, die Lust am Genuß durch die Lust am Schmerz oder am Schwelgen in Meinungen zu ersetzen. Er verlangte danach, etwas vom Sinn und den Gesetzen des Daseins zu *erfahren.*

Schließlich fand Siddhartha doch zwei Mystiker, die ihm echte Erfahrungen vermitteln konnten. Sie lehrten meditative Yogapraktiken, welche zur Verwirklichung eines leidfreien Geisteszustandes führen sollten. Nacheinander schloß er sich diesen beiden Weisen an.

Nun hat wirkliche Yogapraxis wenig mit dem gemeinsam, was heute oft als solche angepriesen und verkauft wird. Sie bedeutet in der Konsequenz vielmehr eine harte und unerbittliche Disziplinierung des Körpers, der Seele und des Geistes, die den gesamten Tag, jeden Augenblick des Lebens in Anspruch nimmt und jenem, der tatsächlich fortschreiten möchte, keinerlei Schlaffheit oder Trägheit gestatten kann.

Wie uns die alten Texte darlegen, verstand und verwirklichte Siddhartha in kürzester Zeit die Ziele der Lehren beider Meister. Einer von ihnen bot ihm daraufhin die Leitung der Schülergemeinschaft an, doch er lehnte ab. Mystische Erlebnisse, die andere als höchstes Heil ansahen, erschienen ihm unzureichend. Was nützte es letztlich, in einer rauschhaften Ekstase den Kummer für einige Zeit zu verdrängen, wenn menschliche Sorgen, Leid und Tod damit weder beseitigt noch in ihrem Sinn erklärt wurden? Sollte echtes Glück wirklich in der Hingabe an Erfahrungen jenseits der Grenzen von Zeit und Raum bestehen, oder war dies nur eine weitere Flucht, eine andere Art des Verdrängens der großen Rätsel des Daseins? Siddhartha zog weiter.

Harte Disziplin hatte er durch diese Schulung verwirklicht und zudem Grundsätzliches gelernt: Er wußte nun ganz sicher, daß nur die *eigene Erfahrung* Klarheit verschafft, niemals das *bloße Annehmen* der Theorien anderer. Durch die systematischen Meditationsübungen erlangte er zudem eine Erweiterung des Bewußtseins. So merkte er, wie ihm Erfahrungen jenseits der Beschränkungen normaler sinnlicher Wahrnehmung zugänglich wurden, wie sich hier aus größerer Perspektive Einsichten auftaten, die ihn das Leben deutlicher sehen ließen. Zwar fühlte er sich noch nicht am Ziel, doch er wußte, daß er nach weiterer Entfaltung seines Bewußtseins streben mußte.

Zunächst dachte er, es wäre möglich, das Bewußtsein mit Gewalt zu erweitern, indem er mit aller Kraft gegen Triebe und Vorstellungen, die ihn von einer klareren Schau der Wirklichkeit abhielten, innerlich ankämpfte. Er wollte es erzwingen. Doch indem er seine Empfindungen unterdrückte, entstand eine starke körperliche Unruhe und Nervosität. Daraufhin versuchte er, den Körper gewaltsam zu beruhigen. Zu diesem Zwecke übte er das möglichst lange Anhalten des Atems. Doch anstatt beruhigt, fühlte er sich hierdurch elend und krank. Deshalb versuchte er eine weitere Gewaltkur: Er wollte den Körper, der ihm höherer Erfahrung hinderlich schien, dadurch ruhig und gefügig machen, daß er ihm keine oder möglichst wenig Nahrung zuführte. Doch auch derartige Askese brachte ihn nicht seinem Ziel näher. Er fühlte nur, daß er immer schwächer wurde. Fast zum Skelett abgemagert, begannen ihm die Körperhaare auszufallen. Als er sich schließlich nicht mehr auf den Beinen halten konnte, begriff er, wie nahe er nun selbst dem Tode war.

In diesem kritischen Augenblick ging ihm die Erkenntnis auf, wie ausgerechnet er, der Unzulänglichkeit und Leid überwinden wollte, sich durch sein eigenes Tun in immer tieferes und vermehrtes Leiden verstrickte. Mit dem Tode ringend, verdichtete sich in ihm die Sicherheit, daß ein solcher Irrweg der Entbehrungen und Schmerzen weder zur Aufhebung des Leidens, noch zur Einsicht in die Gesetzmäßigkeiten des Daseins führt. Deutlich sah er: *Zwang und Gewalt sind keine tauglichen Mittel,* um wesentliche Einsichten zu gewinnen oder das Leben zu meistern.

Im Rückblick betrachtete er seinen bisherigen Weg, sein unermüdliches Streben, seinen immer erneuten und vollkommenen Einsatz. Wohin hatte all das ihn gebracht? Die Lehren und Übungen der hervorragendsten Meister seiner Zeit hatte er verwirklicht, die härteste Askese bis an die Schwelle des Todes ausgehalten, nichts war unversucht geblieben in seinem Kampf um Erkenntnis. Und doch konnte er sich seit seiner ersten erschütternden Begegnung mit Alter, Krankheit und Tod noch immer nicht vollständig von beschränkenden Meinungen, Ansichten und Vorurteilen lösen. Seine Methoden waren noch nicht die rechten gewesen. Und so ließ er in diesem Moment der Todesnähe von allem verbissenen Streben ab, entspannte Körper und Geist.

Dieses innere Loslassen führte dazu, daß in Siddharthas Erinnerung spontan eine längst vergessene Erfahrung der Jugendzeit wieder aufstieg: Er dachte daran, wie er einst als Knabe seinen Vater zum Frühlingsfest begleiten durfte. Während dieser als Fürst seinen zeremoniellen Pflichten nachging, hatte Siddhartha sich unter einem Baum niedergesetzt. Er betrachtete die Natur, die ihn umgab, und beobachtete Tiere. Vor ihm bewegte sich eine Echse auf ihrer Jagd nach Insekten. Eine Schlange hatte sich bereits die Echse als Beute ausersehen, während gleichzeitig ein hungriger Greifvogel über der Schlange kreiste. Der junge Prinz, der damals gefühlsmäßig erschaute, wie Leben von Leben lebt, wurde hierdurch von tiefem Mitempfinden zur ihn umgebenden Natur erfüllt. Sein Bewußtsein weitete sich in ungewohnter Weise: Er spürte in sich eine Zusammengehörigkeit allen Lebens und verwirklichte so für kurze Zeit *das Erlebnis unbeschreiblicher Harmonie mit allem,* was existierte.

Der Rückblick auf diese frühe Erfahrung schenkte dem von seinem asketischen Streben geschwächten Siddhartha neues Vertrauen. Auf diese Weise wollte er weitermachen. Nicht Zwang und Gewalt sollten ihm die ersehnten Erkenntnisse verschaffen. Er fühlte, daß es einfach darum ging, *die Dinge so zu sehen, wie sie sind,* ungetrübt und der Wirklichkeit gemäß.

Das Erwachen

So entschlossen, begann er, sich durch ausreichende Nahrung zu stärken. War er bislang damit beschäftigt gewesen, *krampfhaft etwas zu erreichen,* nahm er sich nun vor, in weiteren Meditationen einfach nur seinen Körper, seine Gefühle und seine Gedanken *ruhig zu betrachten.* Er wollte sich selbst und alles andere in der Welt nüchtern und der Wahrheit entsprechend erkennen.

Fünfunddreißig Jahre war Siddhartha alt, als er sich mit dieser Absicht an einem Vollmondtag im Mai unter einem schattenspendenden Pappelbaum niedersetzte. Er blieb dort auch, nachdem die Dunkelheit hereinbrach. In der Nacht geschah es dann: Der ehemalige Prinz und heimatlose Wanderer sollte die Frucht seines unermüdlichen Strebens, seines Irrens und Versuchens ernten. In seiner Meditation gelangte er zu einer wahrhaftigen Schau der Welt: Er erkannte auf einmal die *Gesetzmäßigkeiten,* nach denen Welt und Leben sich gestalten. Er entlarvte die *Ursachen* der von ihm zuvor beklagten Leiden. Und schließlich sah er einen gangbaren *Weg,* den jeder Mensch zur Befreiung von Leid und Unzulänglichkeit beschreiten kann.

Er selbst war diesen Weg in aller Konsequenz gegangen, wodurch er die wunderbarste aller Möglichkeiten des Daseins verwirklichte: Er war ein ganzer, ein *vollkommener* Mensch geworden, der zugleich die Grenzen des Menschseins erreicht und überschritten hatte. Alter, Krankheit und Tod verloren für ihn jeden Schrecken.

Die alten Texte nennen dieses wunderbare Erlebnis Siddharthas sein *Erwachen.* Er wurde seither *der Buddha* genannt, was »der Erwachte« bedeutet. Weshalb dieser Titel? Ist nicht jeder Mensch wach, wenn er nicht gerade schläft?

Das Erwachen des Buddha ist umfassender als nur wie aus Schlaf oder Traum. *Er erwachte vom Leben.* Denn so, wie der Schlaf für das Bewußtsein einem Dämmerzustand und wie der Traum einem verzerrten Erleben gleicht, ist auch das normale menschliche Dasein ein *Zerr-*

bild eigentlicher Wirklichkeit. Die tatsächliche Stellung des Einzelnen im Ganzen wird dabei nicht erfahren.

Ausführlich berichten uns die alten asiatischen Texte vom Erwachen des Buddha: Er erfuhr es als ein intensives, das Bewußtsein erweiterndes *Erinnern.* Seinen ganzen Lebensgang überblickte er, sodann traten all die anderen Wesen, die für seine Existenz verantwortlich waren, in sein Bewußtsein, und schließlich reichte seine derart erweiterte Erinnerung in endlosem Werden und Vergehen zurück bis zum Entstehen dieses Kosmos. Er sah, *wie nichts aus sich heraus existiert,* sondern alles in einer Reihe von Bedingungen und Ursachen steht, die bis in die unendliche Vergangenheit zurückreicht. Das Erwachen sprengte die enge menschliche Wahrnehmung: Er sah seine Beziehung zu allem, was in dieser Welt existiert.

Wie kann das Wesen eines solchen grundlegenden, die ganze menschliche Persönlichkeit wandelnden Erlebnisses, wie es Siddhartha in jener Nacht erfuhr, beschrieben werden? Jedermann kennt in beschränktem Ausmaße derartige Erfahrungen! Es sind plötzlich aufblitzende Erkenntnisse, die mit dem Begriff *Intuition* bezeichnet werden, Augenblicke, in denen sich eine Frage spontan und unmittelbar klärt. Untersucht man solche intuitiven Erkenntnisse genauer, wird deutlich, daß sie keineswegs so »spontan« sind, wie sie zunächst erscheinen, sondern vielmehr Resultat vorangegangener Arbeit, Überlegung und Anstrengung und deren unbewußter Auswirkungen.

Als Ergebnis einer so ablaufenden Kettenreaktion kann das Erwachen des Buddha angesehen werden: als intuitive, dynamische Erfahrung eines Menschen, der den Weg bis an die äußersten Grenzen seines Körpers, seines Fühlens und seines Geistes nicht scheute, im vollkommenen Einsatz seines Lebens.

Der Weise

Der Buddha kannte nun die Gesetzmäßigkeiten des Daseins; er wußte, wie man seinem Leben Sinn verleihen konnte. Er sah die in Gier, Haß und Verblendung verstrickten Menschen, wie sie aus Unkenntnis grundlegender Prinzipien Schmerz, Kummer und Verzweiflung ertragen mußten. Und so entschloß er sich, seine Erkenntnisse weiterzugeben und jedem, der an sich arbeiten möchte, den von ihm erschauten Weg zu weisen.

Schnell verbreitete sich der Ruf seiner Weisheit, und Ungezählte wollten von ihm lernen. Bis er im Alter von achtzig Jahren starb, durchwanderte er Indien. Um ihn bildete sich ein stets wachsender Kreis von Schülern und Nachfolgern, denen er seine Erfahrungen praktisch vermittelte.

Vom Bauern bis zum König, vom Analphabeten bis zum Gelehrten war er für jedermann zu sprechen. Jedem Hörer und Frager entwickelte er seine Lehre entsprechend dessen Lebenssituation und Verständnisfähigkeit. Das Erlebnis des Erwachens hatte ihm umfassend die Relativität alles Existierenden gezeigt: *Restlos alles besteht in Beziehung zu anderem, bedingt und verursacht durch anderes, auch der Mensch.* Daher steht jede Persönlichkeit in einem anderen Netz von Ursachen und Bedingungen und benötigt jeweils ihren ganz persönlichen Zugang zur Wahrheit. So hinterließ der Buddha der Nachwelt einen reichen Schatz an Weisheit, der von einfachsten Gleichnissen bis zu tiefsten philosophischen und psychologischen Darlegungen alles enthält.

Seine Weisheit verhinderte Kriege, zeigte soziale Ungerechtigkeiten auf und bildete für weite Teile Asiens den Ausgangspunkt einer großartigen kulturellen Entwicklung. Für den Buddha selbst aber stand immer wieder *das konkrete Leben des einzelnen Menschen* und die Möglichkeiten, es vom Leiden zum Glück zu führen, im Mittelpunkt. In stets neuer Weise zeigte er jene Wahrheiten und Gesetze auf, mit denen im Einklang zu leben »beglückend ist im Anfang, beglückend in der Mitte und beglückend im Ende«.

Auf seinen langen Wanderungen kam er auch durch die ehemalige Heimat. Seine Angehörigen, die einst mit dem Auszug Siddharthas aus dem Palast nicht einverstanden gewesen waren, nahmen nach ersten Zweifeln die Botschaft des Buddha entgegen. Der Vater, die Frau und auch der Sohn wurden seine begeisterten Schüler.

Als der achtzigjährige Buddha den Körper furchtlos zum Sterben niederlegte, hatte er 45 Jahre lang ungezählten Menschen einen *Weg zu innerer Freiheit und wahrem Glück* gewiesen. Stets lautete dabei sein

Grundsatz: »Willkommen sei mir ein einsichtiger Mensch, der offen, ehrlich und aufrecht ist. Ich leite ihn an und zeige ihm Tatsachen auf. Geht er nach der Anleitung vor, wird er in kurzer Zeit selber erkennen und sehn. Auf diese Weise wird er völlig von der Fessel des Nichtwissens befreit.«[2]

Praktische Möglichkeiten

Der Geist des großen Weisen lebt in seinen überlieferten Lehren fort. Darum gilt diese Einladung des Buddha heute noch und richtet sich *auch an Sie!* Wenn Sie die notwendige Offenheit, Ehrlichkeit und Aufrichtigkeit für eine echte Arbeit am eigenen Wesen aufbringen möchten, bieten sich Ihnen dadurch zahlreiche praktische Möglichkeiten, selber zu erkennen und die Fessel des Nichtwissens zu lösen.

Die Weisheit des Buddha ruht auf drei Pfeilern: *Wissen, Lebensgestaltung* und *Meditation.* Diese drei Elemente finden sich auch in allen Anregungen, die Ihnen hier stufenweise aufeinander aufbauend gegeben werden. Vor jeder praktischen Übung zur Meditation und Lebensgestaltung werden jeweils die zugrundeliegenden Gesetzmäßigkeiten, wie sie der Buddha und seine großen Nachfolger entdeckten und lehrten, dargestellt, denn dieses Wissen ist für das praktische Leben notwendig.

Alles, war wir tun, um uns zu verändern, läuft in der Regel in *drei Schritten* ab: Zuerst nehmen wir einen neuen Gedanken auf, erlernen seinen Inhalt. Dann denken wir darüber nach, lassen ihn in unserem Inneren wirken. Schließlich setzen wir das, was aus dieser Beschäftigung in unserem Geist gereift ist, ins tägliche Leben um. Je genauer Sie daher eine Gesetzmäßigkeit der Natur und des Geistes *kennen,* um so bewußter und wirksamer können Sie diese *umsetzen.*

Die Denkfähigkeit ist ein wesentlicher Bestandteil unseres Menschseins. Das Wissenwollen und Nachdenken ist also auch eine der hauptsächlichen Funktionen Ihres Innenlebens. Sie sollten aus diesem Grunde von Ihrem Denken bestmöglichen Gebrauch machen: Wenn Denken und Tun übereinstimmen, vollziehen sich die erwünschten Veränderungen mit stärkster Kraft.

Würden Sie lediglich die praktischen Übungen vornehmen, ohne zu wissen, *warum und wozu*, glichen Sie einem Menschen, der nur laufen möchte, gleichgültig, *wohin* sein Weg führt. Die Beschäftigung mit Meditation könnte dann leicht eine neue Flucht vor der Wirklichkeit werden. Vielleicht vermittelte sie angenehme Empfindungen, aber die grundlegende Unkenntnis würde daran hindern, Leid und Unwissenheit mit der Wurzel auszureißen. Wenn Sie nach *wahrer Freiheit* streben, sollten Sie schon auf dem Wege möglichst klar wissen, weshalb Sie etwas tun, auch wenn Sie auf weiteren Stufen der Entwicklung sehen werden, daß Ihre Einsicht noch nicht vollkommen war. Ein Weg zu innerer Freiheit kann niemals von blindem Gehorsam geprägt sein. *Nur freie Schritte führen in die Freiheit!*

Akzeptieren Sie nichts blind!

Doch hier tut sich gleich die andere nicht zu unterschätzende Gefahr auf: Wenn Sie sich die hier dargestellten Gesetzmäßigkeiten zunächst wissensmäßig aneignen, so dürfen Sie dieses *theoretische Wissen* nicht mit *praktischer Erfahrung* verwechseln. Viele Menschen glauben, wenn sie etwas wissen, hätten sie es schon erfahren oder verwirklicht. So berauschen sie sich mit der Kenntnis vieler Dinge, die alle stimmen mögen, aber *für ihr Leben* niemals wahr werden, weil sie beim abstrakten Begriff stehenbleiben.

Ein Mensch, der sich in schlechter körperlicher Verfassung befindet, mag zwar genau wissen, wo eine Sporthalle steht und daß er an Muskelkraft und Lebensfreude gewinnt, wenn er ein entsprechendes Training aufnimmt. Vielleicht kennt er sogar die genauen chemischen und physikalischen Zusammenhänge, die beim Aufbau des Gewebes und der Stärkung des Kreislaufes eine Rolle spielen. Aber solange er es nicht probiert, kann er niemals wissen, was Spannkraft und körperliche Form wirklich bedeuten.

Was beim Körper ganz offensichtlich ist, gilt auch in allen anderen Lebensbereichen. Gerade dort schleicht sich häufig der Irrtum ein, daß bloße Kenntnis mit Verwirklichung verwechselt wird. Theoretisches Wissen ist, auch wenn es die Wahrheit formuliert, immer nur Wirklichkeit aus zweiter Hand: Andere hatten die lebendige Erfahrung und faßten sie in Worte. Wir nehmen zunächst nur abstrakte Gedanken auf. Sie mögen uns einsichtig erscheinen. Aber unsere innere Zustimmung zu einem Lehrsatz nützt nicht viel, wenn wir uns nicht aufmachen, die ihm zugrundeliegende Erfahrung nachzuvollziehen.

Sind wir aber zum eigentlichen Erleben durchgestoßen, dürfen wir den ursprünglich gelesenen oder gehörten Lehrsatz getrost vergessen. Wir sind dann fähig, jene Wahrheit in einer uns gemäßen Weise selbständig auszudrücken. Um zu verhüten, daß aus seiner Weisheit ein bloßes Begriffssystem wird, an das man glaubt, anstatt es aktiv umzusetzen, gab der Buddha seinen Schülern ein Gleichnis: Seine ganze Lehre, sagte er, sei einem Floß vergleichbar. Das Floß ist ein praktisches Mittel, um von einem Ufer zum anderen zu gelangen. Doch ist man hinübergefahren, ist es sinnlos und hinderlich, das Floß auf dem Wege übers Land mitzuschleppen. Es hat seinen Dienst getan, und man kann es hinter sich lassen.[3]

Zuerst brauchen Sie das Floß, das Hilfsmittel: Sie müssen zunächst Wissen aufnehmen, um sich positiv zu verändern. Andererseits müssen Sie die Gefahr vermeiden, am nur theoretischen Wissen so zu kleben, daß Sie Kenntnisse mit Verwirklichung verwechseln. Dies schaffen Sie durch eine *wachsam kritische* und *wachsam offene* Haltung. Kritisch heißt hier: Nehmen Sie nichts einfach hin; überprüfen Sie alles in der Praxis. Erstarren Sie nicht aus Ehrfurcht vor alten Weisheiten! Machen Sie etwas für Ihr Leben daraus! Aber so, wie Sie das Wissen, das hier als Grundlage gegeben wird, nicht von vornherein als Wahrheit akzeptieren sollten, dürfen Sie auch nicht dem Irrweg verfallen, Ihre eigenen Ansichten und Meinungen ungeprüft als Wahrheiten anzuerkennen. Auch Ihre liebgewordenen Vorurteile haben sich eine kritische Hinterfragung gefallen zu lassen, wenn Sie an sich arbeiten wollen. Im weitesten Sinne ist jede Ihrer Meinungen ein Vorurteil, solange sie nicht durch die Sicherheit der Erfahrung und wache Einsicht in die Gesetzmäßigkeiten des Daseins Bestätigung fand. Stets urteilen wir vor der eigentlichen Erkenntnis. Das ist nicht unrecht, denn der Mensch braucht eigene Bewertungssysteme, um sich überhaupt erst einmal in der Welt zurechtzufinden. Aber diese sollten uns als Vorurteile bewußt sein: *Jede*

Meinung haben wir nur provisorisch, vorübergehend. Halten wir verbissen daran fest, blockieren wir Fortschritt und Erfahrung.

Auf seinen Wanderungen durch Indien hörte der Buddha in einer Stadt die Klagen der Bürger: »Immer wieder kommen hier verschiedene Heilslehrer und Philosophen vorbei, die für ihre Anschauungen werben, diese in den prächtigsten Farben darstellen, während sie die Meinungen anderer für unzutreffend halten und sogar beschimpfen.« Die zweifelnden Menschen fragten nun den Buddha: »Wer lehrt hier das Wahre, wer das Falsche?«

In der Antwort des weisen Lehrers finden wir zunächst eine Absage an die Unerschütterlichkeit all dessen, was als Autorität gelten mag: »Geht nicht nach dem Hörensagen, nicht nach allgemein akzeptierten Tagesmeinungen; folgt nicht Dingen nach, nur weil sie in einer heiligen Schrift stehen oder weil Ihr denkt, jener Mensch ist schließlich unser Meister, und darum muß er wissen, wo es lang geht.« – Doch nicht nur äußere Instanzen stellte der Buddha als unbedingt verläßliche Quelle für die Wahrheit in Frage, er rüttelte zugleich auch an den inneren scheinbaren Sicherheiten seiner Zuhörer: »Nehmt eine Sache nicht bloß darum an, weil sie Euch vernünftig und logisch erscheint oder Euren eigenen bevorzugten Meinungen entgegenkommt.«

Das Licht der Wahrheit leuchtet also nicht unbedingt in den Theorien derer, die uns sagen wollen, was Wahrheit ist, und schon gar nicht in dem, was wir gerne als Wahrheit hätten. Und nun lenkte der Buddha das Problem von den bloßen Glaubensinhalten auf deren Wirkungen: »Wenn Ihr erkennt, daß Inhalte schlecht sind, daß sie von Menschen, die Ihr für wahrhaft vorbildlich haltet, verworfen werden, daß sie in der Konsequenz zu Leid und Unheil führen, dann gebt sie auf. Erkennt Ihr jedoch selbst, daß sie zu Glück und Freude führen, dann mögt Ihr sie annehmen.«[4]

Die Frucht eines Glaubensinhaltes ist also ein wesentliches Zeugnis seiner Wahrheitskraft. Es reicht nicht aus, daß etwas irgendwo überliefert ist, einer Mehrheit als gesichert gilt oder traditionell einfach als wertvoll angesehen wird. Wir müssen hinterfragen und prüfen dürfen, ob es sich in der Praxis bewährt, und vor allem, ob es sich *für uns* bewährt. In diesem Sinne wollte der Buddha mündige Schüler, die zwischen gesicherter Erfahrung und bloßem Fürwahrhalten kritisch unterscheiden können.

Die andere Seite jener kritischen Haltung ist *wachsame Offenheit.* Die Dinge sollen nach drei Maßstäben überprüft werden: Was sagt die eigene Erkenntnis? Wie verhalten sich solche Menschen, die wir als einsichtig anerkennen? Führen diese Dinge zu Unheil und Leid oder Glück und Freude? Auf diese Weise sollten Sie auch den Lehren des Buddha *eine Chance* geben: Probieren Sie die Anregungen aus, um zu sehen, ob sie zu größerem Glück führen. Das werden Sie daran erkennen, wenn Ihnen Ihre Erfahrungen eine innere Gewißheit und die Verwandlung Ihres Lebens zum Positiven schenken.

Erwachen als Aufgabe

Vielleicht können wir heutigen Menschen eine Episode aus dem geschilderten Lebensgang des Siddhartha besonders gut verstehen, nämlich den Schock der Begegnung mit Alter, Krankheit und Tod.

Auch die Wohlstandsgesellschaft unserer Industrienationen ist zu großen Palästen mit vielfältigen Ablenkungsmöglichkeiten geworden. Alles, was den Menschen beunruhigen könnte, räumt *sie* aus dem Weg: die unheilbar Kranken und vom Alter Gebeugten verbannt man in sogenannte soziale Einrichtungen, die eine Begegnung mit dem »funktionstüchtigen« Bürger weitgehend ausschließen. Desgleichen versucht man jede Konfrontation mit dem Tod zu vermeiden. Die unmittelbare Betroffenheit wird reduziert auf eine Angelegenheit der hierfür geschaffenen Berufsstände. Das Leid anderer, furchtbare Kriege und Hungersnöte nimmt man, wenn überhaupt, durch Presse, Rundfunk und Fernsehen zur Kenntnis, wodurch es fast Unterhaltungscharakter erhält. Alter, Krankheit und Tod stehen hier symbolisch für alles, was wir nicht wahrhaben wollen, was wir verdrängen oder uns vorgaukeln.

Um uns von der Wirklichkeit abzulenken, begaben wir uns in den Palast der hunderttausend Zerstreuungen. Wir fordern Unterhaltung, anstatt selber initiativ zu werden. So richten die Wohlstandsgesellschaften das ganze Dasein auf Passivität aus. Man leistet gerade seinen Beitrag zur Sicherung materieller Notwendigkeiten, ansonsten will man oberflächlichen Genuß. Auf diese Weise betäuben sich ungezählte Menschen durch passives Zusehen. Der Sport ist ein typisches Beispiel: Er wird von wenigen scheinbar stellvertretend für Massen von Zuschauern betrieben. In höchstem Wohlstand und großer politischer und geistiger Freiheit verschlafen viele Menschen die damit verbundenen kostbaren Chancen zu aktivem Tun und persönlichem Wachstum. Wir schlummern den Schlaf der Selbstgerechten und bilden uns ein, selbst vorwärts zu kommen, nur weil um uns herum Bewegung gespielt wird. Aber wir haben uns längst zur Ruhe gesetzt und werden immer träger.

Ähnliches muß Siddhartha gespürt haben, als er seinen Palast verließ, um aus solchem Dämmerzustand aufzuwachen. *Auch Sie* müssen Ihren Palast der hunderttausend Zerstreuungen verlassen, wenn Sie echte innere Freiheit suchen und nach einem Glück streben, das nicht auf äußere Kurzweil gegründet ist. Dieser Auszug aus dem Luftschloß der Ablenkungen ist aber keine Flucht vor der äußeren Wirklichkeit Ihrer Pflichten! Er ist vielmehr der Aufbruch zu einem inneren Erwachen, aus dessen Klarheit Sie die Lebenszusammenhänge, in die Sie gestellt sind, besser erkennen und meistern können.

Stufen des Erwachens

Beim Erwachen des Buddha wurde angedeutet, daß dieses in einem das Bewußtsein erweiternden *Erinnern* bestand. *Erinnern* heißt, Vergangenes in die Gegenwart holen. Erst indem die Vergangenheit umfassend erkannt wird, kann auch die Stellung in der Gegenwart deutlich gesehen werden. So, wie Sie sich heute darstellen, existieren Sie als Produkt Ihrer in die Unendlichkeit zurückreichenden Vergangenheit. Sie *sind* Ihre Vergangenheit:

Sie bestehen nicht aus sich und durch sich allein, sondern stehen in einer uranfänglichen Linie. Ihre Eltern, Großeltern, Urgroßeltern ...; hätte sich vor Generationen auch nur einer von ihnen anders entschieden, wären Sie heute nicht der Mensch, der Sie sind. Gehen Sie noch weiter zurück, dann gelangen Sie über die tierischen Vorfahren der Menschheit zur Entstehung des Lebens auf der Erde, ja bis hin zum Ursprung des Planetensystems. Je weiter Sie zurückdenken, um so gemeinsamer wird allen Menschen, sogar allen Lebewesen, ihre Vergangenheit. Und wäre nur ein kleines Detail anders verlaufen, könnten wir nicht die sein, die wir sind. Ein faszinierender Gedanke, in welcher Weise unser Dasein aus einem Gewebe von Vergangenheiten entsteht....

Doch auch in anderem Sinne sind Sie Vergangenheit: Jeder Schall, der an Ihr Ohr dringt, und jedes Bild auf der Netzhaut Ihrer Augen ist bereits vergangen, bevor Sie es wahrnehmen. Der Nachthimmel zeigt Ihnen seit Jahrmilliarden erloschene Gestirne, die Sie im gleichen Augenblick als ebenso gegenwärtig erleben, wie die Stimme neben sich. Es ist in Wahrheit ein *Zerrbild aus Vergangenheiten,* das Ihnen als gleichzeitige Gegenwart erscheint.

Das große Erwachen ließ den Buddha diese Scheinwelt durchschauen. Aus wacher Gegenwart erkannte sein erweitertes Bewußtsein alle Bedingungen der Vergangenheit und erlebte dadurch seine wahre Stellung in diesem Universum. Dies kommt einem Heraustreten aus den Grenzen der Zeit gleich. Es spielt keine Rolle, ob Sie an die Möglichkeit einer derart hohen Stufe der Wachheit glauben, oder ob Sie dieser Erzählung nur symbolischen Wert beimessen. *Zunächst gilt es, grundlegendere und alltagsnähere Stufen des Erwachens zu verwirklichen!*

Den Beginn bildet das Streben, sich seiner Gegenwart und seiner augenblicklichen Möglichkeiten intensiv bewußt zu werden. Man kann weder vergangene Bedingungen klar überblicken noch seine eigene Stellung im Ganzen erkennen oder aus innerer Freiheit handeln, solange das Bewußtsein durch Zerstreuungen getrübt ist. Auch wenn der Mensch sich nicht äußere Unterhaltung sucht, betäubt er sein Bewußtsein oft durch Dämmerzustände im Inneren: halbbewußte Tagträume, Erinnerungsfetzen an Vergangenes oder Zukunftsphantasien. Nur höchst selten ist ein Mensch sich wach der Tatsachen bewußt, daß *er ist* und was *er tut.* Der Grad menschlicher Freiheit hängt jedoch gerade davon ab, wie klar man sich der jeweiligen körperlichen, geistigen und gefühlsmäßigen Abläufe bewußt ist.

Ein Beispiel:

Während Sie nun diese Zeilen lesen, nehmen Sie den darin enthaltenen Inhalt gedanklich auf, Sie bewerten ihn vielleicht zugleich oder unterbrechen das Lesen, um dazu Überlegungen anzustellen.

Zu gleicher Zeit sitzen Sie aber auch in einer bestimmten Weise hier: Ihre Arme und Beine nehmen eine konkrete Haltung ein, der Rücken ist auf eine gewisse Art gekrümmt oder gestreckt, Ihr Hals ist so oder so geneigt, die Augen haben einen bestimmten Abstand von den Zeilen....

All diese körperlichen Aspekte waren Ihnen wahrscheinlich beim Lesen bislang nicht bewußt. *Sie hatten Ihren Körper vergessen.* Jetzt erst haben Sie sich durch diesen Hinweis Ihrer körperlichen Anwesenheit wieder erinnert. Es gibt noch eine Vielzahl weiterer Funktionen und Prozesse, die zugleich in Ihrem Wesen ablaufen, zum Beispiel auch gefühlsmäßige. Während Sie hier sitzen und diesen Text lesen, tauchen sicherlich verschiedenste Empfindungen auf: positive, negative oder gemischte Gefühle. Diese körperlichen, geistigen und gefühlsmäßigen Prozesse beeinflussen sich dabei gegenseitig, wirken entweder harmonisch unterstützend oder störend aufeinander.

Angenommen, es gefällt Ihnen, was Sie bis jetzt gelesen haben: Stimmen Sie damit wirklich dem Inhalt dieses Textes zu, oder sehen Sie ihn positiv, weil Sie heute besonders bequem und ausgeruht dasitzen? Vielleicht hatten Sie zuvor eine angenehme Erfahrung, oder dieses Buch erinnert Sie irgendwie an eine frühere gute Lektüre, und so stimmt Ihr Gefühl Sie schon von vornherein freundlicher.

Vielleicht denken Sie über das bisher Gelesene auch: »So ein Unfug« oder »Das ist nichts für mich«. Aber denken Sie das auch wirklich? Möglicherweise schlägt sich unbewußt eine unbequeme Sitzhaltung, Nachwirkungen beruflichen Ärgers oder ein Kreislauftief aufgrund gestörter Verdauung negativ auf Ihre Konzentrationsfähigkeit nieder, und unbemerkt entgeht Ihnen so das Wichtigste.

Ihre Urteile stehen auf unsicherem Grund, solange Sie nicht zu echter Wachheit finden. Sie haben daher allen Grund, den Motiven Ihrer Handlungen mit Mißtrauen zu begegnen, vielleicht sind sie nur scheinbar. Wenn Sie Ihre Gegenwart wirklich als Vielfalt unterschiedlicher Prozesse wach erleben, können Sie genau erkennen, durch welche Ursachen ein Gefühl oder ein aufsteigender Gedanke bedingt ist. Mancher Fehlschluß käme so nicht zustande. Und Sie würden Ihr Leben nicht länger bloß auf einen Bruchteil seiner Möglichkeiten beschränken, Sie könnten aus der inneren Freiheit des Überblicks entscheiden und handeln. Vor allem aber brauchten Sie nicht mehr andere oder äußere Umstände für Konflikte, Fehler und Schwächen verantwortlich zu machen, die *nur Sie* alleine abwenden oder überwinden können.

Sie sollten es nun auch nicht bei dem abstrakten Wissen bewenden lassen, daß Sie vor Ihrer eigenen Gegenwart in äußere Zerstreuungen oder Tagträume und Phantasien flüchten. Solche Überlegungen nutzen nur dann etwas, wenn Sie sie auf das eigene Dasein beziehen und am Alltag überprüfen.

Versuchen Sie daher zunächst einmal, einige Beispiele aus Ihrem täglichen Leben zu finden, an denen sich zeigt, wie Sie häufig Ihre Gegenwart nicht als solche erfahren:

- ☐ Welche Verrichtungen erledigen Sie mechanisch so, daß Sie eigentlich *nicht bei der Sache* sind? Können Sie sich daran erinnern, wie Sie heute morgen aufgestanden sind und sich angekleidet haben? Können Sie sich einzelne damit verbundene Handgriffe lebendig ins Gedächtnis rufen? Oder ist das morgendliche Aufstehen und Ankleiden schon ein völlig unbewußter Prozeß geworden, während Sie in Gedanken völlig abwesend sind?
- ☐ Schmecken Sie bei den normalen täglichen Mahlzeiten das, was Sie essen? Sind Sie sich wirklich bewußt, daß Sie Nahrung in den Mund nehmen, kauen und schlucken? Oder was geht statt dessen in Ihnen vor?
- ☐ Kommt es zuweilen oder gar öfter vor, daß Sie bei banalen Tätigkeiten wie Zusperren der Haustür, Löschen des Lichtes oder Schließen eines Fensters nach der Verrichtung umkehren müssen, weil Sie bei der Handlung innerlich so abwesend waren, daß Sie sich der Ausführung nicht mehr sicher sind?
- ☐ Geschieht es, daß Ihnen in der beruflichen Routine vertraute Dinge einfach so mechanisch von der Hand gehen, daß Sie hinterher nicht mehr sagen könnten, *wie lange* Sie *was* getan haben?
- ☐ Prüfen Sie: Sind Ihnen die menschlichen Beziehungen, in

denen Sie leben, Familie, Partner, Kollegen und Freunde, so selbstverständlich geworden, daß Sie deren Anwesenheit nicht mehr wirklich wahrnehmen? Hören Sie überhaupt zu? Fällt Ihnen noch Neues auf?

☐ Entgeht Ihnen zuweilen etwas, weil Sie im entscheidenden Moment gerade in Erinnerungen an Gewesenes befangen sind oder tagträumend in die Zukunft reisen?

☐ Welchen Stellenwert besitzen äußere Ablenkungen und Zerstreuungen in Ihrem Leben? Haben Sie zuweilen das Gefühl, mit sinnlosen Unterhaltungen die Zeit totzuschlagen, und zugleich die Ahnung, daß Sie statt dessen etwas wahrhaft Bereicherndes tun könnten?

Vielleicht denken Sie, das Aufstehen und Anziehen, das Türzusperren oder Fensterschließen seien nur Kleinigkeiten und berufliche Tätigkeiten oder das Essen ohnehin bloß Mittel zum Zweck, bei denen sich eine wache Gegenwärtigkeit nicht lohne. Aber das Dasein besteht aus einer Aneinanderreihung von Mitteln zum Zweck; und Sie gestalten sich selbst zu dem, was Sie sind, was Sie tun, durch alles, *ausnahmslos alles. Darum verdienen es gerade die Kleinigkeiten, die in ihrer Gesamtheit das Leben ausmachen, mit besonderer Achtsamkeit ausgeübt zu werden.*

Kenko Yoshida, ein japanischer Weiser des 14. Jahrhunderts, notierte sich einst auf der Rückseite einer alten Schrift der Lehren des Buddha folgenden Gedanken: »Keiner versteht es, einen kurzen Augenblick zu würdigen. Geschieht dies aus Absicht, oder ist man zu beschränkt, um die Kostbarkeit der Zeit zu sehen? Ein kurzsichtiger Mensch schätzt die kleine Münze nicht; doch viele kleine Münzen machen den Armen zum wohlhabenden Mann. Darum achtet der Kaufmann sorgsam auf jede kleine Münze.

Kurzer Zeitspannen ist man sich oft nur schwach bewußt. Doch nach und nach führen diese auf einen Schlag zu jenem Moment, an dem das Leben endet. Wer den Weg des Buddha gehen möchte, sollte sich darum weniger um entfernte Tage und Monate sorgen; vielmehr darf er den gegenwärtigen Augenblick nicht ungenutzt verstreichen lassen.

Sagte mir nun jemand, ich müßte morgen unabwendbar sterben, was wohl würde ich für den heutigen Tag verlangen und tun? Wodurch unterscheidet sich dieser Tag des Lebens von jenem Augenblick unmittelbar vor dem Sterben? Während eines Tages benötigen wir denkbar viel Zeit für Essen, Notdurft, Ruhen, Sprechen und Gehen. All das können wir nicht vermeiden. Aber die wenigen übrigen Stunden, gehen sie nicht vorüber, indem wir sinnlose Handlungen vollbringen, sinnlose Worte von uns geben und sinnlose Überlegungen anstellen? Und so mag Tag um Tag, Monat um Monat ins Land gehen, wobei das ganze Leben wertlos zerrinnt, weil wir es nicht zu nutzen verstanden.«

Sie rauben sich viel, wenn Sie nicht jeden Augenblick des Lebens mit der gleichen Wertschätzung und Liebe annehmen, was immer Sie auch tun, denken, fühlen oder wahrnehmen. Dem Buddha war es wichtig, daß alle seine Schüler sich vor, während und nach Gedanken, Worten oder Taten stets bewußt bleiben, was abläuft, selbst bei den scheinbar unwichtigsten Angelegenheiten. Wer nicht in wacher Klarheit die einfachsten Dinge sehen kann, wird Großes nicht oder nur verschwommen schauen. Selbst die weiteste Reise fängt mit einem einzigen ersten Schritt an. Wird dieser nicht mit wacher Bewußtheit getan, bleibt das Erreichen des Zieles unsicher.

Der vom Buddha gezeigte Weg ist eine weite Reise. Sie beginnt hier und heute, um über das Verschwinden von Gier, Haß und Verblendung, über das Gewinnen wahrer Liebe und Furchtlosigkeit in eine strahlende Zukunft zu führen. Der erste kleine Schritt besteht darin, den Ausgangspunkt zu kennen.

Erste Maßnahmen

Drei praktische Übungen, die nicht viel Zeit erfordern, sollen am Anfang stehen. Sinn dieser Übungen ist es, Ihre Bewußtheit und Wachheit zu fördern. Parallel zu den aufeinander aufbauenden Kapiteln über die Lehren des Buddha bauen fortschreitend auch weitere praktische Übungen auf den ersten auf.

Verschieben Sie nicht die Praxis auf später! Nehmen Sie sich vor, gleich zu beginnen und konsequent weiterzumachen. Sie werden sehen, es ist nicht schwer. Gehören Sie nicht zu denen, die zwar Wege und

Methoden kennen, welche ein glückliches, erfülltes und freies Leben ermöglichen, sich aber aus Trägheit mit der bloßen Kenntnis begnügen!

ÜBUNG 1: Der Tagesrückblick

Jeden Tag erleben Sie ungezählte Wahrnehmungen innerer und äußerer Art, haben Gedanken, die Sie prägen zu dem, was Sie sind, die Sie vielleicht auch manchmal ein wenig aus dem gewohnten Fluß der Dinge herausheben. Aber wahrscheinlich scheint Ihnen nur selten ein solcher Alltag der Erinnerung wert.

Doch hier liegt Ihre grundlegende Chance zum Erwachen: Sie lassen keinen Tag mehr erinnerungslos verstreichen, wenn Sie am Abend vor dem Schlafen dieses Tages gedenken. Sie betrachten ihn einfach mit seinen gewöhnlichen und herausragenden Vorkommnissen. Hierfür sollen Sie künftig unmittelbar vor dem Einschlafen die Übung des Tagesrückblickes praktizieren. Es geht dabei darum, in einem Schnelldurchlauf die Geschehnisse des Tages an sich vorüberziehen zu lassen.

Beginnen Sie diesen Tagesrückblick nicht mit dem Aufstehen am Morgen, sondern fangen Sie damit an, daß Sie jetzt liegen, und erinnern Sie sich, wie Sie gerade eben zu Bett gingen. *Sie lassen also den Tag rücklaufend an sich vorüberziehen,* beginnend mit dem eben Erlebten und endend mit dem, was morgens beim Aufstehen geschah.

Das rückläufige Erleben verhindert ein mechanisches inneres Abspulen des Tages, weil es aktive ordnende und überschauende Funktionen des Geistes fordert. Zudem verhilft es Ihnen dazu, *einfach nur zu sehen, was war,* indem die Gefahr einer Spekulation über Ursachen und Wirkungen beim Gewesenen vermindert wird. Schließlich lösen Sie dadurch den Tag mit seinen Spannungen auf, nehmen ihn zurück zum Ausgangspunkt und haben sich doch aller wesentlichen Begebenheiten erinnert.

Betrachten Sie die Geschehnisse des Tages einfach und kurz. Nehmen Sie zur Kenntnis, daß sie waren und wie sie waren. Wichtig ist, daß Sie sich dabei nicht wie einen Außenstehenden beobachten, sondern das Gewesene als eigenes Tun und Erleben sehen. Aber grübeln Sie nicht darüber nach und bewerten Sie nichts! Ärgern Sie sich nicht über unangenehme Vorkommnisse! Wenn Sie sich während des Tages aufgeregt haben, so ist es keinesfalls Sinn der Übung, sich jetzt erneut aufzuregen. Sehen Sie vielmehr ganz ruhig: »In dieser Situation habe ich mich erregt.« Auch gewesene Freude soll nicht wieder aufflammen. Sehen Sie einfach ganz nüchtern, daß Sie sich gefreut haben. Gab es einen Streit, dann suchen Sie nicht nach Schuldigen, und denken Sie nicht über die vorgebrachten Argumente nach. Erkennen Sie ruhig: Es wurde auf diese und jene Art gestritten. Fallen Sie nicht in Wachträume oder Gedankenspiele. Halten Sie alle Schlüsse und Beurteilungen zurück. Sehen Sie nur, was war. Dieses nachträgliche reine Sehen ohne jede Wertung ist ein wesentlicher Schritt zu höherer Klarheit.

Werden Sie nicht mißmutig, und erzwingen Sie nichts, wenn sich in der Betrachtung Lücken auftun oder Sie sich nicht mehr an alle Hauptbegebenheiten eines Tages erinnern können. Stellen Sie dann nüchtern fest, daß da eine Lücke ist, und knüpfen Sie am nächstmöglichen Punkt wieder an. Auch wenn Sie plötzlich bemerken, daß Sie in Träumereien abglitten oder über Tagesereignisse nachgrübeln, anstatt einfach nur zu sehen, was war, sollten Sie sich nicht ärgern. Sagen Sie sich ganz ruhig, daß Sie von Ihrem ursprünglichen Vorhaben abgewichen sind, und versuchen Sie dann, Ihre Achtsamkeit wieder darauf zu lenken. Aus den Erfahrungen Siddharthas wissen wir: Innere Gewalt hat im meditativen Leben keinen Sinn. *Es wird ganz leicht sein, bei der Sache zu bleiben, wenn Sie es mit spielerischer Zwanglosigkeit probieren.*

Wenn Sie während des Tagesrückblickes einschlafen, ist es nicht schlimm. Geschieht dies jedoch immer sofort nach Beginn der Übung, dann sollten Sie diese nicht im Liegen, sondern vielleicht besser auf dem Bett sitzend vornehmen. Da Sie nichts beurteilen und nicht über die einzelnen Ereignisse nachgrübeln, braucht die ganze Übung nur wenige Minuten zu dauern.

Wenn Sie regelmäßige Erfahrungen mit dieser Übung gesammelt haben, werden Sie bemerken, wie Sie nicht nur Ihre Zeit in neuer Weise zu schätzen lernen, Sie werden auch jeweils nach Beendigung das Empfinden haben, *daß der verflossene Tag nun in sich abgeschlossen ist.* Sie sahen, was geschah, und das Geschehene läßt sich nicht mehr ändern. Sie lassen den abgelaufenen Tag hinter sich; *seine Ereignisse können Ihr Unbewußtes nun auch im Schlaf nicht mehr bedrängen.* Mit einem friedlichen, positiven und heilsamen Gedanken oder Bild im Bewußtsein schlafen Sie dann ein.

Nur durch Regelmäßigkeit kann diese einfache Übung ihre ganze Wirksamkeit entfalten. *Fangen Sie gleich heute damit an!* Beginnen Sie mit diesem ersten Schritt, Ihr Leben bewußt in die eigenen Hände zu nehmen!

ÜBUNG 2: Das gesammelte Aufstehen

Das, was Sie sind und womit Sie in der Welt wirken, ist *Ihr Körper.* Mit seinen Sinnesorganen bildet er in diesem Leben die Grundlage Ihres Bewußtseins. Dieses Bewußtseins kann sich durch Handlungen nur so weit ausdrücken, wie es der Körper ihm erlaubt. Doch zumeist vergißt der Mensch seinen Körper in der täglichen Routine.

Gewöhnlich beginnt dies schon am Morgen: Der Körper erhebt sich aus dem Bett, wäscht sich, zieht sich an. Währenddessen weiß das Bewußtsein nur wenig oder nichts von diesen Vorgängen. Zur gleichen Zeit, wie diese Tätigkeiten sich mechanisch vollziehen, ist das Bewußtsein erfüllt von Gedanken und Vorstellungen über den begonnenen Tag. Es eilt weit voraus und bemerkt wenig vom gegenwärtigen Augenblick. Vielleicht ist man auch noch völlig schlaftrunken und kann nicht einmal eine konsequente Gedankenlinie verfolgen. In jedem Falle ist das Bewußtsein nur selten ganz bei dem, was im Moment tatsächlich geschieht.

Ab morgen sollten Sie, wenn Sie aufwachen oder geweckt werden, nicht mehr sofort aus dem Bett springen, sich waschen und anziehen. Auch sollten Sie nicht noch einige Minuten dumpf und schläfrig vor sich hin dösen. *Viel besser ist es, wenn Sie sich gleich nach dem Aufwachen zwei, drei oder vier Minuten gönnen, in denen Sie sich sammeln.* Dadurch konzentrieren Sie zwanglos Ihren Geist und gehen klar, bewußt und wirklich wach in den Tag hinein.

Versuchen Sie in jenen Augenblicken das zu erleben, was unmittelbar geschieht: Ihr Körper liegt hier im Bett und ist gerade aus dem Schlaf erwacht. Um sich den liegenden Körper wirklich vollkommen zu vergegenwärtigen, durchwandern Sie ihn mit Ihrem Bewußtsein. Spüren Sie die einzelnen Körperteile! Bewegen Sie diese ganz leicht, wenn Sie sie dadurch besser empfinden können. Durchwandern Sie mit Ihrem Geist die Zehen, Sohlen, Fersen und Fußgelenke. Spüren Sie die Unterschenkel, Knie, Oberschenkel, das Gesäß, das Kreuz, Rücken, Brust und Bauch. Empfinden Sie dann die Finger, Handflächen, Handrücken und Handgelenke. Wandern Sie durch Unterarme, Ellbogengelenke, Oberarme bis in die Schultern und zum Nacken. Werden Sie sich Ihres Kopfes bewußt: Ohren, Hinterkopf, Stirn, Augen, Nase, Mund, Wangen und Kinn.

Spüren Sie, wie morgendliche Spannkraft nach dem Schlaf in alle Teile des Körpers einzieht. Dann versuchen Sie, sich Ihres ganzen Körpers, wie er hier liegt, bewußt zu sein. Wenn Sie das Empfinden haben, wirklich *da* zu sein, stehen Sie gesammelt auf.

Versuchen Sie nun, solange es geht, diese klare Bewußtheit aufrechtzuerhalten und auszudehnen. Seien Sie achtsam beim Waschen. Eilen Sie nicht in Gedanken voraus, sondern *erleben* Sie wirklich, was Sie tun. Sie brauchen dazu nichts langsamer oder gezwungen »bedächtig« zu machen. Im Gegenteil: Dinge, die man wahrhaft achtsam vornimmt, gehen in der Regel effektiver und besser von der Hand.

Durch das regelmäßige Praktizieren dieser Übung steigert sich zunehmend die Fähigkeit, im Augenblick gegenwärtig zu sein. Beginnen Sie gleich morgen früh damit! Setzen Sie durch das gesammelte Aufstehen und den Tagesrückblick Punkte der Bewußtwerdung an den Anfang und das Ende jeden Tages!

ÜBUNG 3: Das Feststellen des Zeitaufwandes

Während die beiden ersten Übungen regelmäßige Praktiken sind, die am besten täglich vorgenommen werden, erstreckt sich die dritte Aufgabe nur über wenige Tage. Dabei geht es darum, daß Sie sich darüber klar werden, wie ein durchschnittlicher Tag Ihres Lebens aussieht. Sie mögen jetzt denken, daß Sie das doch ohnehin genau wissen. Aber offenbar reichte dieses Wissen in seiner bisherigen Form nicht aus, um darauf Veränderungen, die Sie sich vielleicht wünschen, zu gründen.

Führen Sie in den nächsten drei bis fünf Tagen einmal Buch darüber, wieviel Zeit Sie womit verbringen. Beobachten Sie dies möglichst genau und detailliert, und notieren Sie sich für jeden dieser Tage, was Sie wie lange getan haben: Essen, Toilette, verschiedene Arbeiten, berufliche Aufgaben, Anfahrtswege, Gespräche, Unterhaltungen und Zerstreuung....

Nach einigen Tagen vergleichen Sie dann Ihre Aufzeichnungen, um genau zu sehen, was Sie durchschnittlich aus den vierundzwanzig Stunden Ihres Tages machen. Wenn Sie Ihre Beobachtungen ehrlich vorgenommen haben, können Sie damit objektiv und unbeschönigt sehen: So verbringe ich meine Zeit!

Der Mensch schafft sich und sein Schicksal zum großen Teile durch das, was er tut. So, wie Sie Tag um Tag verbringen, wird auch Ihre Persönlichkeit sein. Dies muß zunächst klar gesehen werden, wenn Sie heilsame Veränderungen bewirken wollen.

2. Kapitel

GESETZMÄSSIGKEIT UND FREIHEIT

Je weniger wach ein Mensch ist, je weniger Klarheit er über sich, seine eigenen Motive und Handlungen besitzt, je weniger er weiß, was in ihm und direkt um ihn herum vorgeht, um so weniger kann er auch klar über sich hinausblicken. Wer nicht weiß, daß er eine blaue Brille trägt, hält die ganze Welt für blau getönt; wer nicht weiß, daß er voller Ängste ist, sieht in den harmlosesten Begegnungen bedrohliche Situationen. Wer sich selbst nicht versteht, wird über umfassendere Zusammenhänge und Gesetzmäßigkeiten der Welt kaum ein tieferes Verständnis gewinnen. – Jeder wird wohl den vorangegangenen Sätzen zustimmen. Doch was hier ganz natürlich erscheint, ist in der Konsequenz *eine der anspruchsvollsten und folgenschwersten Erkenntnisse*, die ein Mensch erlangen kann.

Die Frage, die sich dabei auftut, zielt direkt nach Ihrem Weltbild, nach der Brille, durch die Sie sich selbst, andere und die Umwelt wahrnehmen. Jedermann besitzt ein Weltbild, ob er sich dessen nun bewußt ist oder nicht. Es besteht aus der Summe all dessen, wovon man wie selbstverständlich ausgeht. Ihr Bild von einem Menschen, mit dem Sie zu tun haben, besteht aus einer Reihe klarer Vorstellungen über diese Person: Sie setzen voraus, daß diese in einer für Sie vorhersehbaren Weise reagiert. Es gibt bestimmte Erwartungen Ihrerseits. Diese aber wirken wie eine getönte Brille, die jeder Wahrnehmung ihre Farbe verleiht.

Angenommen, Ihr Nachbar hat Ihnen einige Male gewollt oder ungewollt übel mitgespielt, und Sie gehen nun davon aus, daß er Sie grundsätzlich ärgern möchte. Auch dann, wenn er Ihnen von sich aus freundlich begegnet, werden Sie mißtrauisch sein oder sogar eine neue

Bosheit vermuten. Sie sehen dann *nicht das, was ist,* sondern *das, was Sie erwarten.* Nicht der Nachbar selbst, sondern Ihr Bild von ihm ist nun dafür verantwortlich, daß die Chance zur Versöhnung und zu einem grundsätzlich neuen Verhältnis vertan ist. Auch das Bild, das Sie von Ihrer eigenen Persönlichkeit besitzen, wird oft nicht der Wahrheit entsprechen: Unterschätzen Sie zum Beispiel Ihre Fähigkeiten, bleibt viel Wertvolles unentwickelt. Überschätzen Sie sich dagegen, müssen Sie die unter Umständen höchst unangenehmen Folgen tragen. Das Bild, welches wir uns von einer Person oder Sache gemacht haben, mag sich der Wahrheit mehr oder weniger annähern, aber es bleibt doch nur ein Bild von der Wahrheit.

Unser Bild von jeder beliebigen Gegebenheit kann falsch sein. Es entspricht dann nicht der *Wahrheit,* aber es ist für uns dennoch eine *Wirklichkeit.* Das Unterscheiden zwischen Wahrheit und Wirklichkeit bildet eine grundlegende Aufgabe auf dem Weg zum Erwachen. Wenn Sie den Nachbarn grundsätzlich für hinterlistig halten, mag das nichts mit der Wahrheit zu tun haben. Wenn er Ihnen vielleicht tatsächlich helfen möchte, dann läge die Wahrheit in seinen Motiven der Hilfsbereitschaft. Nur hätte die Wahrheit in diesem Augenblick keinerlei Wirkung auf Sie. Für Sie wäre allein die Brille wirklich, durch die Sie den Nachbarn sehen.

Wirklichkeit ist das, was auf Sie wirkt, was Wirkungen zeigt, also Folgen für Ihr Leben. Und die Wahrheit kann mitunter keine direkten Auswirkungen auf Ihr Dasein haben, vor allem wenn Sie sie nicht kennen.

Wenn das, was wir als Wirklichkeit erleben, nicht der Wahrheit entspricht, sind wir immer in Sklaverei und Abhängigkeit. *Unsere Wirklichkeit ist jedoch das einzige Tor zur Freiheit, wenn sie nur mit der Wahrheit übereinstimmt.* Sobald Sie wahrheitsgemäß erkennen, daß Ihr Nachbar Ihnen helfen möchte, besitzen Sie die Freiheit, sein Angebot anzunehmen oder abzulehnen. Leben Sie aber in der falschen Wirklichkeit, gibt es für Sie keinen echten Handlungsspielraum, denn Sie können nur von Voraussetzungen ausgehen, die ausschließlich für Sie bestehen und in der Wahrheit keine Entsprechung haben. Ebenso verhielte es sich im umgekehrten Falle: Möchte der Nachbar Sie tatsächlich ärgern, wogegen er in Ihrer Wirklichkeit als hilfsbereiter Zeitgenosse existiert, sind Ihre Voraussetzungen »unwirksam«, und Ihr Wirkungsspielraum ist begrenzt.

Daß Ihre erlebte und scheinbar selbstverständliche Wirklichkeit nicht unbedingt der Wahrheit entspricht, geht weit über die Frage hinaus, ob Sie den anderen oder sich selbst richtig beurteilen oder einschätzen. Es rüttelt an den Sicherheiten Ihres gesamten Weltbildes: Wie wahr ist Ihre Wirklichkeit?

Wissen und Glauben

Haben Sie sich schon einmal gefragt: »Was weiß ich eigentlich wahrhaft?« Oder: »Wovon darf ich sicher sein, daß es der Wahrheit entspricht?« Je aufrichtiger man alles daraufhin untersucht, um so weniger wird als tatsächlich gesichert stehenbleiben. So, wie wir niemals sicher sein dürfen, ob wir einen anderen Menschen und seine Beweggründe wahrhaft und erschöpfend erkennen, wissen wir auch nie alles über unser eigenes Wesen. Wie spärlich unser Bewußtsein doch auch nur unsere momentane Gegenwart umfaßt! Wie sollen wir da erst unsere echten Motive erkennen, ohne Fehlschlüssen zu unterliegen?

Was können wir als Nichterwachte überhaupt wissen? Vom Buddha stammt zu diesem Problem das folgende Gleichnis: Ein boshafter König wollte sich einen Scherz auf Kosten anderer leisten. So ließ er einige Blindgeborene an seinen Hof bringen, die nun die Aufgabe erhielten, einen Elefanten zu betasten, um dadurch herauszufinden, was sie vor sich hätten. Derjenige, der das Schwanzende faßte, verglich das Tier mit einem Besen. Der Betaster des Rumpfes hielt es dem Kornfaß ähnlich, und jener, der den Rüssel berührte, fand, es gliche einer Pflugstange. Jene, die wiederum andere Körperteile befühlten, kamen zu ähnlich unzutreffenden Auffassungen. Schließlich entbrannte unter ihnen ein heftiger Streit über das wahre Aussehen des Elefanten, und der König amüsierte sich prächtig.[5]

Ebenso verhält es sich mit unserer Auffassung der Wahrheit in allen Bereichen des Lebens. Wir nehmen Ausschnitte einer uns in ihrer Ganzheit verborgenen Wirklichkeit auf und eignen uns Theorien an, die darauf zu passen scheinen. Doch mahnt der Buddha zur Einsicht, daß wir mit unseren Überzeugungen und Meinungen die Wahrheit nicht eingefangen haben. Wir unternehmen lediglich Tastversuche hin zu immer umfassenderer Erkenntnis. Wie jene Blindgeborenen sind wir zwar in Berührung mit dem Ganzen, doch versteifen uns auf den Ausschnitt, den wir gerade wahrnehmen. Dann beharren wir vor uns selbst und oft auch vor anderen auf der Richtigkeit unseres verengten und verzerrten Wissens. Es kann uns gehen wie den Blinden im Gleichnis: Andere machen sich unser Unvermögen zunutze oder ergötzen sich daran.

Jene Blinden *konnten* nicht sehen, und sicher hätte keine Macht der Erde, am wenigsten ihre eigene, ihnen das Augenlicht schenken können. Doch ihre Blindheit war nicht das Problem! Ihr Problem war, daß sie leichtfertig die erste mögliche Wahrnehmung für die alleinige Wahrheit hielten und sich auf die einmal gefundene Richtung versteiften. Die völlig widersprüchlichen Aussagen der anderen hätten sie doch nachdenklich machen müssen. Worauf sie normalerweise sich weitergetastet hätten, um nach und nach zu erkennen: Da gibt es doch noch sehr viel mehr als nur das, was mir von vornherein zugänglich war!

Es kommt darauf an, zu wissen, daß man glaubt, und nicht zu glauben, daß man weiß! Wenn wir etwas erfahren haben, müssen wir wissen, daß die Ansichten und Meinungen, die wir um unsere Erfahrung ranken, Glaube sind. Glauben heißt nur: für wahr halten. Lassen wir ein solches Fürwahrhalten wie eine unverrückbare Tatsache stehen, berauben wir uns der Chance, die ganze Wahrheit zu sehen.

Sicher müssen wir irgend etwas glauben und brauchen unsere Theorien, sonst könnten wir uns nicht in der Welt orientieren. Es ist zum Beispiel unmöglich, unserem Nachbarn täglich so zu begegnen, als hätten wir ihn noch nie gesehen. Wir kennen ihn, und die Meinung, die wir uns über ihn gebildet haben, ist wichtig. Auch kann uns die Vorsicht gegenüber vergangenen Fehlern vor neuem Schaden bewahren. Doch legt uns die Lehre des Buddha nahe, all diese Dinge nur als provisorisch zu betrachten. Theorien und Glaubensinhalte, die uns heute als widersprüchlich erscheinen, mögen es auf einer anderen Ebene des Erlebens nicht mehr sein. Für den Sehenden kann der Elefant teilweise einem Kornfaß und teilweise einer Pflugstange ähneln.

Wenn wir dieses Prinzip, daß unsere Meinung *notwendig* aber doch *provisorisch* ist, zu einer Grundhaltung unseres Lebens machen, werden wir dem anderen gegenüber duldsamer. Wozu polemischer Streit, wenn wir wissen, daß er am anderen Ende des Elefanten steht? So können wir im Augenblick ganz unserer Erfahrung gemäß handeln und doch wissen, daß es über unseren jetzigen Blickwinkel hinaus erheblich mehr gibt. Wir werden zu offenen Menschen.

Unser Offenstehen erweitert dann automatisch unser Bewußtsein: Mehr und mehr Teilaspekte des Ganzen treten in den Bereich unserer Erfahrung. Unsere *Wirklichkeit beginnt, sich zunehmend mit der Wahrheit* zu decken. Dazu brauchen wir weder übernatürliche Kräfte noch außersinnliche Wahrnehmung. Unsere angeborenen Erkenntnismittel reichen dazu vollkommen aus. Auch die Blinden im Gleichnis hätten nicht der Sehkraft bedurft, sie hätten lediglich *weiter* tasten müssen. Wir müssen nur lernen, den bestmöglichen Gebrauch davon zu machen.

Glaube allein genügt nicht!

Auch das Wissen, daß man glaubt, anstatt zu glauben, daß man weiß, kann nur Offenheit bringen, wenn man sich dieses Prinzip nicht bloß theoretisch aneignet. Es gilt wieder, genau zu erforschen, auf welche unverrückbaren Meinungen man sich insgeheim eingeschworen hat, welche scheinbaren Selbstverständlichkeiten uns hindern, über den gegenwärtigen Standpunkt hinauszublicken.

Versuchen Sie einmal, sich in folgende Situationen hineinzudenken: Sie sitzen an einem klaren, milden Tag mit einem lieben Menschen in einem hellen, gemütlichen Zimmer, erfüllt von Frühlingsluft und Blütenduft. Im Garten singen die Vögel. Sie unterhalten sich über angenehme Dinge und fühlen sich erholt und entspannt. Die ganze Situation deutet darauf hin, daß es heute nur noch besser werden kann.

Plötzlich betritt ein Freund den Raum. Er sagt ganz unvermittelt, im Nebenzimmer sei etwas Entsetzliches geschehen: Ein Leichnam liege am Boden. Bis zum Eintreffen der Polizei dürfe sich niemand von der Stelle rühren. Dann verläßt er den Raum wieder. Sofort hat der herrliche Tag seinen Zauber verloren. Sie sitzen zwar weiterhin mit dem lieben Menschen beisammen, die Vögel zwitschern unvermindert, und nichts von dem, was zuvor schön, ist durch die Nachricht ungeschehn. Doch die Wirklichkeit steht plötzlich unter einem seltsamen Bann: Das im Nebenzimmer Vorgefallene verwandelt auch Ihr Beisammensein. Obwohl sich nichts Erkennbares geändert hat, macht sich Bange breit, die Stimmung ist plötzlich gedrückt, die ganze Atmosphäre wird beklommen und trübe. Das Unheimliche und Unbekannte auf der anderen Seite der Tür wirkt in Ihre Gegenwart hinein. Verwirrung und tausend Fragen bestimmen das Denken. Sekunden scheinen wie Ewigkeiten.

Nach kurzer Zeit tritt der Freund wieder ein, um Ihnen zu sagen, er hätte sich auf Grund einer albernen Wette einen makaberen Scherz erlaubt. Was ist geschehen? Für eine kurze Zeit war Ihr Wirklichkeitserleben ein anderes geworden, obwohl die *Wahrheit* unverändert blieb. Im Nebenzimmer lag und liegt kein Leichnam. Doch der *Glaube* daran änderte die Wirklichkeitsauffassung unmittelbar.

Es gibt in Ihrem Leben ungezählte Dinge, die ebenso unwahr sind wie jene Leiche im Nebenzimmer, sich aber dennoch als trübe Wirklichkeiten zeitweilig oder auf Dauer im Fühlen und Denken bemerkbar machen. Viele Sorgen des Alltags, die das Leben trübe und traurig erscheinen lassen, sind solche Leichen im Nebenzimmer.

Aber auch das Fürwahrhalten von positiv Empfundenem mag durchaus unangehme und unerwünschte Folgen haben, wenn es nicht der Wahrheit entspricht. Stellen Sie sich vor, ein Mensch glaubt nach einem Traum oder dem Besuch bei einem Wahrsager fest, er werde Millionen in der Lotterie gewinnen. Er gibt seine Arbeit auf, tut nichts mehr, sondern spielt nur noch und wartet, bis er schließlich materiell vor dem Ruin steht. Ein zu krasses Beispiel? Nun, finden Sie bei sich selbst nach ehrlicher Überprüfung tatsächlich keinerlei Ähnlichkeiten: Viele warten auf das Eintreffen einer keinesfalls sicheren positiven Zukunft, glauben daran, weil es bequem ist, und der vage Glaube an dieses künftige Angenehme hält sie *jetzt* davon ab, das eigentlich Wesentliche für die Gestaltung der Zukunft zu tun. Wenn Sie sich kritisch beobachten, werden Sie in der einen oder anderen Form auch bei Ihnen diese sehr menschliche Neigung entdecken! Würde man nicht glauben, daß man weiß, sondern wäre sich bewußt, daß man *glaubt*, dann könnte die positive Zukunftserwartung wie ein Ziel wirken, das anspornt und nicht träge macht.

Die letzten Dinge

Je tiefer bloßer Glaube in der Persönlichkeit verwurzelt ist, um so stärker ist seine hemmende Wirkung. Diese steigert sich geradezu ins Unermeßliche, wenn es sich bei den Inhalten des Glaubens um grundsätzliche, das ganze Leben bestimmende Fragen handelt. Besonders ist das bei den Ansichten der Fall, die man über die sogenannten letzten Dinge in sich trägt, also über den Sinn des Lebens, Tod, Jenseits und Erlösung.

Jeder Mensch hat Antworten auf diese großen Fragen gefunden, hat somit seine Meinung zu den letzten Dingen. Auch wenn die Tatsache der eigenen Sterblichkeit verdrängt wird, auch wenn man einfach in den Tag hineinlebt, ohne jemals nach Sinn oder Zweck dieses Daseins jenseits des Augenblicks zu fragen, ist das eine Meinung. Man schiebt die tiefsten Probleme lieber beiseite, sei es aus Angst, sei es aus Bequemlichkeit. Selbst Menschen, die ihre Ansichten zu den letzten Fragen in klaren Begriffen und Glaubenssätzen ausdrücken können, brauchen nicht unbedingt der Wahrheit näher zu sein. Oft werden religiöse oder philosophische Erklärungen blind akzeptiert, weil sie angenehm scheinen, als Alibi, nicht weiterdenken zu müssen.

Man verstrickt sich in ein Netz von Ansichten und Meinungen, fühlt sich sicher und ist doch fern der Wahrheit und nur scheinbar beruhigt. An unzutreffenden Meinungen über die letzten Dinge festzuhalten, erkannte der Buddha als *die* große Gefahr für ein Streben nach Freiheit und Glück. Unmißverständlich sagte er seinen Schülern: »Nichts kenne ich, was in solchem Maße Unheilsames entstehen läßt und bereits bestehendes Unheilsames zu Wachstum und Entwicklung führt, wie die falsche Ansicht. In jemandem, der falsche Ansicht hegt, kommt das noch nicht entstandene Unheilsame zum Entstehen, das bereits entstandene gelangt zu Wachstum und Entwicklung.«[6]

Derart gefährliche Anschauungen über die letzten Dinge, die Negatives hervorbringen, gibt es viele. Der Buddha hat sie im Gespräch mit den

Menschen, die ihm begegneten, immer wieder entlarvt. Wir wollen zur Verdeutlichung zwei extreme Beispiele betrachten. Da sind einmal jene Leute, die für sich auf die letzten Fragen eine ganz eindeutige, jedoch wenig aufmunternde Antwort fanden: »Die Welt und das Leben sind an sich völlig sinnlos. Gleichgültig, was man macht, ob gut oder schlecht, im Prinzip führt es zu nichts.« Man kann wohl davon ausgehen, daß, wer so denkt, sich damit nicht gerade den Grundstein zum Glück legt. Was er aber unter Glück versteht, mag allenfalls die Befriedigung sein, die er gerade aus einer momentanen Zerstreuung gewinnt. Es wird ihm darum gehen, auf möglichst angenehme Weise durchs Leben zu kommen, wenn er diesem sinnlosen Dasein nicht gar selbst ein Ende setzt.

Vielleicht glaubt er, daß er einen freien Willen hat. Doch welchen vernünftigen Gebrauch könnte er davon machen, wenn er im Dasein weder Sinn noch Ziel sieht. Seine extreme und falsche Ansicht über Welt und Leben läßt auch seine Taten zutiefst sinnlos werden. Er kann den Möglichkeiten seines Tuns nicht allzuviel Bedeutung beimessen.

Eine andere extreme Haltung hält *alles* in Welt und Leben für vollends sinnerfüllt: »Dieses Universum wurde von einem Gott erschaffen, der einen klaren Plan damit verfolgt und diesen auch ausführt. Alles, auch mein Leben, ist demnach genau und sinnvoll vorherbestimmt.« Wer aber *restlos alles* für den Ausdruck eines göttlichen Willens hält, kann seinem eigenen freien Willen eigentlich keinen großen Wert zuschreiben. Ob er anderen Schmerzen zufügt oder ihnen Freude schenkt, er sieht es als Teil der Vorsehung; und seine eigene Absicht wird gleichgültig. Wie sollte er sich im Leben bewähren können, echte Entscheidungen zwischen heilsamen und unheilsamen Dingen treffen, wenn doch sein ganzes Tun vorbestimmt wäre? Schon der Versuch ist vor dem Hintergrund einer solchen Anschauung unsinnig!

Was ist hier geschehen? Plötzlich sehen wir, wie zwei Menschen, die sich bezüglich der letzten Fragen zu völlig gegensätzlichen Anschauungen bekennen, die gleichen Resultate ernten: Derjenige, der alles als sinnlos ansieht, wird sich ebensowenig einer echten Freiheit seines Willens bewußt sein, wie jener, der ausnahmslos jeden Aspekt des Lebens für sinnvoll gefügt hält.

Der Buddha ermahnte seine Schüler immer wieder, nicht ihre Zeit mit

Spekulationen darüber zu verbringen, ob die Welt sinnvoll oder sinnlos, anfangslos oder geschaffen, endlich oder ewig ist. Man könnte sich auch in religiöser Hinsicht viele Gedanken über den Zustand der Erlösung machen und lange über die genaue Art und Weise eines Daseins vor der Geburt und nach dem körperlichen Tode grübeln. Doch leicht wird dabei unnötig wertvolle Energie verschwendet. Denn ein Mensch kann nicht wahrnehmen, was seine Wahrnehmungsfähigkeit übersteigt, er kann nicht erkennen, was über seiner Erkenntnisfähigkeit liegt, und er kann sich keines Dinges außerhalb seiner Bewußtseinsmöglichkeiten bewußt werden. Wenn er sein Wahrnehmungsvermögen schult, seine Erkenntnisfähigkeit steigert und sein Bewußtsein erweitert, dann vermag er vielleicht schon morgen klar zu schauen, was ihm heute noch verborgen und unbekannt ist. Es muß also darum gehen, die Möglichkeiten des Erkennens und Tuns zu entfalten, anstatt sich im Dickicht der Ansichten und Meinungen zu verirren, wo sogar entgegengesetzte Glaubensinhalte zu den gleichen unerwünschten Ergebnissen führen können.

Gesetze des Daseins

Der Buddha wollte daher nicht, daß seine Schüler nur eine Meinung durch eine neue ersetzen. Er lehrte keine Glaubensinhalte, die sie blind akzeptieren mußten, und bot ihnen keine vorgefertigten Patentlösungen an. Er wollte vielmehr, daß jeder seine Fähigkeit zu selbständigem Erkennen und eigenständiger Problemlösung entwickelt. Darauf gründet seine ganze Botschaft.

Die Lehre des Buddha wird nach der altindischen Sanskrit-Sprache häufig als *Dharma* bezeichnet. Dieses Wort hängt mit dem Adjektiv *dhara* = »tragend« zusammen, und *Dharma* kann darum auch als »das Tragende« wiedergegeben werden. Unter diesem *Tragenden* versteht man hier zweierlei: einmal jene Gesetzmäßigkeiten, welche die Ordnung dessen ausmachen, was wir als Welt und Leben erfahren. Es sind dies die *Naturgesetze* im weitesten Sinne des Wortes, also die letzten *tragenden* Prinzipien des Daseins. Sodann steht *Dharma* auch für die Weisheit, die der Buddha seinen Schülern vermittelte.

Diese gleiche Bezeichnung der universellen, in Natur und Kosmos herrschenden Gesetze und des Gesetzes, das man durch die Lehre des Buddha seinem Leben geben kann, deutet bereits den wesentlichen Inhalt der Lehre an: Es geht um den Einklang, die *Harmonie* des menschlichen Lebens mit dem umfassenden Zusammenhang, in dem es steht. Die Tatsache, daß die Suche nach Freiheit mit der Frage nach Gesetzen in Beziehung steht, mag auf den ersten Blick vielleicht verwundern. Bedeutet Freiheit denn nicht, an keine Gesetze gebunden zu sein? Das Gegenteil ist der Fall! *Alles Dasein und Werden ist nur durch die Existenz von Gesetzen möglich.* Hier sind nun nicht die vom Menschen erlassenen Gesetze gemeint, die jederzeit geändert werden können und nur den Erkenntnisstand derer widerspiegeln, die sie gerade erlassen. Vielmehr sei unter *Gesetz* das verstanden, was kein Mensch und keine Gruppe, hätten sie auch alle politische Macht und Gewalt der Erde, jemals ändern könnte, den Fluß der Zeit etwa oder die Schwerkraft. Unsere Welt der Natur und des Geistes ist nur durch den Bestand solcher Gesetze denkbar. Gäbe es sie nicht, es herrschte ein Chaos. Freiheit von den Gesetzen der Natur und des Geistes wäre nicht Freiheit, sondern Nichtsein. Schließlich existiert auch der Mensch, so wie er ist, nur durch das Walten jener Gesetze. *Freiheit ist daher die Erkenntnis dieser Gesetze und der Spielräume und Entfaltungsmöglichkeiten, die sie gewähren.*

Wo mußte der Buddha beginnen mit seiner Darlegung jener universellen Gesetze, mit denen der Mensch in Harmonie leben sollte, wenn er frei und glücklich sein wollte? Mit dem Entstehen der Welt? Dem Lauf der Planeten? Der Betrachtung eines oder mehrerer höherer Wesen? Nein. Alle diese Fragen wollte er nicht an den Anfang und ins Zentrum seiner Botschaft stellen. Nichts, was als bloße Spekulation betrachtet werden könnte, taugte als Ausgangspunkt für seine Darlegungen. Da es ihm um *die universellen Gesetze in ihrer direkten Beziehung zum Menschen* geht, ist der Mensch für ihn auch der wesentliche Gegenstand seiner Lehre.

In einem Gleichnis sieht er den um Glück und Erkenntnis ringenden Menschen in der Rolle eines Verletzten: »Einst wurde ein Mann von einem mit Gift bestrichenen Pfeil getroffen. Seine Angehörigen riefen rasch den Arzt herbei, damit jener den Pfeil herausziehen sollte. Doch der Getroffene wehrte sich und sprach: ›Ich will mir den Pfeil nicht herausnehmen lassen, bevor ich nicht weiß, wer auf mich geschossen hat, aus welcher Familie er stammt, welche Körpergröße er hat und wo er wohnt. Auch möchte ich zuerst wissen, aus welchem Holz der Pfeil besteht, welche Art von Bogen benutzt wurde, von welchem Vogel die Federn am Pfeil stammen und aus welchem Material die Pfeilspitze gemacht ist.‹ Bevor jener Mann all das in Erfahrung gebracht hätte, wäre er gestorben.«[7]

Nahezu jeder teilt das Schicksal dieses Menschen, und das freiwillig. Wir sind von Pfeilen getroffen, deren Gift unseren Geist und unseren Körper verseucht. Die Hilfe ist nahe, doch wir sträuben uns vor dem Schmerz des Herausziehens und gehen dadurch weitaus größeren Gefahren entgegen. Oft wissen wir ganz genau, wo unsere Pfeile stecken. Aber wir haben Angst vor den Beschwernissen, das Naheliegende zu tun. Wir schaffen uns ungezählte Ablenkungen, die uns im entscheidenden Moment vom Wesentlichen abhalten. So verschieben wir alles auf eine unbestimmte Zukunft und verdrängen aus unserem Bewußtsein, daß *jeder Augenblick ein entscheidender Moment ist, in dem wir die Richtung unseres Lebens grundlegend ändern können.* Von diesem Unvermögen möchte der Buddha heilen, die giftigen Pfeile des Leidens herausziehen. Und wie ein Arzt geht er dazu in seiner Lehre vor. Schon als er zum ersten Mal seine Botschaft in einem Park in der Nähe von Benares darlegte, nannte er sie die *Vier Edlen Wahrheiten.* Zwei dieser Wahrheiten dienen der Diagnose, zwei der Therapie.

Die erste »Edle Wahrheit«

Wie sieht nun die Diagnose des Buddha aus? Woran krankt der Mensch? Erinnern wir uns an den Lebensgang des Prinzen Siddhartha: Alter, Krankheit und Tod waren die Grenzsituationen, mit denen er konfrontiert werden mußte, um ein tiefes Gefühl der Unzulänglichkeit seines Lebens zu erfahren und daran zu leiden. Und diese Leiden schaffende Unzulänglichkeit des Daseins stellt der Buddha bei *allen* Menschen fest: »Geburt, Alter, Krankheit und Tod, mit Unlieben vereint sein, von Lieben getrennt sein, nicht zu erhalten, was man wünscht, oder zu erhalten, was man nicht wünscht, darin zeigt sich Leiden.« So und ähnlich heißt es immer wieder in den alten Texten. Nun klingt diese Feststellung so einfach und selbstverständlich, daß man sich als »erste edle Wahrheit« aus dem Munde eines weltbekannten Weisen vielleicht Erstaunlicheres erwartet hätte. Denn daß wir im Leben auch Leiden, Kummer und Sorgen erfahren, daran besteht doch ohnedies kein Zweifel. Wir müssen nicht einmal mit Krankheit oder Sterben konfrontiert werden, damit wir Leid empfinden. Da sind die vielen kleinen zermürbenden Dinge des Alltags: Ärger an der Arbeitsstelle, Krach in der Familie, Reibereien mit den Nachbarn, sexuelle Unbefriedigtheit, Langeweile oder Streß. Jedermann erlebt die Unzulänglichkeiten anders, seiner Situation gemäß, aber er erlebt sie! Brauchen wir tatsächlich einen Weisen, damit er uns mit dieser Wahrheit bekannt macht?

Ganz offenbar brauchen wir die großen Weisen, damit sie uns zunächst einmal die *selbstverständlichsten Dinge* ohne Verschleierung sagen. Betrachten wir einmal unabhängig vom Leiden des einzelnen die heutige Situation unseres Planeten. Theoretisch weiß es jeder: Die Menschheit lebt mit einem selbstgeschaffenen nuklearen Vernichtungspotential unbeschreiblichen Ausmaßes; die Rohstoffe der Erde gehen zur Neige, eine Minderheit schwelgt im Luxus, während viele Menschen um das Notwendigste ringen. Und praktisch sieht es auch jeder: Der Grad der Informiertheit über die Weltlage hat in unseren modernen Industrienationen einen nie dagewesenen Stand erreicht. Durch Zeitungen und elektronische Massenmedien strömen die Bilder und Zahlen des Grauens aus allen Himmelsrichtungen in die Wohnstube.

Doch es vollzieht sich das scheinbar Widersinnige: Gerade wir, die Informiertesten, tun am wenigsten, den Fluß der unheilsamen Dinge aufzuhalten, zeigen am wenigsten Zivilcourage, zur Korrektur eines negativen Kurses beizutragen. Ganz im Gegenteil: Man läßt sich durch nichts aus der Ruhe bringen und denkt, daß schon irgend jemand für alles zuständig sei. Andere spüren ein Unbehagen und fliehen in weltabgewandte Kulte oder treten den sogenannten Rückzug in die Privatsphäre an.

Was für unsere Beziehung zu den Schwierigkeiten der großen Welt gilt, entspricht auch meist dem Verhältnis zu den Grundproblemen des eigenen Lebens. So unwahrscheinlich es auch klingt, was dem Menschen am nächsten liegt, das verdrängt er auch am ehesten.

Der Buddha zeigt nun mit seiner *Ersten Edlen Wahrheit* auf, wie der Mensch in der Regel noch sehr viel grundlegendere Dinge verdrängt als etwa die Sexualität: Auch die Tatsache, daß das Leben durch bestimmte Gründe oft unzulänglich erscheint, wird häufig aus dem Bewußtsein verbannt. Stünde dies einem Menschen in aller Konsequenz vor Augen, würde er mit Sicherheit nach geeigneten Gegenmaßnahmen suchen, und er könnte solche auch finden! Doch mit den unzulänglichen Aspekten des Lebens ist es wie mit der Kenntnis um die bedrohlichen Probleme der Erde: Während man weiß, daß das Pulverfaß jederzeit in die Luft fliegen kann, tut man, als wäre alles in bester Ordnung. Ebenso weiß man auch, daß der Tod mit Sicherheit bevorsteht. Doch man verhält sich, als hätte die Tatsache der Endlichkeit des Lebens nichts mit der eigenen Person zu tun.

Auch »mit Unlieben vereint sein, von Lieben getrennt sein«, und besonders »nicht erhalten, was man wünscht, oder erhalten, was man nicht wünscht« sind wohlbekannte, ärgerliche Alltagserfahrungen. Aber sie werden meist nicht genau betrachtet. Man ist froh, wenn man sie schnellstmöglich vergessen darf. Vielleicht klagt man über das Negative: »Womit habe ich das verdient?« Oder man schmollt in dem vagen Gefühl, daß doch alles sehr viel besser sein könnte. In jedem Falle ist man froh, wenn das, was einen im weitesten Sinne *leiden* macht, wieder aus dem Bewußtsein verschwunden ist. Nichtbeachtete Tatsachen bleiben dennoch bestehen. Und die unbefangene Beobachtung würde zeigen, daß sicherlich *nicht* derjenige »glücklich ist, der vergißt«.... Im Gegenteil. Gerade Tod und Sterblichkeit können aus keinem Leben verdrängt werden.

Der Buddha legt uns nahe, *ohne Ausflüchte und vorschnelles Vergessen den Tatsachen ins Auge zu sehen, so wie sie sind:* »Ich leide im Leben an diesen und jenen Dingen....« Der Buddha rät zur ehrlichen Konfrontation mit diesen Dingen. Wenn wir wach das sehen, was uns Schwierigkeiten bereitet, ist der erste Schritt zu deren Überwindung getan. Dies bedeutet keinesfalls, daß wir in Jammern und Wehklagen über unser trauriges Schicksal ausbrechen sollten. Es geht um nicht mehr und nicht weniger, als einmal ganz nüchtern festzustellen, was uns fehlt. Die praktischen Methoden, die der Buddha seinen Schülern dazu lehrte, werden noch zur Sprache kommen.

Wer es jedoch schafft, alles einfach so zu sehen, wie es ist, kann dadurch drei Gesetzmäßigkeiten erschauen, die vom Buddha als *die drei Merkmale* des Daseins bezeichnet wurden. Das Erkennen dieser grundlegenden Merkmale, die auf alles in der Welt zutreffen, ist eine Grundbedingung menschlicher Harmonie mit den universellen Gegebenheiten.

Das erste der *drei Merkmale* nennt der Buddha die *Nichtdauer.* Ausnahmslos alles, was wir wahrnehmen können, ist dadurch gekennzeichnet, daß es nicht dauerhaft ist! Es mag zwar manche Dinge geben, die uns ewig erscheinen. Doch selbst die Erde oder gar die Sonne sind im Verlaufe langer Prozesse entstanden, verändern sich und werden eines Tages nicht mehr sein. Neues wird sich dann aus ihnen entwickelt haben, und auch dies verändert sich wieder. Ihre Gestalt bleibt für uns, die wir uns schneller wandeln, äußerlich die gleiche. Aber ob sichtbar oder nicht, *die Veränderung aller Dinge ist ein Grundgesetz: Nichts steht außerhalb der Zeit.*

Ist auch diese Aussage wieder eine Binsenweisheit, der eigentlich jeder zustimmen könnte? Tatsache ist, daß nur wenige sie *auf sich selbst* beziehen! Der Mensch, der sieht, wie sich um ihn herum die Dinge bewegen, unterliegt leicht dem Fehlschluß, er selbst sei eine unveränderliche Insel inmitten einer Welt der Wandlung. Aber auch er verändert sich dauernd, wandelt sich, ist in steter Bewegung. So wie sein Körper nie derselbe bleibt, findet auch im seelischen Leben eine unaufhörliche Wandlung statt: Jede Wahrnehmung, jeder Gedanke, jeder Ablauf innerhalb des Bewußtseins macht Sie zu einem anderen, als Sie unmittelbar zuvor waren. Auch das mag theoretisch jedem einsehbar sein, doch mit dem verstandesmäßigen Akzeptieren dieser Gegebenheit ist wenig gewonnen. Man hat dieses Daseinsmerkmal erst dann wahrhaft erfaßt, wenn man sich selbst nicht länger als eine unveränderliche, zu ewigem So-Sein verurteilte Persönlichkeit erlebt, sondern als *ein dynamisches und stets veränderbares Wesen* erfährt.

Der Mensch wünscht sich Sicherheit und hat Angst vor Veränderung und Wandlung, von der er nicht weiß, wohin sie führt. Doch wir wandeln uns auf jeden Fall, ob wir dies wünschen oder nicht. Also wäre es klug, dieses unumgängliche Grundgesetz zu bejahen, um die Richtung unserer Veränderung in freier Selbstbestimmung festzulegen. Die Tatsache der *Nichtdauer* läßt uns drei Möglichkeiten: Wir können sie gar nicht zur Kenntnis nehmen, das hieße die Augen vor der Wahrheit einfach verschließen. Wir können die Wandlung der Welt und unseres Wesens als »Vergänglichkeit« beweinen und darüber jammern, daß morgen vorbei sein wird, was heute noch ist. Wir können dieses Gesetz aber auch als *Herausforderung und Chance zu echtem Wachstum und positiver Verwandlung* annehmen. Leben ist immer Bewegung; Stillstand wäre der Tod. Ob wir uns durch ein universelles Grundgesetz als Sklaven empfinden oder es zum Instrument unserer Befreiung machen, ist unsere eigene Entscheidung!

Als zweites der *drei Merkmale* allen Daseins nennt der Buddha die *Unzulänglichkeit:* Alles, was ist, könnte immer noch besser sein. So empfindet es der Mensch tief in seinem Inneren. Und daraus entstammt auch das Gefühl des Ungenügens: Was immer wir in der Welt erlangen, es bleibt immer noch Besseres denkbar. Wir beklagen, daß alles vorübergeht; daß wir nicht *mehr* von dem haben, was uns gefällt; daß meist unsere Erwartungen nicht von der Wirklichkeit erfüllt werden. Und selbst wenn das einmal geschieht, bleibt noch so vieles, was uns nicht genügt. Wie können wir uns gegenüber der Unzulänglichkeit verhalten? Wie über die Nichtdauer können wir über sie jammern. Wir können unsere Augen davor verschließen. Oder wir können auch die Erkenntnis dieses Gesetzes positiv deuten: Wir sehen uns dann als Teil einer niemals abgeschlossenen Entwicklung. *Das, was nicht ist, wird unsere Herausforderung zur Tat.* Die Kluft zwischen unseren Erwartungen und Hoffnungen und der Wirklichkeit wird uns dann zu einer Quelle heilsamer Anstrengung. Doch dazu ist es zunächst notwendig, der Unzulänglichkeit als einem Merkmal aller Dinge ins Auge zu sehen.

Das *dritte Merkmal* allen Daseins wird in der Sanskrit-Sprache als *Anâtman* bezeichnet. Eine unmißverständliche Übersetzung dieses Begriffes in andere Sprachen ist nicht einfach, denn er steht für eine sehr tiefe Erkenntnis, die erstmals vom Buddha in aller Klarheit formuliert wurde. Als philosophischen Begriff kann man dieses Merkmal als »Nicht-Substantialität« wiedergeben. Er besagt, daß nichts als isolierte »Substanz« aus sich heraus und für sich allein besteht. *Alles, was ist, entstand in Abhängigkeit durch anderes, was zuvor war oder gleichzeitig ist.* Kein Ding unserer Welt ist darum auch unteilbar: Es besteht immer aus anderen Dingen, von denen jedes wiederum aus anderen Dingen besteht.... Nichts wäre für sich allein denkbar. In der Natur und bei allen vom Menschen gemachten Dingen ist dies ganz offensichtlich. Doch wieder überträgt der Mensch diese Wahrheit nicht konsequent auf sich selbst: Er empfindet sich als eine »Substanz«, die von allem Dasein verschieden ist. So trennt er in der Regel sehr streng und grundsätzlich sein Ich von der ganzen restlichen Welt. Aber schon rein äußerlich ist diese strikte Trennung nicht der Wahrheit gemäß: Ein Mensch wurde von seinen Eltern gezeugt, wächst auf und erhält sich durch Nahrungsaufnahme, atmet die Luft, in der er lebt. Sein Inneres wird geprägt durch die Wahrnehmungen, die er hat, durch die geistige Nahrung, die er sich zuführt. All dies ist notwendig, sonst könnte der Mensch nicht sein, was er ist. Er könnte letztlich ohne seine Bedingungen gar nicht existieren.

Weil nach der Lehre des Buddha nichts aus sich heraus besteht, sondern nur durch das, was ihn bedingt, und zusammen mit dem, sind die Grenzen dessen, was zum »eigenen Wesen« gehört, durchaus fließend. Letztlich gehört alles, was ist und jemals war, in diesem Sinne dazu, wenn dieses Wesen sich in seinem universellen Beziehungsgeflecht erfahren kann. Das *Erwachen* des Buddha ist gleichbedeutend mit dem Erleben dieser universellen Verknüpftheit, die den Erlebenden über alle Trennungen zur »Welt« oder zum »Nicht-Selbst« hinaushebt.

Diese Erfahrung wurde vom Buddha auch mit *dem Erlangen der Todlosigkeit* in Verbindung gebracht. Der Mensch kann Todlosigkeit nur dadurch erleben, daß er in einem anfangslosen Bedingungszusammenhang steht, der ihn endlos macht. Wäre er für sich und durch sich allein, was er gerade ist, so bliebe er ein begrenztes und endliches Wesen.

Durch seine universelle Verknüpftheit ist er unendlich und ewig ein Werdender. Doch nicht bloßes Wissen, nur das Erleben kann zeigen, worum es wirklich geht. Die praktischen Übungen dieses Buches beruhen auf den vom Buddha gelehrten Methoden, um zu dieser Erfahrung vorzustoßen.

Die zweite »Edle Wahrheit«

Hat der Buddha in seiner ersten edlen Wahrheit aufgezeigt, daß und woran der Mensch Ungenügen am Dasein empfindet und leidet, beschäftigt sich die zweite Wahrheit mit der *Entstehung des Leidens.* Nicht Alter, Krankheit und Tod, nicht das Unerwünschte sind selbst die Ursachen. Bei all dem handelt es sich um Ausdrucksformen der Gesetzmäßigkeiten des Daseins. Die Ursachen des Leidens liegen in drei menschlichen Eigenschaften, die der Buddha als Wurzeln aller Übel bezeichnet: *Gier, Haß* und *Verblendung.*

Verblendung heißt nicht wissen um die Gesetzmäßigkeiten. Wer die Augen vor der dynamischen Natur der Welt und seines eigenen Daseins verschließt, lebt in Extremen: *Entweder möchte er nicht wahrhaben, was gerade ist, oder er will es für immer festhalten.* So existiert er im Wahne einer Scheinwirklichkeit, die mit der Wahrheit wenig zu tun hat. Mit diesen Gesetzmäßigkeiten muß das eigene Wesen in Einklang gebracht werden, das eigene Wünschen und Wollen muß in Harmonie sein mit den universellen Gegebenheiten.

Aus der Verblendung des Nichtwissens entstehen *Gier* und *Haß.* Was der Buddha hiermit bezeichnet, geht weit über die alltägliche Bedeutung der Worte hinaus. *Gier* steht für die grundsätzliche Haltung, die der Mensch anderen, der Erde und dem ganzen Universum gegenüber einnimmt: *Er will alles haben, wie es ihm gefällt.* Er betrachtet alles so, als könnte er es nach seinem Wunschbild gestalten. Alles, was ist, muß sein, wie er es gern hätte. Das Resultat ist, daß wir unfähig werden, die Dinge dieser Welt zu sehen, wie sie sind. Alles, auch andere Menschen, interessieren uns nur unter dem Blickwinkel, welchen Nutzen sie für uns haben und was wir von ihnen bekommen können. Doch was ich in diesem Sinne gierig haben will, kann ich nicht mehr schätzen. Es verliert sein Wunder für mich, wenn ich es nur im Hinblick auf Nützlichkeit und Aneignung betrachte.

Besonders deutlich wird das, wenn es um einen anderen Menschen geht: Kann ich ihn nur so akzeptieren, wie ich ihn haben will, dann achte ich ihn nicht wirklich als Persönlichkeit. Ich nehme ihn wahrscheinlich nicht einmal so wahr, wie er ist, sondern lasse ihn links liegen, wenn er sich nicht meinem Bild anpassen möchte. Diese verborgene Form der Gier wird kaum bemerkt. Es ist viel zu selbstverständlich, daß man nur das sehen möchte, was einem paßt, um es überhaupt einmal zu hinterfragen. Aber es ist genau diese Haltung, die allen Formen gröberer Gier, wie der Raffsucht oder den sogenannten Suchtkrankheiten, zugrunde liegt.

Haß dagegen ist die andere Seite der gleichen Münze. Wenn ich die Wahrheit nach dem Maßstab meines Habenwollens gestalten möchte, lehne ich alles ab, was sich dem entgegenstellt. *Was ich nicht will, hasse ich!* Wir hassen in diesem Sinne nicht nur den Menschen, den wir gewaltsam wegstoßen, sondern alles, was wir aus unserer Wirklichkeit verdrängen, obwohl es zu unserer Wahrheit gehört. Viele Menschen hassen deshalb ihre Sterblichkeit, so daß sie sie völlig aus ihrem Bewußtsein verbannen.

Und dennoch hängen wir an dem, was wir hassen, ebenso stark wie an dem, wonach wir gieren. Alles, was wir nicht so sehen können, wie es ist, erhält durch Gier und Haß große Macht über uns und macht uns unfrei.

Gier und Haß stemmen sich einer Harmonie der Persönlichkeit mit den universellen Gesetzmäßigkeiten entgegen, weil sie uns die Wahrheit nicht sehen lassen oder zwingen, uns auf bestimmte Teilaspekte zustimmend oder ablehnend zu versteifen. Der große Teil der Lehren des Buddha ist dem Abbau von Gier, Haß und Verblendung gewidmet.

Die dritte »Edle Wahrheit«

Die dritte Wahrheit ist der möglichen *Aufhebung des Leidens* gewidmet. Der Buddha bezeugt die Erreichbarkeit eines Zustandes der Freiheit von Gier, Haß und Verblendung. Er selbst hat ihn durch sein Erwachen erreicht, und auch ungezählte andere haben ihn verwirklicht. Ohne

Gier, Haß und Verblendung können wir die Dinge so sehen, wie sie sind. Nun sind Wirklichkeit und Wahrheit deckungsgleich geworden. Wer dies erreicht, lebt in Harmonie mit den universellen Gesetzmäßigkeiten. Es sieht sich nicht getrennt von allem, was ist, sondern erlebt zu jeder Zeit *seine Verwobenheit in das Ganze.* Er unterscheidet nicht mehr künstlich zwischen »Ich« und »Nicht-Ich«. Seine universelle Verknüpftheit, welcher er sich in seinem erweiterten Bewußtsein stets gewahr ist, macht ihn zu einem universell Liebenden.

Der Buddha nennt diesen Zustand der Freiheit von Gier, Haß und Verblendung das *Nirvâna.* Mit diesem Begriff bezeichneten indische Philosophen das höchste dem Menschen Erreichbare. Der Buddha läßt keinen Zweifel daran, daß mit diesem Zustand zugleich auch die Todlosigkeit erlangt ist, obgleich der Körper weiterhin altert, erkrankt und stirbt. Doch ein Bewußtsein, das sich seiner universellen Wurzeln gewahr ist, hat damit auch jedes endliche menschliche Maß überschritten.

Obwohl der Buddha immer wieder die Erreichbarkeit dieses Zustandes versicherte, hat er doch nicht versucht, ihn erschöpfend mit Worten zu beschreiben. Der von Gier, Haß und Verblendung regierte Verstand könnte die Weite einer solchen Dimension auch nicht fassen, solange er nicht zu ihr vorgestoßen ist. *Der Zustand wahrer Freiheit ist anders als alles, was wir kennen.* Er ist so anders als alles Bekannte, daß er mit menschlichen Sprachen selbst durch Gleichnisse nicht beschrieben werden könnte. Man begreift die Todlosigkeit und universelle Harmonie nicht, wenn man sie nicht verwirklicht. Jeder Versuch, das Unmeßbare zu messen oder das Unsagbare in Worte zu kleiden, muß zwangsläufig scheitern. So konzentrierte sich der Buddha ganz darauf, seinen Schülern den Weg zu eigenem Erfahren aufzuzeigen.

Die vierte »Edle Wahrheit«

Dieser Weg, der zur Harmonisierung des persönlichen Lebens mit den universellen Gesetzmäßigkeiten führen soll, ist die vierte Wahrheit in der Lehre des Buddha. Es ist sein berühmter *Edler Achtfacher Pfad.* Dieser Pfad, die praktische Anregung zur Selbsthilfe, umfaßt mit seinen acht Aspekten alle Bereiche des Menschseins. Der Buddha faßte dabei seine Methode unter folgende Begriffe zusammen:

Vollkommene Einsicht
Vollkommene Gesinnung
Vollkommene Rede
Vollkommenes Tun
Vollkommener Lebensunterhalt
Vollkommene Anstrengung
Vollkommene Vergegenwärtigung
Vollkommene Ganzwerdung

Alles in diesem Buch fällt unter einen dieser acht Aspekte.

Vollkommene Einsicht steht am Anfang des Weges. Sie umfaßt zuerst die Auseinandersetzung mit den Vier Wahrheiten des Buddha, die grundsätzlich verstanden und nachvollzogen sein müssen. Nur wer wahrhaft Leiden erfahren hat, sei es eigenes oder Mitleid, wird die Schlüsse des Buddha nachvollziehen können. Und nur wer auch tatsächlich davon überzeugt ist, daß es sich lohnt, einen höheren Zustand anzustreben und einen Weg zur Verbesserung der jetzigen Situation einzuschlagen, wird sich mit dem nötigen Einsatz aufmachen. Darum nennt der Buddha die Einsicht, die am Anfang stehen muß, *vollkommen*. Wer sich halbherzig aufmacht, mag auch vorankommen. *Je klarer aber die Einsicht in die Notwendigkeiten ist, um so überzeugter wird jeder Schritt sein.* Vollkommene Einsicht erfordert eine unausgesetzte Beschäftigung, bis die Lehren aufhören, nur »Lehren« zu sein, sondern zu richtungsweisenden Elementen unseres Wesens geworden sind.

Die vollkommene Einsicht führt so als nächstes zur *vollkommenen Gesinnung*. Haben wir uns aus der grundsätzlichen Erkenntnis der Wahrheit entschlossen, einen Weg zur heilsamen Verwandlung unseres Wesens zu gehen, muß das gesamte Denken in dieser Richtung neu eingestellt werden. Das zuvor durch Gier, Haß und Verblendung bestimmte Denken soll dabei in eine vorurteilslose Gesinnung verwandelt werden. Wir sollen allem Leiden beherzt ins Auge sehen, um zu erkennen, daß die Ursachen in uns selbst liegen. Durch die Schulung unseres Denkens werden wir lernen, *die Dinge so zu sehen, wie sie sind,* das heißt: nicht nur von unserem Standpunkt, sondern auch von dem uns entgegengesetzten oder abweichenden Blickwinkel, also *von allen Seiten.*

Das Denken ist sehr wichtig bei unserer Selbstgestaltung. Sobald es uns gelingt, eingefahrene Denkbahnen aufzubrechen, Regungen des Hasses und des Unfriedens durch positive Impulse zu ersetzen, sind wir auf dem Wege, jene wachen und bewußten Menschen zu werden, die wir sein könnten.

Haben wir das Denken in positiver Weise neu eingestellt, geht es darum, auch *unsere Beziehung zu anderen* miteinzubeziehen. Diesen Aspekt seines Weges nennt der Buddha die *vollkommene Rede.* Durch unser Reden teilen wir uns dem anderen mit. Doch die Rede ist mehr als bloßer Informationsaustausch. Wir gestalten einen ganzen Teil unseres eigenen Wesens durch das, *was* wir sagen und *wie* wir es sagen. Der Mensch neigt dazu, seinen eigenen Worten zu glauben, auch wenn er sich zuvor dessen bewußt war, nicht die Wahrheit mitzuteilen. Diese Identifikation mit der eigenen Rede ist das Gefährlichste am Lügen, gefährlicher als die Konsequenzen einer möglichen Aufdeckung. Das eigene Wesen wird unwahr. Wer durch Grobheit und Falschheit in der Rede es nicht schafft, in Einklang mit seiner unmittelbaren Umgebung zu leben, wird wohl kaum sehr weit bei seinem Streben nach Harmonie mit den universellen Gesetzen kommen. Auch leeres und sinnloses Gerede sind eine unnötige Energieverschwendung. Aus diesen Gründen wies der Buddha seine Schüler immer wieder auf eine kritische Überprüfung ihrer Sprachgewohnheiten hin.

Darüber hinaus müssen auch unsere Handlungen mit den grundlegenden Erkenntnissen in Einklang gebracht werden. Verharren wir darin, über das Positive nur nachzudenken und unsere Mitmenschen mit edlem Gerede zu beglücken, so handeln wir nicht danach, sondern spielen uns selbst etwas vor. Die Kluft zwischen Wahrheit und Wirklichkeit wird tiefer, und was uns als Mittel zur Befreiung dienen sollte, machen wir zu einem Mittel der Selbsttäuschung. Gedanken, Worte und Taten müssen zu einer Harmonie gelangen, weshalb der Buddha das *vollkommene Tun* als wesentlichen Teil seines Weges bezeichnet.

Der fünfte Punkt des achtfachen Pfades, *vollkommener Lebenserwerb*, gehört zwar zu unserem allgemeinen Tun; doch aus gutem Grund führt der Buddha diesen wichtigen Aspekt gesondert auf. Das berufliche Leben wird meist aus der Betrachtung über eine heilsame Daseinsgestaltung ausgeklammert. Aber die Arbeit ist mehr als nur ein Mittel zum Zweck des Lebensunterhaltes. Oft können die Mittel den Zweck entheiligen, denn kein Mensch kann sich halbieren: Das, wodurch wir unseren Lebensunterhalt bestreiten, nimmt einen großen Teil unseres Daseins, unserer Zeit in Anspruch, prägt uns entscheidend und macht uns in weiten Teilen zu dem, der wir sind. Gehen wir viele Stunden des Tages einer Beschäftigung nach, von der uns klar ist, daß sie der Harmonie widerstreitet, indem etwa andere durch sie geschädigt werden, wirkt das außerhalb der Arbeit tief in unserem Inneren weiter, auch wenn es aus dem Bewußtsein vollends verdrängt scheint. Der Buddha rät, keinen Moment des Lebens aus dem Gesamtzusammenhang auszuklammern. Es wäre dies Selbsttäuschung. Mag man über eine unheilsame Tätigkeit sagen: »Wäre ich es nicht, dann wäre es eben ein anderer«, das kann stimmen, aber diese Entschuldigung nützt uns nichts! Wenn wir einen anderen schädigen, stört dies unsere Harmonie, indem es bewußt oder unbewußt auf unser Leben zurückwirkt. Durch kritische Selbstbeobachtung und Selbstehrlichkeit kann es jedem gelingen, den Broterwerb in Einklang mit seinem inneren Streben zu bringen.

Das sechste Glied seines Pfades bezeichnet der Buddha als *vollkommene Anstrengung:* Je vollständiger der Einsatz ist, mit dem wir unserem Ziel entgegenstreben, um so größer wird die Wirkung sein. Wir müssen lernen, von den Möglichkeiten unseres Wollens und unserer Absicht im positiven Sinne total Gebrauch zu machen. Der Buddha sprach einst zu seinen Schülern: »Vier vollkommene Anstrengungen gibt es: Anstrengung zur Vermeidung, Anstrengung zur Überwindung, Anstrengung zur Erweckung und Anstrengung zur Erhaltung.«[8] Wir sind also, wenn wir es auf dem Pfad versuchen wollen, stets gefordert, unseren Willen heilsam einzusetzen: Was an Unheilsamen kann ich *vermeiden?* Was gilt es für mich, zu *überwinden?* Was an mir gibt es noch zu *erwecken?* Woran muß ich arbeiten, um es weiterhin zu *erhalten?* Vollkommene Anstrengung ist die gegenteilige Haltung des passiven Treibenlassens des Lebens. Es gilt, sein Dasein selbst nach Möglichkeit in die Hand zu nehmen. Der Weg des Buddha kann nur *aktiv* beschritten werden.

Die beiden letzten Glieder des Pfades, *vollkommene Vergegenwärtigung* und *vollkommene Ganzwerdung,* bezeichnen die vom Buddha gelehrten Methoden der Meditation. Vergegenwärtigung bedeutet ein Trainieren unserer Fähigkeit, die Gegenwart wach und achtsam zu erfahren, also uns möglichst umfassend und ständig aller Vorgänge unserer Persönlichkeit bewußt zu werden. Wir sind meist zerstreut! Vieles tun wir nur noch mechanisch, ohne wirklich bei der Sache zu sein. Der Buddha sagt, wer seinen Weg konsequent gehen möchte, soll jeden Moment seines Lebens bewußt gestalten, *tatsächlich mit dem ganzen Wesen dabeisein.* Nur so kann man sein Leben wahrhaft meistern. Mit halbem Einsatz wird man wie ein hilfloser Sklave der Umstände umhergetrieben. Die im ersten Kapitel beschriebene Methode des gesammelten Aufstehens ist eine wesentliche Vorübung, um vollkommene Gegenwärtigkeit zu verwirklichen.

Vollkommene Ganzwerdung heißt schließlich in der Meditation die Harmonie des persönlichen Lebens mit den universellen Gesetzen erfahren.

Wurde mit den anderen Stationen des Pfades zunächst der Grundstein gelegt, läßt sich die gewonnene Erfahrung dann in der Meditation auf alle Bereiche des Alltags ausdehnen. Der Mensch wird zu einem *ganzen* Menschen. Nichts schiebt er fort, was zu seinem Wesen gehört. Frei von Gier, Haß und Verblendung lebt er nicht nur einen Teilaspekt seines Lebens, sondern erfährt alle Dimensionen und Möglichkeiten seines Menschseins.

Welche praktischen Möglichkeiten haben Sie, diesen achtfachen Pfad nun zu beschreiten? Was kann jeder an der Weisheit des Buddha Interessierte tun, um sein Leben wacher und selbstverantwortlicher zu gestalten? Wie läßt sich das Gesagte auch umsetzen? Dazu drei Anregungen:

ÜBUNG 4: Die Zeit zur Meditation

Wer im Sumpf steckt, kann sich nicht an seinen eigenen Haaren herausziehen. Nur einer, der außerhalb steht, könnte ihn retten. Wer in einer Sache tief drinnen steckt, kann sie zumeist nicht überblicken, es fehlt ihm der Abstand. Wir können aber, wenn wir den gewohnten Fluß unseres Alltages heilsam korrigieren wollen, nicht auf einen anderen warten, der uns aus unserem Sumpf zieht. Wir *selbst* müssen die Angelegenheit in die Hand nehmen. Wir müssen selbst aus unserem Alltag heraustreten, um ihn aus einigem Abstand wirklich überschauen zu können.

Das gelingt uns in der Zeit der Meditation. Im Gegensatz zu versuchen, aus dem Trott des Gewohnten auszubrechen, indem wir durch Zerstreuung, Betäubung oder Rausch unser Bewußtsein trüben, soll die Zeit der Meditation eine ganz bewußte sein, in der wir klare Einsichten gewinnen, die positiv auf das gesamte Leben wirken.

Vom Buddha gelehrte Meditaitionspraktiken werden später noch vorgestellt. Doch eine Grundvoraussetzung dafür ist, daß man gelernt hat, sich bewußt Zeit für das Heraustreten aus dem täglichen Allerlei zu nehmen. Mit dem *Tagesrückblick* und dem *gesammelten Aufstehen* haben Sie sich bereits zwei Inseln des Bewußtwerdens im Tagesablauf geschenkt. Nun sollten Sie eine Zeit während des Tages herausfinden, die Sie ganz Ihrem Streben nach innerer Freiheit widmen können. Es muß keine sehr lange Zeitspanne sein, fünfzehn Minuten, die man für diese Arbeit an sich reserviert, können völlig ausreichen. Wichtiger als lange Übungszeiten ist die Regelmäßigkeit der Praxis. Sie können sich diese Zeitspanne am Morgen, am Mittag oder am Abend reservieren, sie muß dabei nur Ihren persönlichen Erfordernissen entsprechend eingerichtet werden. Wichtig ist, daß Sie sich diese Zeit wirklich nehmen und daß Sie möglichst täglich die gleiche Stunde beibehalten, denn die *Regelmäßigkeit* des Heraustretens aus dem Üblichen steigert die Wirkung.

Ziehen Sie sich einmal am Tag bewußt von allem anderen zurück. Sagen Sie sich, daß Sie sich jetzt ganz dem Überschauen und positiven Verändern Ihres Lebens widmen möchten. Schon dadurch wird ein Abstand vom Fluß des Gewohnten geschaffen. Sorgen Sie auch dafür, daß Sie während dieser Zeit ganz alleine sind und von niemandem gestört werden. Geben Sie sich dann den Meditationsübungen und Betrachtungen hin und all dem, was Sie daraus gewinnen. Wenn es Ihnen nicht leicht fällt, sich regelmäßig diese Zeit zu nehmen, versuchen Sie es: Das, was sich daraus an Heilsamem gewinnen läßt, wird Ihren Wunsch nach einer solchen Beschäftigung steigern.

In den ersten Tagen während der Meditationszeiten erforschen Sie, ob die hier dargelegten Gesetzmäßigkeiten eine Bedeutung für Ihr Leben haben. Und folgen Sie dabei dem Buddha: »Manche unverständige Leute lernen die Lehrsätze auswendig, erforschen aber nicht weise den Sinn. Dann gewähren die Lehrsätze ihnen keine Einsicht. Sie erlernen sie nur, um darüber reden und Meinungen äußern zu können, aber den Zweck, zu dem man die Lehren lernt, begreifen sie nicht.«[9]

Denken Sie immer wieder über die *Vier Edlen Wahrheiten* des Buddha nach, fragen Sie sich bei allem, ob es dafür auch Beispiele in Ihrem Leben gibt. Überlegen Sie, ob aus den Antworten, die Sie finden, Konsequenzen gezogen werden können oder müssen. Fragen Sie sich einfach, wenn Sie von der Nichtdauer und allen anderen aufgezeigten Gesetzen lesen: »Was hat das mit mir zu tun?« Auch Aussprüche des Buddha im Anhang dieses Buches eignen sich gut zu meditativen Betrachtungen.

ÜBUNG 5: Glauben und Wissen

Bei allem, was Sie selbst nicht sicher erfahren haben, sollten Sie nicht glauben, daß Sie wissen, sondern wissen, daß Sie glauben!

Das kann Ihre Herausforderung zu ehrlicher Selbsterforschung werden, die Sie zu ganz erstaunlichen Ergebnissen führen wird. Fragen Sie sich in den verschiedensten Bereichen des Lebens, was und woran Sie glauben. Wovon gehen Sie als *selbstverständlich* aus? Und warum halten Sie diese Ansichten und Meinungen für so selbstverständlich?

Achten Sie besonders auf die Überzeugungen, denen andere gegenteilige Behauptungen entgegenstellen. Versuchen Sie, sich in deren Lage zu denken!

Denken Sie dabei an das Gleichnis von den Blindgeborenen mit dem Elefanten!

Es ist genau richtig, wenn Sie durch diese Übung verunsichert werden! Den eigenen Standpunkt wahrhaft in Frage stellen zu können, sich für anderes, Neues, Ungewohntes, ja zuvor Abgelehntes zu öffnen, ist eine *Grundvoraussetzung für Ihr geistiges Wachstum.*

Dies bedeutet nun nicht, daß man jede Überzeugung aufgeben und jede Meinung ändern soll, nur um vor sich selbst und den anderen geistig beweglich zu wirken. Wer jedoch glaubt, selbst schon den Gipfel der Erkenntnis erreicht zu haben, hat keine Chance zu innerem Wachstum. Die beste Möglichkeit, offen und beweglich zu bleiben, ist, sich mit herausfordernden Gedanken oder Aussagen zu konfrontieren. Wenn Sie sich ohne Vorurteil, Ablehnung oder Zorn jemandem öffnen können, der Ihnen widerspricht, ihn wirklich anhören können, um dann zu entscheiden, dann haben Sie ein wahres Stück Freiheit erobert. Denn Freiheit ist nicht das hartnäckige Beharren auf dem eigenen Standpunkt, sondern die Fähigkeit, das anzunehmen, was einem wahrhaft plausibel erscheint, ohne dabei zu befürchten, man verliere etwas. Im Gegenteil, man gewinnt, indem man die Wirklichkeit in neuer Weise betrachtet.

ÜBUNG 6: Was macht mich zu dem, was ich bin?

Alles in der Welt ist bedingt. Es kann nur durch Ursachen aus der Vergangenheit oder gleichzeitig Bestehendes existieren. Versuchen Sie diese Analyse des Buddha auf Ihre eigene Person anzuwenden!

Wenn Sie Übung 3 wirklich ausgeführt haben, haben Sie sich einen Überblick verschafft, wie und womit Sie Ihre Zeit verbringen. Fragen Sie sich nun:

Welchen Einfluß hat das, was Sie in Beruf und Freizeit tun, auf Ihr Wesen?

Was tun Sie häufig und immer wieder? Es hat zwangsläufig eine Auswirkung. Erforschen Sie diese!

Welche Prägungen weisen Ihre körperliche Verfassung, Ihr Seelenleben und Ihr Denken auf. Womit sind Sie den großen Teil Ihrer Zeit beschäftigt?

Doch auch kurze oder seltene Tätigkeiten können von erheblichem Einfluß sein. Welche prägten Sie?

Beziehen Sie in Ihre Überlegungen auch die Menschen ein, mit denen Sie umgehen! Analysieren Sie die Einflüsse und Prägungen durch andere!

Versuchen Sie, dabei nicht vorschnell zu werten oder zu verurteilen. Bemühen Sie sich zunächst nur darum, einfach zu sehen, was ist. Welche Konsequenzen Sie nach wiederholtem Erwägen dann aus Ihrem neuen Wissen ziehen, kann Ihnen niemand sagen, außer Sie selbst! Doch Konsequenzen müssen Ihre Übungen in jedem Falle haben!

3. Kapitel

KARMA

Wie wir gesehen haben, lehrte der Buddha, daß kein Ding in der Welt von alleine besteht, sondern immer nur als Wirkung von Ursachen. Jede Persönlichkeit ist in diesem Sinne ein Geflecht von Auswirkungen vergangener oder gegenwärtiger Bedingungen.

Beim Menschen sind diese Ursachen von sehr unterschiedlicher Natur: Manche von ihnen wirkten völlig unabhängig von eigenem Zutun, andere wurden vom Menschen selbst geschaffen oder gewählt. Wie der menschliche Körper grundsätzlich aussieht und funktioniert, ist das Produkt einer Jahrmillion dauernden Entwicklung des Lebens auf der Erde, zu der die einzelne Persönlichkeit nichts hinzufügen kann. *Doch was jeder dann aus seinem Körper macht, liegt weitgehend im eigenen Vermögen.* Hier kann jeder im Rahmen der vorgegebenen Bedingungen selbst Ursachen schaffen, die sich auswirken: Bewegt man den Körper wenig und ernährt ihn ungesund, wird er schlaff und träge. Führt man ihm zudem dauernd Gifte zu, ist er rasch verbraucht und stirbt ab.

In allen Bereichen des Lebens gibt es solche unabänderbaren Bedingungen und Gesetze, an denen der einzelne Mensch nicht rütteln kann, und andere Bedingungen, die er in freier Selbstbestimmung wirken lassen kann oder nicht. Wir können uns nicht aussuchen, ob wir die Welt durch Augen und Ohren wahrnehmen wollen. Sehen und Hören gehören zu den Grundlagen menschlichen Welterfassens. Doch wir können uns meistens aussuchen, *was* wir sehen oder hören. Und diese Auswahl trägt einen wesentlichen Teil dazu bei, uns zu dem zu machen, was wir sind. Verbringen wir unsere gesamte freie Zeit mit blutrünstiger Literatur und gewaltverherrlichenden Filmen, wird das, was wir aufnehmen, unser Wesen allmählich prägen: Wer stets Gewalt und Brutalität interessiert aufnimmt, setzt sich mehr und mehr den Wirkungen seiner Wahrnehmungen aus. Was er häufig sieht und denkt, liegt ihm näher als anderes; seine Persönlichkeit kann allmählich verrohen.

Im Wissen, daß der Mensch sich zum großen Teile selbst gestaltet durch das, was er tut und wahrnimmt, liegt aber auch die große Chance: Jeder, der mit seiner Situation unzufrieden ist, ist zu einer positiven Veränderung seines Wesens fähig.

Meist bleibt dieses Wissen aber theoretisch. Aus Furcht vor Veränderungen oder träger Bequemlichkeit redet man sich ein, daß man eine unveränderliche, fertige Persönlichkeit sei: »Ich bin nun einmal so, es zieht mich zu solchen Filmen und Bildern.« Aber niemand ist als brutaler Mensch auf die Welt gekommen. Er ist so *geworden*. Und man kann auch anders *werden*.

Niemals ist ein Mensch fertig, in sich abgeschlossen. Unsere Entwicklung kennt keinen Endzustand. Solange man lebt, ist man in Bewegung, äußerlich wie innerlich. Darum ist es auch falsch, zu sagen: »Ich tue nichts, weil ich faul bin.« Denn ich bin nicht grundsätzlich faul. Das Umgekehrte ist richtig: Ich bin faul *geworden*, weil ich nichts tue. Erst wenn eine Persönlichkeit sich so, wie sie im Augenblick ist, für unveränderlich und ewig hält, *wird* sie so. Sieht sie nicht ein, daß sie auch anders werden kann, bleibt sie zu weiterer Entwicklung unfähig.

Genau deshalb hat der Buddha als erstes der drei Merkmale allen Daseins die *Nichtdauer* gelehrt. Wir sollen unser eigenes Wesen als *dynamisch* erkennen und annehmen, damit wir werden können, was wir werden wollen, und nicht bleiben müssen, was wir nicht sein möchten.

Wenn wir von der Freiheit zur Verwandlung umfassenden Gebrauch machen möchten, ist es notwendig, die Gesetzmäßigkeiten zu kennen, nach denen Ursachen auf unser Wesen wirken. Der Grad unserer Freiheit hängt davon ab, ob wir gesetzmäßigen Abläufen blind unterworfen sind, oder ob wir den Spielraum, den sie gewähren, nutzen können. Stellen Sie sich noch einmal die Frage der vorigen Übung:

Welche Abläufe von Ursachen und Wirkungen machen mich zu dem, was ich bin?

Welchen Spielraum der Freiheit habe ich innerhalb dieser Abläufe?

Die fünf Aspekte des Werdens

Die Schüler des Buddha hatten gesehen, daß alles im Werden ist: Wirkungen gehen aus Ursachen hervor, um selbst wieder Ursachen für neue Wirkungen zu werden. In der Folge lernten sie nun, das Gesetz von Ursache und Wirkung unter fünf Aspekten zu betrachten:

Ursache und Wirkung in der unbelebten Materie
in der belebten Materie
im menschlichen Unbewußten
in der menschlichen Tat
in der Beziehung zum Transzendenten.

Ständig vollziehen sich in der *unbelebten Materie* verschiendenste Prozesse als chemische und physikalische Reaktionen: Die Verbrennungsvorgänge des Sonnenballes strahlen Licht und Wärme auf die Erde, lassen das Wasser der Meere verdunsten, das sich als Regen wieder niederschlägt. Dadurch kommt unser Klima zustande. Die Rotation der Erde bewirkt Tag und Nacht. Die Vorgänge im Inneren unseres Planeten bedingen Erdbeben und Vulkanausbrüche. Alle diese chemischen und physikalischen Prozesse sind vom Menschen nicht grundsätzlich beeinflußbar: Er kann weder die Rotation der Erde anhalten, noch die Temperatur der Sonne ändern, noch Erdbeben verhindern. Die gesetzmäßigen Abläufe in der unbelebten Materie bedingen und bestimmen zwar das Leben des Menschen, können es (im Falle einer Naturkatastrophe) sogar ausrotten, doch der Mensch hat kaum Möglichkeiten, selbst in diese Abläufe von Ursache und Wirkung einzugreifen.

Auch innerhalb der *belebten Materie*, der Pflanzen- und Tierwelt wie auch des menschlichen Körpers bestehen wieder bestimmte Gesetzmäßigkeiten, die von großem Einfluß auf den Menschen sind, die er selbst jedoch nur wenig beeinflussen kann. Der Mensch greift zwar heute mehr denn je in die Natur ein, und die wissenschaftliche Forschung erlaubt ihm, sich die Natur nutzbar zu machen und ihre Entwicklung teilweise zu steuern. Doch an die grundlegenden Gesetze und Abläufe dessen, was Leben ist, bleibt er gebunden. Ihre Abschaffung wäre auch die Abschaffung des Menschen.

Auch im Bereich des *menschlichen Unbewußten* liegen Ursachen vieler Wirkungen, die wir erfahren. Obwohl diese Dinge sehr prägend zur Gestaltung unseres Lebens beitragen, haben wir auch hier nur wenig Möglichkeiten eines Eingriffes. Mitunter macht sich plötzlich ein Erlebnis der frühen Kindheit im Traum bemerkbar oder läßt unvermittelt Furcht und Angst aufsteigen. Durch die Erziehung haben wir viele Verhaltensformen angenommen, die zu einem unbewußten Teil unseres Wesens wurden. Automatisch tun wir gewisse Dinge, die als richtig gelten, und lassen andere, weil wir gelernt haben, daß sie falsch sind. Seit frühester Kindheit nahmen wir feste Sitten an, die nun selbstverständlich zu unserer Persönlichkeit gehören, wir sind in einer ganz bestimmten Sprache groß geworden, deren Gesetze erst unser eigenes Denken und Reden möglich machten und immer noch beeinflussen.

Der vierte Aspekt des Werdens betrifft die *menschliche Tat*. Alles, was eine Persönlichkeit tut, kann Wirkungen haben. Gedanken, Worte und Handlungen eines Menschen sind gleichermaßen Ursachen, aus denen etwas entsteht. Doch im Gegensatz zur belebten und unbelebten Materie und zum Unbewußten kann der Mensch *das, was er tut, weitgehend frei bestimmen*. Das ist der Bereich der Freiheit, Ursachen zu schaffen und den Grundstein für Wirkungen zu legen. Ich kann als Mensch nicht ändern, daß ich in einer stofflichen Welt lebe, deren materielle Gesetze bestimmte Wirkungen auf mich ausüben. Ich kann nicht verhindern, daß die allgemeinen Gesetze des Lebens, wie die Zellteilung oder die Notwendigkeit des Atmens, auch auf mich als Lebewesen zutreffen. Ich bin auch einigermaßen machtlos gegen die Träume und spontanen Impulse, die als Ergebnis früherer Wahrnehmungen aus dem Unbewußten aufsteigen. Doch das, was mir als Resultat meiner eigenen Taten entgegentritt, bestimme ich großteils selbst im Augenblick der Tat, auch wenn ich mir dessen nicht immer bewußt bin.

Mit den Ursachen des fünften Aspekts, die sich in der *Beziehung des Menschen zum Transzendenten* finden, sind Ursachen gemeint, die aus dem Bereich jenseits der uns gemeinhin erfahrbaren Welt in unser Leben hineinwirken. Damit sind die Bereiche höchster Erkenntnis und Erfahrung angesprochen, in denen zum Beispiel das Erwachen des Buddha stattfand. Durch dieses Erwachen war der Buddha über die Welt hinausgewachsen: Der unbeschreibliche, uns unbegreifliche Zustand des Nirvâna wurde ihm zur Ursache seines außergewöhnlichen Wirkens.

Es liegt auf der Hand, daß von diesen fünf Aspekten des Werdens insbesondere jener der menschlichen Tat unsere Beachtung verdient, denn er ist der einzige, der uns unmittelbar erlaubt, in die auf uns »wirkende« Wirklichkeit einzugreifen.

Das Gesetz des Karmas

Das Sanskrit-Wort *Karma* bedeutet »Tat«. Aus diesem Grunde werden die Lehren des Buddha über das menschliche Tun auch als *Karma-Gesetz* bezeichnet. Dieses Gesetz besagt, auf die einfachste Formel gebracht: *Die heilsamen oder unheilsamen Taten eines Menschen ziehen für diesen jeweils heilsame oder unheilsame Folgen nach sich.* Mit anderen Worten: Ich kann nichts Positives oder Negatives tun, was nicht zur Ursache würde, aufgrund derer eine entsprechende Wirkung auf mich zurückfällt.

Was der Buddha als »*Tat*« bezeichnet, geht aber weit über das äußere Handeln eines Menschen hinaus: Auch das *Denken* und die *Rede* schließt er in die Bestimmung dessen ein, was zur Ursache uns treffender Wirkungen werden kann, *also das ganze Verhalten.*

Wichtig ist nun, daß dieses Karma-Gesetz nicht wie ein totes Uhrwerk abläuft und quasi mechanisch für jedes bestimmte Wort, jeden bestimmten Gedanken und jede bestimmte Handlungsweise eine genau festgelegte Wirkung folgen läßt. Die Zusammenhänge in diesem Bereich sind ungleich komplizierter. Zwar läßt er keinen Zweifel an der kausalen Verknüpfung an sich[10], doch zeigt er andererseits, wie schwierig diese Zusammenhänge zu durchschauen sind: Gedanken, Worte und Taten führen nicht unmittelbar zu den ihnen entsprechenden Wirkungen. Es geschieht dies vielmehr über den Umweg des prägenden Einflusses auf Wesen und Charakter eines Menschen.

Denken wir daran: Der Mensch ist kein fertiges abgeschlossenes Wesen, er ist dauernd ein Werdender, und die Richtung seines Werdens bestimmt er zum großen Teil durch seine Gedanken, Worte und Taten. Denke ich bewußt hohe und edle Gedanken, gestalte meine Rede entsprechend und versuche, auch meine Handlungen danach einzurichten, veredelt sich mein Wesen zunehmend. Lasse ich fortwährend Gedanken des Neides zu, spreche ich negativ über den, den ich beneide, und versuche ich, vielleicht sogar mit üblen Mitteln, das an mich zu bringen, worum ich ihn beneide, so prägt das mein Wesen entsprechend.

Ein neidischer Gedanke, den ein sonst meist edel gesonnener Mensch einmal unkritisch bei sich zuläßt, wird dabei sicher keine so große Auswirkung auf diesen haben, wie die vielen ständigen Gedanken eines mißgünstigen Charakters. Derselbe Gedanke, der beim einen durch das starke Übergewicht an positiven Tendenzen neutralisiert wird, kann beim chronischen Neider Anstoß sein, die Schwelle zum Verbrechen zu überschreiten. Es läßt sich niemals mit Sicherheit sagen, wohin ein konkreter Gedanke, ein Wort oder eine Tat führt. *Es kommt immer auf den gesamten Charakter des Menschen an.* Nur eines läßt sich grundsätzlich sagen: Negatives Denken, Reden und Tun beeinflußt mich zum Negativen, und positives Denken, Reden und Tun wird positive Folgen haben. Doch wann, läßt sich ebensowenig voraussagen, wie die genaue Art und Weise, in der sich Karma als Ursache auswirkt. Wie der Buddha darlegt, gibt es Taten, die sofort Wirkung zeigen, und solche, die erst nach einiger, vielleicht sogar sehr langer Zeit ihre Konsequenzen zeigen. Auch hier kommt es ganz auf die betreffende Persönlichkeit an.

Dies zu wissen, ist wichtig für Sie, wenn Sie eingesehen haben, daß Sie durch Ihre Gedanken, Worte und Taten Ihr Wesen und Ihren Charakter selbst gestalten, und sich nun durch das Setzen konsequent positiven Karmas ändern möchten. Auch wenn Sie die gleichen positiven Gedanken, Worte und Taten pflegen wie andere, können Sie so noch schneller und mehr heilsame Früchte ernten. Der Ausgangspunkt wird dabei bei jedem einzelnen anders sein. Wer früher schon viel Heilsames dachte, auch wenn es vielleicht nie zur Tat wurde, hat es sicher leichter, nun auch seine Worte und Taten danach auszurichten, als jemand, der zunächst sein negatives Denken überwinden muß. Es ist daher sinnlos, wenn Sie sich in Ihrem Streben an anderen messen. Einzig *Ihr* Ausgangspunkt zählt – und das Wissen, daß sich positives Denken, Reden und Tun früher oder später zu Ihrem Heil auswirken wird.

Nicht alles ist Karmawirkung!

Obwohl wir sicher sein dürfen, daß jede positive und negative Handlung eine Auswirkung auf unser künftiges Dasein haben wird, ist *nicht alles,* was wir erfahren und was uns zustößt, das Ergebnis eigener Gedanken, Worte und Taten.

Wie wir bei der Betrachtung der fünf Aspekte des Werdens gesehen haben, sind keineswegs alle Ursachen, die sich in unserer Welt auswirken, vom Menschen gemacht. Ich bin zwar durch das, was ich bewußt denke, rede und tue, für die Gestaltung meines Charakters verantwortlich und damit weitgehend meines eigenen Glückes Schmied. Doch ich habe keinen Einfluß auf die gesetzmäßigen Abläufe der belebten und unbelebten Natur. Es wäre eine wenig sinnvolle Spekulation, wenn ich für den Fall, daß ich Opfer eines Erdbebens würde, die Ursache dafür in meinen vorhergehenden Gedanken oder Taten suchte. Die unbelebte Materie hat ihre eigenen Gesetze, die zuweilen recht grausam in das Leben von Menschen eingreifen können, ohne Schuld oder Verursachen seinerseits. Auch die belebte Natur, ein Tier, auch der Mensch, kann Menschen schweren Schaden zufügen, ohne daß sie irgendwann zuvor Ursachen legten.

Alles, was wir tun, wirkt, aber nicht jede Wirkung, die wir erfahren, geht auf unser Tun zurück. Ein Mensch kann also auch zu einem unschuldigen Opfer werden. Wenn uns etwas zustößt, *kann, aber muß dies nicht die Wirkung eigener Taten sein.* Das Karma-Gesetz entfaltet seine segensreiche Wirkung nicht, wenn ich meine Zeit in fruchtlosen Grübeleien zubringe, wann und wodurch ich einen Schlag, der mir versetzt wird, in der Vergangenheit bedingt habe, sondern in der *Chance, hier und heute ein Denken, Reden und Tun zu beginnen, das sich für die Zukunft positiv auswirken wird.*

Der Buddha wies auf diese Gefahren eines Mißverständnisses des Karma-Gesetzes hin: Glaubt man, *alles,* was mit einem geschieht, wäre die Auswirkung vorheriger Taten, dann müßten logischerweise auch die Handlungen, die ich jetzt vornehme, Auswirkungen früherer Taten sein. Und die wären wiederum Wirkungen noch früherer Handlungen und so weiter... Wenn dies tatsächlich stimmte, dann wären umgekehrt alle Taten, alle Gedanken, alle Worte, die ich in Zukunft vollziehe, restlos vorherbestimmt. Doch wenn meine jetzigen Gedanken und Taten vorherbestimmt sind, dann kann es keine Freiheit geben, und jedes Streben wäre unsinnig! Da wir uns aber zu Handlungen frei entscheiden können, muß es zwangsläufig Freiräume geben, die nicht vollends durch feststehende Ursachen vorherbestimmt sind. Wer also das Karma-Gesetz als totale Vorbestimmung deutet, verdammt sich selbst dazu, auf seinen freien Willen zu verzichten.[11]

Eine zweite Gefahr, auf die der Buddha warnend hinweist, ist die, andere Menschen mit Hinblick auf das Karma-Gesetz zu verurteilen. So darf man nicht über jene, denen es schlechter geht als einem selbst, denken, sie hätten sich ihr Los durch frühere Taten selbst zuzuschreiben! Das zeugt von einer schlimmen Überheblichkeit. Vier Aspekte des Werdens mit allen ihren ungezählten Möglichkeiten tragen außer der eigenen Tat zur Wirklichkeit eines Menschen bei. Wer auf die Tragik des anderen mit einem mehr oder weniger geringschätzigen »Selber-Schuld« herabblickt, sägt an dem Ast, auf den er sich gesetzt hat. Sein negatives Denken über andere wird früher oder später auf ihn selbst zurückwirken. Der Buddha warnte sehr deutlich: »Urteilt nicht die Menschen ab! Legt an die Menschen keinen Maßstab an! Man schadet sich, wenn man die Menschen aburteilt.«[12]

Nicht der eigenen Überheblichkeit und nicht dem Spekulieren über die Schuld anderer soll unser Wissen um das Karma-Gesetz dienen. Der Buddha lehrte es, damit wir durch positive Impulse im Denken, Reden und Tun einer großen Zukunft entgegensehen können. Sind die positiven Impulse dabei stark genug, können sie durchaus die negativen Taten einer langen Vergangenheit ausgleichen.

Der Fall Angulimâla

Aus dem Leben des Buddha wird uns in den alten Texten eine aufschlußreiche Begebenheit berichtet. In einem unwirtlichen Wald hatte sich ein besonders gefürchteter Räuber und Gewalttäter versteckt, den die Leute *Angulimâla* nannten. Dieses Wort bedeutet »Fingerkranz«, und man hatte es zum Namen dieses Unholdes erwählt, weil dieser eine ganz abscheuliche Angewohnheit hatte: Um seinen Hals soll er eine Kette aus Fingern getragen haben, die er seinen Opfern abschnitt.

Einst kam nun der Buddha in jene Gegend, in der Angulimâla sein Unwesen trieb. Man versuchte, ihn davon abzuhalten, in den Wald zu gehen, wo der Räuber vermutet wurde, doch der Buddha kannte keine Todesangst. Die Texte berichten nun von der Begegnung des Räubers mit dem Buddha wie von einem Wunder: Der Räuber versuchte natürlich, auch den Buddha zu verfolgen, um ihn auszurauben. Doch der Erwachte verstand es, die Verfolgungsjagd so einzurichten, daß der verzweifelte Räuber stets hinter ihm blieb. Wütend schrie der Verbrecher, der so etwas noch nicht erlebt hatte, dem Buddha schließlich zu, er solle endlich stehenbleiben. Der Buddha aber antwortete ihm: »Ich stehe innerlich gefestigt, weil ich keinem Wesen ein Leid zufüge. Du aber kannst nicht zur Ruhe kommen, weil Du andere schädigst.«

Angulimâla war tief erschüttert. Da hatte er erstmals seit langer Zeit einen Menschen vor sich, der keine Angst vor ihm zeigte. Und dieser traf ihn auch mit seiner Aussage mitten ins Herz! Wie muß er sich nach wirklichem Frieden gesehnt haben, doch der Teufelskreis der Gewalttat, in den er geraten war, ließ ihn nicht zur Ruhe kommen. Spontan entschloß er sich, diesen Augenblick zum Wendepunkt seines Lebens zu machen. Er wurde ein Schüler des Buddha und lernte, negative Gedanken, Wörter und Handlungen durch Heilsames zu ersetzen. Weil der positive Impuls zur Umkehr wahrhaft stark war und der neue Schüler mit aller Hingabe die Anregungen des Buddha ausführte, hatte sich nach kurzer Zeit selbst das Äußere des einstmals gefürchteten Räubers gewandelt.

So kam es zu folgender Episode: Der König jenes Gebietes war mit Soldaten ausgezogen, um den Verbrecher einzufangen. Dabei traf er im Walde auf den Buddha und seinen neuen Begleiter. Der Buddha fragte den König, was er denn tun würde, wenn der Mann, nach dem er jagte, inzwischen ein Weiser geworden wäre, der ein in jeder Beziehung untadeliges Leben führte. Vielleicht auch um dem Buddha zu gefallen, antwortete der König: »Ich würde ihn ehrfurchtsvoll grüßen und ihm alles, was er benötigt, Kleidung und Essen, zum Geschenk anbieten. Doch wie könnte ein so schlechter Mensch sich derart ändern?«

Da zeigte der Buddha auf seinen Begleiter und sagte: »Hier ist Angulimâla!« Entsetzt wich der König zurück, sicher, daß er sich verteidigen müßte. Doch der Buddha überzeugte ihn vom Gegenteil. Nun mußte der König seine zuvor gegebene Zusage einhalten. Er bot Angulimâla Geschenke für dessen Lebensunterhalt an. Doch Angulimâla wünschte nichts mehr für sich. Zu tief hatte ihn die Gier nach Besitz ins Unheil geführt. Ganz wollte er sich von jetzt ab der Wandlung seines Wesens widmen und anderen nur noch Positives tun.

Es gelang dem einstigen Räuber eine solche grundlegende Wandlung seines Lebens, daß er die Harmonie mit den universellen Gesetzmäßigkeiten vollkommen verwirklichte. So stark war die Kraft der Wahrheit in ihm, daß er durch diese plötzlich besondere Heilkräfte besessen haben soll, die er in den Dienst der Leidenden stellte. Der frühere Grobian wurde durch seine Verwandlung auch zum feinsinnigen Dichter. Unter anderem sind von ihm Verse überliefert, in denen er seine Änderung durch die praktische Anwendung des Karma-Gesetzes beschreibt:

»Wer früher träge lebte hin
Und später dann die Trägheit ließ,
Ein solcher strahlt durch diese Welt
Gleichwie der Mond, Gewölk-befreit.

Bei dem das schlecht gewirkte Werk
Durch gutes überwuchert wird,
Ein solcher strahlt durch diese Welt
Gleichwie der Mond, Gewölk-befreit«[13]

Und wie ein vor Glück Strahlender empfand sich der zu einem neuen Menschen Gewordene auch in den finstersten Stunden seines Lebens. Als der einstige Räuber bei seinen Wanderungen durch ein Dorf kam, wurde er erkannt: Die aufgebrachten Menschen schlugen ihn mit Stöcken und warfen mit Steinen und Scherben nach ihm. Doch Angulimâla hielt sich von aller Gewalt zurück. Auch in seinem innersten Herzen war er bemüht, keine negative Regung gegen die zu zeigen, die ihn nun quälten. Während er sich schwer verwundet und blutüberströmt weiterschleppte, akzeptierte er diese Reaktion der Menschen ihm gegenüber als Frucht seiner eigenen früheren Untaten.

Obwohl diese Begebenheit um Angulimâla vor mehr als 2500 Jahren geschah, haben die Schüler des Buddha sie bis zum heutigen Tage überliefert, denn sie lehrt uns ein sehr wesentliches Prinzip: Auch wenn wir über Jahre, vielleicht unser ganzes bisheriges Leben lang, auf einem Abweg waren, *eine Umkehr, ein Neubeginn ist immer möglich.* Man muß nur die positiven Impulse, die von außen an uns herantreten, aufnehmen und mit den heilsamen Regungen in uns verbinden. Ist die heilsame Tendenz dabei so stark, daß sie gleich das ganze Wesen ergreift, verwandelt sich dieses, ungeachtet der Anzahl vorangegangener Übeltaten. Das Karma-Gesetz, wie der Buddha es lehrte, hat nichts mit dem Aufrechnen einer konkreten Tat gegen eine andere zu tun. Auf die Stärke unserer Absicht zum Guten oder Bösen kommt es an! Und da kann *ein* wesentlicher Moment zum Wendepunkt des ganzen Lebens werden.

Manchen Menschen, die sich in ihrer scheinbaren Wohlanständigkeit sonnen, erscheint es ungerecht, daß eine solche Möglichkeit der plötzlichen Umkehr und Verwandlung besteht – eine äußerst selbstgefällige Haltung. Wir sollten uns über jeden Einsichtigen und Umkehrenden freuen, anstatt ihn in Gedanken abzuurteilen. Wir sehen nur seine äußeren Taten und wissen nicht, was er innerlich erleiden und durchmachen muß, um auf den positiven Weg zu gelangen. Oft ist es die Eifersucht über die guten Fortschritte, die uns so denken läßt. Aber dadurch schädigen wird uns letztlich selbst.

Viele große Lehrer der Menschheit mußten gegen eine derart eifersüchtige Haltung ihrer Schüler Stellung beziehen. Ein Zeugnis dafür finden wir im Gleichnis Jesu über den verlorenen Sohn (Lukas 15, 11–32). Auch hier packt den älteren Sohn, der sich niemals etwas zu Schulden kommen ließ, die Wut, als er sieht, wie begeistert und glücklich sein Vater den jüngeren Bruder nach dessen Umkehr wieder aufnimmt. Doch der Vater tadelt ihn darauf: »Du hättest mitfeiern und dich darüber freuen sollen, daß dieser hier, dein Bruder, der tot war, wieder zum Leben gekommen ist, verloren war und wiedergefunden ist.«

Es ist dies ein wichtiges Prinzip des geistigen Lebens: Solange wir glauben, uns stünde wegen unserer größeren Gerechtigkeit mehr zu als einem anderen, solange wir neidisch auf das Glück der anderen blicken, sind wir noch nicht so gerecht, wie wir uns einbilden. Wir haben es immer noch nötig, uns mit dem anderen zu messen. Erst wenn wir wirklich etwas erreicht haben, schwindet jedes Bedürfnis, uns im Vergleich beweisen zu wollen. Wir merken dies daran, daß wir uns echt mit anderen freuen können.

Die Absicht entscheidet

Der Vergleich äußerer Taten besagt im übrigen recht wenig. Der Glaube, es käme allein auf die konkreten Handlungen an, kann zum gefährlichen Irrtum werden. Der Buddha sagte in diesem Zusammenhang zu seinen Schülern: »Die Absicht bezeichne ich als das Karma, denn nachdem man es beabsichtigt hat, vollbringt man Karma in Werken, Worten und Gedanken.«[14]

Allem, was wir wirklich bewußt tun, geht ein *innerer Impuls* der Absicht voraus, ob wir dies nun merken oder nicht. Und es ist diese Absicht, die wir mit unserem Denken, Reden und Tun verbinden, die im Sinne des Karma-Gesetzes als Ursache Wirkungen zeigt. Zwischen der Absicht und dem, was daraus wird, können erhebliche Unterschiede bestehen: Wenn ich in bester Absicht helfen möchte, doch meine Hilfe das Gegenteil des Gewollten bewirkt, dann zählt in Hinsicht auf das Karma-Gesetz meine positive Einstellung und nicht das unbeabsichtigte Ergebnis. Das gleiche trifft auch im umgekehrten Falle zu: Gute Worte und Taten, hinter denen sich in Wahrheit neidische oder egoistische Motive verbergen, zählen weniger als die damit verbundenen Absichten. Hätten Worte und Taten unabhängig von der damit verbundenen Absicht eine Bedeutung im Sinne des Karma-Gesetzes, dann wären die Heuchler die größten Heiligen.

Wenn ich auf meinem Wege zur grundlegend heilsamen Wandlung meiner Persönlichkeit und höherer Wachheit wahrhaft vorankommen möchte, ist es eine wesentliche Aufgabe, meine Motive zu erforschen: Helfe ich, damit es dem anderen besser geht oder nur, um bewundert zu werden? Tue oder lasse ich bestimmte Dinge nur aus Angst vor Bestrafung, obwohl ich ganz andere Absichten hege?

Hinter den eigenen Taten versteckt, kann man sein eigentliches Wollen vor sich selbst verschleiern. Diese erschütternde Erkenntnis ist notwendig. *Durch unsere Absichten bewirken wir Karma!* Durch das, was wir im Innersten wollen, machen wir uns zu dem, was wir sind. Unsere einzelnen Taten und Worte sind zwar Ausdruck unserer Absichten, doch sie können täuschen. Mißtrauen wir also unseren scheinbaren Motiven, und versuchen wir zu erkennen, was uns wirklich im Innersten bewegt!

Das Denken geht voran!

Haben wir in uns negative Absichten entlarvt, kommt es vor allem darauf an, diese gegen positive auszutauschen. Dies läßt sich nicht zwingen oder durch einen bloßen inneren Befehl bewerkstelligen.

Wie unsere Absichten unseren Charakter bestimmen, sind umgekehrt die *vorherrschenden* Absichten auch Ausdruck unseres Wesens. Das scheint nun eine Art Teufelskreis zu sein. Absichten erschaffen den Charakter, der entsprechende Absichten hervorbringt, die diesen Charakter stabilisieren, und so tritt man auf der Stelle. *Wie* kann man sich grundlegend verändern? *Wo* soll man anfangen? Die Antwort des Buddha lautet: Im Denken. Durch bewußten Einsatz unseres Denkens lassen sich unsere Absichten und damit schließlich unser ganzes Wesen in heilsamer Weise korrigieren.

Einst erzählte der Buddha seinen Jüngern, wie er dieses Prinzip entdeckte: »Vor meinem Erwachen kam mir der Einfall: Sollte ich nicht meine Gedanken analysieren? Und ich teilte sie einerseits in Gedanken der Gier, des Hasses und der Gewalt und andererseits in solche der Befreiung, der Liebe und des Friedens ein. Unermüdlich, eifrig und mit ganzem Einsatz übend, nahm ich einen Gedanken der Gier wahr. Und ich erkannte, wie dieser Gedanke mir selbst, einen anderen oder uns beiden schadet. Ich erkannte, wie er den Verstand trübt, zu Unannehmlichkeiten führt und mir den Weg zum Nirvâna versperrt. Indem ich mir das aber klarmachte, verschwand dieser Gedanke. Jeder Gedanken der

Gier, der mir kam, wurde auf diese Weise überwunden, vertrieben und zum Schwinden gebracht. Ebenso ging ich bei Gedanken des Hasses und der Gewalt vor.

Woran man viel denkt, dahin wird der Geist geneigt. Denkt man oft gierig, hassend und gewalttätig, dann schiebt man damit die Befreiung, die Liebe und den Frieden beiseite und neigt zu Gier, Haß und Gewalttat.«[15]

Hier liegen die Chancen erkannt, die Absichten zu verändern. Der wichtige Schlüsselsatz, mit dem der Buddha seine Erfahrung hier umschreibt, lautet: *Woran man viel denkt, dahin wird der Geist geneigt.* Mit anderen Worten: Wir können die Richtung, in die unser Wesen tendiert, die Absichten, die uns bestimmen, selbst erwählen, indem wir häufig an das denken, was wir sein und erreichen wollen. Und indem wir immer abwägen, was wir nicht erreichen möchten.

Was zunächst ein bewußt gewählter Gedanke war, den wir uns immer wieder vornehmen und in uns bewegen, nimmt schließlich derart Besitz von unserem Charakter, daß er auch unseren Absichten zu weiteren Gedanken, Worten und Taten seine Farbe verleiht. Bevor man dieses Gesetz zum eigenen Nutzen sinnvoll anwenden kann, empfiehlt es sich, zunächst einmal dem eigenen Denken eine ganz neue Aufmerksamkeit zu schenken!

Haben Sie Ihre Denkgewohnheiten schon irgendwann beobachtet? Man schält Kartoffeln, ißt, fährt oder wäscht das Auto, sitzt im Bus, hört Musik... und gleichzeitig, jedoch kaum bewußt, ziehen ungezählte Gedanken durch den Kopf. Das Wort Gedanken wollen wir hier im weitesten Sinne verstehen: Überlegungen, Tagträume, Erinnerungen an Vergangenes, Wunschvorstellungen.

Wie viele Gedanken der Gier und des Hasses befinden sich darunter! Wie viele Vorstellungen des Neides und der Mißgunst? Wie viele ablenkende Wunschbilder, die auf unsere Situation bezogen völlig sinnlos sind! Und schließlich wie viele Gedanken der Angst und der Sorge! All das, was da fast unbewußt durch den Kopf zieht, was häufig auf diese Weise bedacht wird, macht unser Wesen in eine bestimmte Richtung geneigt. Immer wieder sollte man sich daher im Laufe eines Tages einmal fragen: *»Woran denke ich eigentlich gerade?«*

Dabei kann man große Überraschungen erleben. Der Mensch versteht es prächtig, sich vor sich selbst zu verstecken. Er verbannt Dinge, die ihn zutiefst beschäftigen, und die sein Wesen zu dem machen, was es ist, in dämmrige Tagträume. Wie der Prinz Siddhartha vor seinem Erwachen müssen auch wir eine kritische Einteilung unserer Gedanken finden: Gier, Haß und Gewalt auf der einen Seite, Befreiung, Liebe und Frieden auf der anderen.

Alle Gedanken, die sich negativ für uns auswirken, haben ihre Wurzel in Gier und Haß. Denn sie sind es, die unser Bild von der Welt verzerren: Die Gier zeigt sich in meinem Verlangen, alles *so* haben zu wollen, wie es mir richtig und wichtig erscheint, der Haß läßt mich alles ablehnen, was ich nicht wahrhaben will. Gier und Haß gaukeln mir vor, ich selbst sei der Nabel der Welt, und alles hätte sich nach mir zu richten. Ich merke nicht, daß ich in meinem verbissenen Wollen und Ablehnen immer einsamer werde. In diesem Kreislauf treiben wir uns selbst immer mehr in die Enge. Wir fühlen uns plötzlich gejagt und verfolgt, und hegen vielleicht schon Gedanken der Gewalt. Wollen und Ablehnung werden nun ganz konkret: Wir wünschen Schlechtes und freuen uns über Verluste. Wir merken nicht mehr, daß die Ursachen für unser gewaltsames Denken allein *in uns* liegen und daß es allein uns selbst schädigt! Selbst wenn mich der andere beschimpft oder beleidigt, schaden mir die eigenen Gedanken und Worte der Wut darüber mehr als die Schmähung von außen.

Werden die Gedanken der Gewalt erst einmal zu Worten oder gar Taten, sind wir bereits in einen Kreislauf hineingeraten, den wir nur vom Denken her unterbrechen können. Denn sind in uns starke Impulse, und wir unterdrücken nur die Worte oder Taten, zu denen sie uns drängen, dann staut sich die Wut, und kommt schließlich doch – vielleicht noch schlimmer – zum Durchbruch. *Wir müssen also dort einsetzen, wo wir unsere Absichten unmittelbar beeinflussen können: beim Denken.*

Was hier über gewalttätiges Denken gesagt wurde, gilt natürlich ebenso für alle anderen negativen und unheilsamen Regungen: Sorge, Unlust, Trägheit oder unrealistische Vorstellungen, die uns immer wieder über die Wahrheit stolpern lassen, können nur über eine Umstellung des Denkens überwunden werden.

Woran man viel denkt, dahin wird der Geist geneigt. Unser Denken bestimmt unsere Neigungen: Die Neigungen lassen uns bestimmte Absichten verfolgen: Diese Absichten wirken sich in unseren Worten und Taten aus: Durch Denken, Reden und Tun gestalten wir uns selbst zu den Wesen und Charakteren, die wir sind: So, wie wir sind, erleben wir auch die Welt und unser Schicksal, denn *jedes Wesen wählt die Dinge, Gegebenheiten und Menschen aus, die ihm entsprechen, und zieht sie an sich.* So wirkt das Karma-Gesetz.

Was wir im Leben erfahren, ist daher keine mechanische Wirkung unserer einzelnen Taten, die nach einem vorausberechenbaren Gesetz auf uns zurückprallen. Unsere Gedanken, Worte und Taten sind indirekt an der Gestaltung unseres Schicksals beteiligt. Sie haben uns zu dem Menschen gemacht, der wir sind. Und was wir sind, das ziehen wir an.

Sie mögen einwenden, daß auch die Umstände, in denen ein Mensch lebt, an der Gestaltung seiner Persönlichkeit beteiligt sind. Dies trifft sicher zu, und wir haben gesehen, daß das Karma nur einer von fünf Aspekten des Werdens ist. Doch der Mensch, der um diese Gesetze weiß, kann ja gerade in seinem Denken eine Richtung einschlagen, die den herrschenden Umständen nicht entspricht. Hierin besteht seine große Freiheit! Wer um sich herum nur Versagen und Elend sieht und das Empfinden hat, bislang selbst nur versagt zu haben, hat doch die Möglichkeit, in sich Gedanken zu erzeugen, die über den Zustand seiner Umgebung und seiner bisherigen Erfahrungen hinausgehen. Es gibt in uns diese geheimnisvolle wunderbare Willensfreiheit. *Beweisen* kann man ihre Existenz einem Skeptiker nicht. Doch *erfahren* kann sie jeder Mensch, der seine Gedanken beobachtet und bewußt und gewollt ihre Richtung ändert.

Schulung des Denkens

Wer seinen Gedanken eine neue Richtung geben will, muß sie zuerst beherrschen. Der Buddha sagt uns, wie wir das erreichen: »Wer meditieren will, der soll, je nach den Umständen, auf fünffache Weise seine Vorstellung überwachen:

Wenn ihm bei einer Vorstellung, die ihm gekommen ist, schlechte, unheilsame Gedanken aufsteigen, die sich auf Gier, Haß und Verblendung beziehen, dann soll er, von dieser Vorstellung ausgehend, eine andere Vorstellung hervorrufen, die sich auf Heilsames bezieht, so daß ihm die schlechten, unheilsamen Gedanken schwinden und vergehen. Dann festigt sich sein Denken, es kommt zur Ruhe, richtet sich auf einen einzigen Gegenstand und sammelt sich.

Wie ein geschickter Maurer mit einem feinen Bolzen einen groben Bolzen heraustreibt, so soll er mit einer heilsamen Vorstellung eine unheilsame vertreiben. Wenn er nun eine heilsame Vorstellung hervorgerufen hat und ihm trotzdem wieder schlechte, unheilsame Gedanken aufsteigen, dann soll er seine Aufmerksamkeit auf das Verderbliche dieser Gedanken richten und soll bedenken, daß sie unheilsam und beschämend sind, Leiden zur Folge haben. Tut er das, so schwinden ihm die schlechten Gedanken und vergehen, sein Denken festigt sich, es kommt zur Ruhe, richtet sich auf einen einzigen Gegenstand und sammelt sich. Wie hübsche, gut gekleidete junge Leute, wenn ihnen eine tote Schlange oder ein toter Hund um den Hals gehängt wird, sich schämen und sich davor ekeln, so soll er bei unheilsamen Gedanken sich schämen und sich davor ekeln.

Wenn ihm trotzdem wieder unheilsame Gedanken aufsteigen, dann soll er sie nicht beachten, als wären sie nicht da. Beachtet er sie nicht, dann schwinden und vergehen sie, sein Denken festigt sich, es kommt zur Ruhe, richtet sich auf einen einzigen Gegenstand und sammelt sich.

Wie ein sehender Mensch, wenn er eine in seinen Gesichtskreis tretende Gestalt nicht sehen will, die Augen schließt und wegblickt, so soll er unheilsame Gedanken nicht beachten, als wären sie nicht da.

Wenn ihm trotzdem wieder unheilsame Gedanken aufsteigen, dann soll er sie nach und nach schwächer werden lassen und schließlich ganz einstellen. Auf diese Weise schwinden sie und vergehen.

Wie ein Mensch, der schnell geht, denkt: Warum schnell? Ich könnte doch auch langsam gehen, und dann langsam geht; und dann denkt: Warum gehe ich langsam? Ich könnte doch auch stehenbleiben, und dann still steht; und dann denkt: Warum stehe ich? Ich könnte mich doch auch setzen, und sich setzt; und dann denkt: Warum sitze ich? Ich könnte mich doch auch legen, und er legt sich und geht so nach und nach von einer bewegteren Körperhaltung zu einer ruhigeren über; ebenso soll er nach und nach unheilsame Gedanken schwächer werden lassen und schließlich ganz einstellen.

Wenn ihm trotzdem wieder unheilsame Gedanken aufsteigen, dann soll er die Zähne zusammenpressen, die Zunge an den Gaumen legen und sein Denken mit dem Geist niederringen und niederwerfen, so daß die unheilsamen Gedanken schwinden und vergehen. Wie ein starker Mann einen schwächeren am Kopf oder an den Schultern packt, niederringt und niederwirft, so soll er unheilsame Gedanken niederringen und niederwerfen.

Wer so sein Denken beherrscht, den nennt man Meister der Gedankenüberwachung. Er denkt nur, was er denken will.«[16]

Um tatsächlich so weit zu kommen, müssen wir zunächst einige Vorbedingungen erfüllen: Wir müssen gelernt haben, unser Denken zu beobachten, damit wir auch wissen, was im Augenblick in uns vorgeht. Wir müssen wissen, worauf wir hinausmöchten, also was wir denken wollen. Und schließlich ist es notwendig, die fünf vom Buddha genannten Methoden systematisch einzuüben.

Durch das Experimentieren mit diesen Methoden werden wir unsere Denkgewohnheiten, Wünsche und Vorstellungen besser kennenlernen. Wir erwerben eine völlig unbekannte Dimension des Unterscheidens zwischem dem, *was wir wahrhaft wollen* und dem, was wir uns nur vormachen. Die Meisterung des Denkens führt auch zu einer Beherrschung der Rede und der Taten, und so könnten wir allein durch die konsequente Anwendung dieser fünf vom Buddha empfohlenen Methoden unser Wesen in einem Ausmaß wandeln, wie wir es von Angulimâla gehört haben.

Doch es ist wichtig, bescheiden zu beginnen und nicht am Anfang sofort zu hoch hinaus zu wollen. Alles muß zunächst geübt werden, und was im Kleinen nicht gelingt, das schaffen wir im Großen sicher nicht. Gier, Haß und Verblendung sind abstrakte Worte für Grundhaltungen, die wir eingenommen haben. Kein Mensch denkt »Gier« oder »Haß«, sondern diese Haltungen zeigen sich in hunderttausend kleinen, aber sehr konkreten Gedanken. Auch »Liebe« und »Friede« sind abstrakte Begriffe. Es wäre sinnlos, fortwährend diese Worte zu denken, um damit

»Gier« und »Haß« zu vertreiben. Wir müssen vielmehr feststellen, welche konkreten Alltagsgedanken sich für uns unheilsam auswirken. Und genau dort soll mit dem Üben begonnen werden! Oft sind es gerade Gedanken, die uns zu unerheblich scheinen, um beachtet zu werden, die uns in dieser Hinsicht am meisten lehren können.

Zur Anwendung der fünf Methoden

Nehmen wir an, jemand ist eßsüchtig. Was immer er bei der Arbeit oder in seiner Freizeit tut, stets tauchen in ihm Gedanken ans Essen auf. Er kann auch nicht widerstehen: Ist die Idee einmal da, dann greift er rasch nach etwas Eßbarem. Sein Problem ist nun, daß er durch diese jahrelange Gewohnheit inzwischen eine mehr als zwei Zentner schwere Persönlichkeit wurde. Seine Gesundheit leidet darunter, und seine Lebensfreude nimmt immer mehr ab, denn seine Gewichtigkeit macht ihn auch schwerfällig: An vieles, was andere mit Leichtigkeit schaffen, darf er nicht einmal denken.

Er hat erkannt, wie unheilsam seine Eßlust ist, nicht nur für ihn selbst, auch für die ihm nahestehenden Menschen, die er damit zu vielerlei Rücksichtnahmen zwingt. Doch nur die Erkenntnis nützt ihm wenig: Obwohl er weiß, wie schlimm es ist, kommt er an keiner Konditorei vorbei, ohne etwas mitzunehmen. Sobald der Gedanke ans Essen auftaucht, konkretisiert er sich im Gang zum Kühlschrank. Vielleicht denkt er dabei immer: »Dieses eine Mal noch.« Und so ist nie das letzte Mal. Es gäbe nun verschiedene Möglichkeiten, sich durch eine Beeinflussung von außen dieses unheilsamen Lasters zu entledigen: Der Betroffene könnte versuchen, der Sucht durch Medikamente ein Ende zu machen oder sich einer Hypnosebehandlung unterziehen, bei der ihm befohlen wird, nicht mehr zur Unzeit zu essen.

Sie jedoch wollen wahrscheinlich Ihr Leben selbst in die Hand nehmen und aus eigener Kraft zum Besseren wenden. Dann sollten Sie es mit den fünf vom Buddha empfohlenen Methoden versuchen. Schaffen Sie es auf diese Weise, aus eigenem Vermögen mit *einem kleinen* Problem fertigzuwerden, dann können Sie die Methode auch auf alle anderen Schwierigkeiten anwenden. Sie sind dann auf dem Wege, ein Meister der

Gedankenüberwachung zu werden. Schauen wir uns diese Methode nun auf das konkrete Beispiel bezogen an:

Das Ersetzen einer unheilsamen Vorstellung durch eine heilsame: Unser Eßsüchtiger kommt an der Konditorei vorbei, sein Blick streift das Schaufenster, und sofort ist da der Gedanke: »Ein gutes Stück Kuchen könnte ich jetzt schon vertragen.« Die erste Methode empfiehlt nun, ganz bewußt diese negative Regung durch eine positive zu ersetzen: »*Wie ein geschickter Maurer mit einem feinen Bolzen einen groben Bolzen heraustreibt, so soll er mit einer heilsamen Vorstellung eine unheilsame vertreiben.*« Es geht dabei darum, an etwas Schönes zu denken, das Sie ganz erfüllt. Es muß Sie aber *ganz* erfüllen. Wenn ein wahrhaft liebender Mensch an den Geliebten denkt, wird er ganz davon erfüllt sein, keine andere Regung kann dann in seinem Geiste die Oberhand gewinnen. Oder ein Mensch, der völlig für ein Ideal lebt, dem er alles widmet, braucht es sich nur in Erinnerung zu rufen, und schon wird alles andere davor verblassen. Es kommt also darauf an, daß Sie sich eine Sache vergegenwärtigen, die den aufgestiegenen gierhaften Gedanken für Sie so überragt, daß er seine Bedeutung verliert.

Vielleicht müssen Sie bei Ihrem Versuch, den negativen Gedanken durch einen positiven zu ersetzen, die Erfahrung machen, wie nichts, wonach Sie in Ihrem Inneren rufen, so mächtig ist, dem scheinbar kleinen Gedanken der Gier zu vertreiben. Der Gedanke an den Kuchen ist dann tatsächlich stärker als jener an Ihren liebsten Menschen, Ihr höchstes Ideal oder das, was Ihnen im Leben am wichtigsten ist... Sie sollten diese Tatsache dann nicht verdrängen, sondern sie ganz bewußt zur Kenntnis nehmen! Sie lernen dadurch viel über Ihr Wesen und durchschauen so manches, was Sie sich bislang selbst vorgespielt haben. Doch es besteht kein Grund zur Verzweiflung: Der Mensch ist immer ein Werdender, und alles kann geändert werden. Hilft diese Übung des Ersetzens eines Gedankens nichts, muß ein stärkeres Geschütz aufgefahren werden.

Das Erwägen der Konsequenzen: »Wenn er nun eine heilsame Vorstellung hervorgerufen hat und ihm trotzdem wieder schlechte, unheilsame

Gedanken aufsteigen, *dann soll er seine Aufmerksamkeit auf das Verderbliche dieser Gedanken richten und soll bedenken, daß sie unheilsam und beschämend sind und Leiden zur Folge haben.*« Es geht hier darum, sich genau auszumalen, wohin meine als unheilsam erkannten Gedanken führen. Die Genauigkeit ist dabei der springende Punkt. Es nützt wenig, sich zu sagen, all dies würde negative und schlimme Konsequenzen haben. Man muß sich diese Konsequenzen ohne Zimperlichkeit und Umschweife vor Augen halten: »Wenn ich so weitermache, werde ich immer dicker. Obwohl ich noch viele schöne Jahre auf dieser Erde haben könnte, werde ich durch die Verfettung meiner Organe quälend zugrunde gehen. Auf was muß ich alles verzichten, weil ich so schwer bin! Und schließlich: Was wohl denken meine Mitmenschen über einen wie mich, der sich durch seine Völlerei am Ende selbst ins Grab bringt und dabei keinerlei Rücksichten auf seine Angehörigen nimmt?« Man darf es sich beim Bedenken der negativen Konsequenzen nicht zu leicht machen! Das ganze Ausmaß dessen, wozu unsere negative Regung führen kann, sollte erwogen werden. Der Buddha sagte, daß man sich dieser Gedanken schämen und sich über sie ekeln solle, wie ein hübscher, eleganter Mensch sich ekle, wenn man ihm einen Tierkadaver um den Hals hängt. Dieser Vergleich mag befremden oder übertrieben erscheinen. Doch wir können ihn nicht ernst genug nehmen; gleichgültig ob wir meinen, daß mit dem Tode alles ein Ende hat, oder an eine große Zukunft danach glauben, wir sollten diese Chance annehmen, unser Leben bewußt gestalten und nicht Sklaven von Regungen bleiben, die uns ewig im Kreise laufen lassen: Wir sollten uns bewähren. Wer die Dinge so sieht, kann sich gar nicht genug vor dem ekeln, was ihn ein unwürdiges Dasein fristen läßt.

Das Weg-Denken: Nach der Lehre des Buddha ist auch das Denken eine Form der Wahrnehmung wie Hören, Sehen, Riechen, Schmecken und Tasten. So, wie es mit den äußeren Sinnen immer Töne, Formen oder Gerüche wahrzunehmen gibt, können wir mit dem inneren Sinn des Denkens aufsteigende und uns durch den Kopf ziehende Gedanken wahrnehmen. Doch ebensowenig, wie uns eine Form zwingt, daß wir sie ausführlich betrachten, kann uns auch ein aufgestiegener Gedanke zwingen, ihn weiterzudenken. »*Wie ein sehender Mensch, wenn er eine in seinen Gesichtskreis tretende Gestalt nicht sehen will, die Augen schließt oder wegblickt, so soll er unheilsame Gedanken nicht beachten, als wären Sie nicht da.*«

Während Sie als Leser gerade mit den Augen über die Worte des Buddha gewandert sind, ist zu gleicher Zeit noch anderes in dem Raum, wo Sie sich befinden. Es gibt Möbel, Bilder, Türen, Fenster. Sie wissen, daß all diese Dinge da sind, doch Sie haben sich entschlossen, in dieses Buch zu schauen. Sicher nehmen Sie auch während des Lesens die Sachen, die sich im Blickfeld um das Buch herum befinden, wahr. Sie sehen diese Dinge. Doch Sie beschäftigen sich nicht damit. Es ist auch niemals völlig still. Um Sie herum sind Geräusche verschiedenster Art. Sie registrieren das zwar, doch Sie gehen diesen hörbaren Dingen im Geiste nicht weiter nach, wenn Sie sich entschieden haben, zu lesen.

Unsere Augen und Ohren sind also nicht Sklaven der uns umgebenden Formen und Töne. *Wir können bewußt auswählen, womit wir uns beschäftigen wollen.* Ebenso muß auch unser Geist nicht Sklave der aufsteigenden Gedanken sein. Es ist tatsächlich möglich, wegzudenken, genauso, wie man weghören kann. Nur ist diese Fähigkeit in der Regel nicht sehr ausgeprägt, weil der Mensch sie nicht kennt.

Doch ist ein erster Schritt in der Schulung unseres Denkens gemacht, wenn wir zunächst einmal wissen, daß Gedanken ebenso wie sichtbare Dinge Angebote sind, die wir nicht annehmen müssen. Wenn uns ein Mensch begegnet, mag er uns mehr oder weniger interessieren. Oft nehmen wir nur wahr, daß da jemand ist. Mitunter aber sehen wir ihn uns auch genau an: Gesichtszüge, Augen, Haarfarbe und Frisur, Kleidung und Schuhe. Wir entscheiden von Mal zu Mal, wie intensiv wir hinsehen. Die gleiche Möglichkeit steht uns bei jedem Gedanken offen, den wir wahrnehmen: Wir können uns mit ihm beschäftigen, ihn weiterspinnen und fortdenken. Wir können aber auch einfach nur zur Kenntnis nehmen, daß da ein Gedanke ist, mit dem wir uns jedoch nicht näher zu befassen wünschen. Er ist zwar da, interessiert uns aber nicht, wie die verschiedensten Dinge in Ihrem Gesichtskreis sind, während Sie sich aber nur mit diesem Buch beschäftigen.

Unbewußt praktizieren Sie diese Möglichkeit des Weg-Denkens

schon immer. Es kommt nun darauf an, den gewünschten Gebrauch davon zu machen. In unserem konkreten Fall würden Sie dann zwar den Gedanken über das gewünschte Stück Kuchen auftauchen sehen, doch könnten Sie ihn links liegenlassen.

Den Gedanken schwächer werden lassen: Anders als bei der zuvor erklärten Methode wird bei dieser Anregung des Buddha der entsprechende unheilsame Gedanke bewußt aufgenommen. Man ersetzt ihn nicht durch einen besseren Gedanken, malt sich auch nicht seine negativen Folgen aus. Der Gedanke wird genommen, wie er ist, und einfach betrachtet. Und dann fragt man sich: »Warum sollte ich das, was ich hier denke, fortspinnen oder gar tun?« Ist diese Methode für den konkreten Fall geeignet, wird der entsprechende Gedanke sich schwächen und durch weiteres Hinterfragen tatsächlich verschwinden. Wenn wir ehrlich zu uns selbst sein wollen, wirkt das kleine Wort »Warum« manchmal wahre Wunder... Oft müssen wir gar nichts Besseres finden oder Konsequenzen bedenken, wenn wir klar die Frage beantworten können, was eigentlich für die Sache spricht.

Auf die Zähne beißen: Wenn keine der vier zuerst genannten Methoden hilft, und wirklich *nur* dann, müssen wir es zwingen, damit aus dem unheilsamen Gedanken keine negative Tat wird. »*Wie ein starker Mann einen schwächeren am Kopf oder an den Schultern packt, niederringt und niederwirft*«, müssen wir dann diesen Gedanken behandeln und diesen Impuls unterdrücken.

Wohlgemerkt soll diese Methode nur dann zur Anwendung kommen, wenn nichts anderes hilft und es rasch das Schlimmste zu verhindern gilt. Würde man seine negativen Regungen immer unterdrücken, ohne dabei die Einsicht der anderen Methoden zu haben, bestünde die große Gefahr eines Aufstauens des Unterdrückten. Irgendwann würde man wahrscheinlich explodieren, und die Folgen wären vielleicht schlimmer als das durch Unterdrückung Vermiedene.

Sie sollten sich vor Augenn halten, daß in der Regel immer eine der vier ersten Methoden erfolgreich zur Anwendung gebracht werden kann. Vorausgesetzt freilich, man will sich wahrhaft darauf einlassen.

Wenn Sie wirklich Fortschritte machen möchten, ist es notwendig, daß Sie einen tiefen Wunsch nach Veränderung in sich tragen. Wenn Sie mit Ihrer augenblicklichen geistigen und seelischen Verfassung restlos zufrieden sind, wenn Ihnen Ihre gegenwärtigen Lebensumstände ganz gefallen, dann werden Sie nicht den Anstoß finden, durch Methoden des Buddha Ihr Dasein zu verändern. Was also im Anfang da sein muß, ist das Bewußtsein des Ungenügens an den momentanen Verhältnissen. Woran und wie Sie dieses im Einzelfall erkennen, mag sehr unterschiedlich sein.

Wie der Buddha lehrt, kann sich das Ungenügen als Leiden an unvermeidlichen Lebenssituationen wie Alter und Krankheit zeigen. Auch mag man voller Kummer sein, nicht zu bekommen, was man sich wünscht.

An dieser Stelle sollten Sie sich fragen:

Woran empfinde ich Ungenügen?

Was paßt mir nicht in meinem Leben? Gibt es manches, einiges, vieles?

Was ist es konkret?

Fragen Sie sich wirklich danach! Was immer es ist, was Sie in Ihrem Dasein stören mag, es ist Voraussetzung und Motor dafür, daß Sie Ihr Leben selbst in die Hand nehmen und verwandeln können. Denn daraus entspringt Ihr Wunsch nach Veränderung. Darum besitzen Leid und Ungenügen auch einen sehr positiven Aspekt: Sie können uns unsere Situation bewußtmachen und uns vorantreiben!

Diese Methoden bewähren sich übrigens nicht nur beim Problem der Eßsucht. Suchen Sie *Ihre* negativen Regungen: Neid, Trägheit, Abhängigkeiten verschiedenster Art können wirksam dadurch bekämpft werden. Bewußt erschaffen Sie sich so nach dem Karma-Gesetz als ein neues Wesen. Wer tatsächlich beginnt, in dieser Weise an seinem Denken zu arbeiten, wird eine Dimension der Freiheit kennenlernen, die vielen anderen verborgen bleibt.

ÜBUNG 7: Gestaltung des Denkens

Beginnen Sie, Ihr Denken zu beobachten. Wenn Sie erkannt haben, was Sie an ihrem Denken ändern wollen, ergreifen Sie Maßnahmen nach den fünf Vorschlägen des Buddha. Eine solche Arbeit an sich selbst kann zum spannenden Abenteuer werden! Sie lernen sich intensiver kennen und stellen Herausforderungen an sich, um deren Erfüllung Sie kämpfen.

Sie werden merken, daß Sie nicht so langweilig sind, wie Sie vielleicht gedacht haben: Viele Gedanken, Impulse und Regungen, die Sie vorher einfach als selbstverständlich betrachtet haben, erhalten nun eine ganz neue Bedeutung und werden durch die Möglichkeit der positiven Überwindung zu Instrumenten Ihrer wunderbaren Verwandlung. Sie brauchen daher nicht über Schlimmes, das Sie möglicherweise entdecken, zu klagen. Indem Sie es als Herausforderung akzeptieren und in Ihrem Denken damit arbeiten, wachsen Sie daran.

Um seinen Schülern die Wichtigkeit einer Arbeit am Denken vor Augen zu halten, gab der Buddha ihnen folgende Merkverse:

»Denken-geführt die Dinge sind,
Denken-gezeichnet, Denk-geformt.
Wenn Einer mit beschmutztem Sinn
In Worten oder Taten wirkt,
So folgt daraus das Leiden ihm
Gleichwie das Rad des Zugtiers Fuß.

Denken-geführt die Dinge sind,
Denken-gezeichnet, Denk-geformt.
Wenn Einer mit gestilltem Sinn
In Worten oder Taten wirkt,

So folgt daraus die Freude ihm,
Gleichwie der Schatten, der nie weicht.«[17]

In diesen Worten haben wir eine klare und unmißverständliche Formulierung des Karma-Gesetzes: Unsere heilsamen oder unheilsamen Gedanken führen zu entsprechenden Worten und Taten, aus denen uns demgemäß Leiden oder Freude erwächst.

ÜBUNG 8: Beobachten der Rede

Alles, was wir sagen, ist ein Ausdruck unseres Denkens. Wir können also auch aus unserer Rede wesentliche Erkenntnisse über unser Denken gewinnen. Es ist ein interessantes Experiment, einmal eine gewisse Zeitlang ganz bewußt darauf zu achten, was man spricht.

Vielleicht glauben Sie, daß Sie ohnehin ganz genau wissen, was, wann und wie oft Sie etwas sagen. Doch Sie werden sehen: Wie beim Feststellen des Zeitaufwandes (Übung 3), glauben Sie, sich und Ihre Gewohnheiten genau zu kennen, doch in Wahrheit machen Sie sich auch viel vor.

Versuchen Sie es: Nehmen Sie sich morgen nach dem Aufstehen vor, an diesem Tag auf Ihre Rede zu achten:

- ☐ Beobachten Sie, wie Sie andere grüßen,
- ☐ wie Sie auf Fragen antworten,
- ☐ was Sie zu bestimmten Menschen sagen (oder nicht sagen).
- ☐ Gibt es Situationen, in denen Sie immer dieselben Worte gebrauchen?
- ☐ Unwahrheiten?
- ☐ Ist Ihre Rede stets oder zu bestimmten Menschen grob?
- ☐ Trauen Sie sich oft/manchmal nicht zu reden?

Beobachten Sie alles, was Ihnen bezüglich der Rede auffällt. Achten Sie dabei auch darauf, wie andere Menschen auf Sie und Ihre Worte reagieren.

Betrachten Sie diese Dinge einfach, und nehmen Sie sie ohne vorschnelles Werten zur Kenntnis. Wenn Ihnen etwas mißfällt, geht es nicht darum, krampfhaft die entsprechende Redegewohnheit zu verändern. Fragen Sie sich vielmehr zunächst, welche Aspekte Ihres Denkens Sie derart reden lassen. Wenn Sie das entsprechende Problem zugleich von der Ebene des Denkens in Angriff nehmen, wird das Bemühen um positive Veränderung erfolgreicher sein!

ÜBUNG 9: Selbstehrlichkeit im Handeln

Versuchen Sie, sich Ihren Motiven gegenüber ein gesundes Mißtrauen anzugewöhnen! Auch wenn wir anderen etwas vorspielen, vor uns selbst wollen wir ehrlich sein.

Beobachten Sie Fälle wie diesen: Man bittet Sie um eine Gefälligkeit, und selbstverständlich helfen Sie. *Wirklich selbstverständlich?* Fragen Sie sich, warum Sie das tun. Wäre es peinlich, als unfreundlich zu gelten? Ist da ein Pflichtgefühl, dem man folgt? Oder sind Sie nur zu feige, abzulehnen, obwohl Sie innerlich vor Wut schnauben?

Gestehen Sie vor sich selbst die wahren Motive Ihrer Handlungen ein! Es besteht ja kein Grund, eine Hilfeleistung nicht vorzunehmen, nur weil Sie merken, daß Ihre Absicht dabei eigentlich eine egoistische ist. Vor sich selbst hat man keinen guten Ruf nötig!

Unsere Absichten gestalten durch Karma unser Wesen. Darum sollte jeder, der ernsthaft an sich arbeiten möchte, sich schonungslos offenlegen, was er beabsichtigt.

4. Kapitel

TOD UND WIEDERGEBURT

Einst trat eine verzweifelte Frau vor den Buddha, die ein totes Kind in Armen hielt. Das Sterben des Kindes hatte sie so tief getroffen, daß sie sich in die Wahnidee hineinsteigerte, es sei nur krank. Verzweifelt war sie umhergeirrt auf der Suche nach Heilung. Dabei hielt sie den Leichnam stets fest umklammert. »Dein Kind lebt nicht mehr«, sagten ihr die Menschen, aber sie wollte das nicht hören.

Auch vor über 2500 Jahren gab es das schon, »daß nicht sein kann, was nicht sein darf«, wie es Christian Morgenstern einmal ausdrückte. Die Frau mochte nicht wahrhaben, was doch unbestreitbar wahr war. Endlich hatte sie jemand zum Buddha geschickt. Vor ihm stand sie jetzt, hielt ihm den kleinen leblosen Körper hin und flehte um Hilfe.

Was tat nun dieser große Weise, den man als unvergleichlichen Lehrer der Götter und Menschen rühmte? Wirkte er ein Wunder? Ja und nein. Es geschah kein spektakulärer Eingriff in die Natur. Der Buddha zeigte sich nicht als Herr über Leben und Tod, indem er das Kind erweckt hätte. Ein ungleich tieferes und endgültigeres Wunder tat er: Er verhalf dieser Frau *zur Einsicht in die Wahrheit.*

»Ich kann Dir helfen«, sprach er. »Bringe mir bloß ein paar Körner aus einem Haus dort. Es muß aus einem Haus sein, in dem noch kein Mensch gestorben ist.« Hoffnung flammte in der Frau auf. Vielleicht dachte sie, der Buddha wollte mit den Körnern eine Arznei oder ein Zaubermittel bereiten. Den umwickelten Leichnam nicht aus der Hand lassend, lief sie von Tür zu Tür, um ihren Wunsch vorzutragen.

Selbstverständlich hatte jedermann einige Körner für diese arme Person übrig. Als sie aber nach der Bedingung des Buddha fragte, erfuhr sie allerorts, daß das Haus schon mehr Tote gesehen hatte, als nun

Lebende in ihm wohnten.

Man kann sich vorstellen, welche Erinnerungen die Frage der Frau in jenen Menschen wachrief und welche Geschichten von Schmerz, Kummer und Verzweiflung sie so auf ihrem Weg hören mußte.

Was vernünftiges Zureden nicht geschafft hatte, vermochte die Begegnung mit dem Leid anderer. Die Verluste der anderen stellten den eigenen in den rechten Rahmen, nämlich den eines unvermeidlichen Naturgesetzes: Alles, was geboren wurde und lebt, muß sterben.

Ohne Leichnam im Arm trat die Frau nun befreit vor den Buddha. Sie hing nicht mehr am Dahingegangenen und war *offen für das, was sie hier und heute tun kann.* Der Buddha machte sie daraufhin mit seiner Lehre vertraut, und sie verwirklichte ein Leben in wahrer Freiheit und unverlierbarem Glück.

Sicher überlieferte man diese Begebenheit aus dem alten Indien auch deshalb, weil sie *alle* betrifft. *Jeder* von uns schleppt seine Leichen mit sich, totes Gepäck, an das wir uns aus Angst, Unsicherheit oder Verwirrung klammern. Was es im Einzelfalle ist, weiß jeder im Grunde selbst. Vielleicht wie bei jener Frau ein Verlust, über dem man alles vergaß. Vielleicht Schuldgefühle über nicht mehr Änderbares, die man voller Selbstmitleid pflegt, so daß sie alles positive Tun verhindern. Vielleicht ein sinnloser Streit, den wir nur weiterführen, um das Gesicht nicht zu verlieren. Vielleicht ist es aber auch ein Besitz oder eine Funktion, um die man uns gar beneidet, und niemand glaubt, daß wir darunter leiden könnten. So halten wir daran fest, um den Schein zu wahren.

Doch ganz gleich, was es ist, in das wir uns verrannt haben, sei es Stolz, Trauer, die Abhängigkeit von bestimmten Glaubenssätzen, Programmen und Statuten, wir befreien uns von der Last meist nicht durch Grübeln oder vernünftige Feststellungen. Auch der Frau hatte man gesagt: »Dein Kind lebt nicht mehr.« Es hilft schon gar kein sentimentaler Trost. Die Freiheit kommt durch die Änderung der Blickrichtung, die der Buddha anregte: Aus der Nabelschau des eigenen Leides aufsehen, hinein in die Welt und zu all den Menschen, mit denen und durch die wir leben. Damit aber stellen wir unser Dasein in den Rahmen der Wahrheit, die umfassender ist als die kümmerliche Wirklichkeit, in die wir uns versponnen haben.

Jene Frau, die der Buddha nach den Körnern schickte, sah sich mit den Trauerfällen eines einzigen Dorfes konfrontiert. Heute blicken wir leicht über unsere unmittelbare Umgebung hinaus. So wissen wir vieles über Katastrophen und Kriege, über das Sterben unserer Natur, den Hunger und die Ungerechtigkeit in der Welt. Wenn wir uns von diesen Botschaften nicht betäuben lassen, wie leicht müßten wir dem Wink des Buddha folgen können: Sich selbst und sein Leid nicht zu wichtig nehmen und angesichts der Lage endlich handeln. Der Buddha schrieb dem einzelnen dabei nicht genau vor, was er zu tun hätte. Er wollte seinen Schülern keine neuen Lasten aufbinden, sondern sie wegführen von enger Ich-Verhaftung und offen machen für das Größere, das sie umgibt, in der Welt und darüber hinaus.

Dabei kommt es nicht auf Gefühlsduselei einer selbstgefälligen Nächstenliebe heraus. Wirkliches Offenstehen ist auch davon frei. *Wer offen ist für die Wahrheit, handelt im Rahmen seiner Fähigkeiten den Notwendigkeiten entsprechend, die er erkennt, und dies ganz selbstverantwortlich.*

Würden viele einzelne diese Umkehr der Blickrichtung vollziehen, dürften wir vielleicht das Wunder der Verwandlung unserer Welt erleben. Der Mensch hat nur Angst, sich selbst weniger wichtig zu nehmen und über seinen vertrauten Horizont hinauszublicken. Er befürchtet, dabei zu verlieren. Also versteift er sich auf das, was er gerade ist und hat, und macht sich selbst vor, daß er es immer bleiben oder behalten darf. Aber die Nichtdauer ist ein unumgängliches Gesetz, das auch vor dem Menschen nicht halt macht.

Die unbequeme Wahrheit

Buddhaghosa, ein Nachfolger des Buddha, der etwa tausend Jahre später in Indien lebte, schrieb einst: »Gerade so, als ob ein Mörder mit gezücktem Schwerte vor uns stünde und uns das Messer zur Kehle führte, um uns das Haupt abzuschlagen: Genau so wartet der Tod auf uns. Und inwiefern? Eben weil der Tod gleichzeitig mit der Geburt gekommen ist und uns des Lebens beraubt. Gerade wie der Keimling des Schlangenhutpilzes mit dem Kopfe die Erde auf sich nehmend emporsproßt, so auch nehmen die Wesen bei ihrer Geburt das Alter und den Tod auf sich... Daher eilt dieses Wesen, von der Zeit der Geburt ab, gerade wie die aufgegangene Sonne beständig dem Untergang entgegen; und wo immer es hingelangt, von da kehrt es auch nicht für einen Augenblick mehr zurück. Oder gleich wie der reißende Gebirgsstrom mit seinen raschen Fluten dahinfließt, genau so eilt das Wesen, ohne auch nur für einen Augenblick mehr umzukehren, beständig dem Tode entgegen. Darum heißt es: ›Von jener einen ersten Nacht ab, in der der Mensch im Mutterleibe weilt, eilt er, einer aufgestiegenen Wolke gleich, dahin; und dahineilend kehrt er nimmermehr zurück.‹

Gleich wie unter der Glut der Sommerhitze die Bäche versiegen, wie die Früchte der Bäume mit ihren von Feuchtigkeit durchdrungenen Stielen in der Frühe abfallen, wie mit dem Hammer angeschlagen die irdenen Gefäße zerbrechen, wie von Sonnenstrahlen getroffen die Tautropfen zergehen: So auch ist dem Dahineilenden der Tod jederzeit nahe. Darum heißt es:

›Die Tage und Nächte entfliehen,
Es schwindet das Leben dahin;
Der Sterblichen Leben versieget
Wie's Wasser in dem winz'gen Fluß.

Gleich wie am Morgen man befürchtet
Das Fallen der gereiften Frucht:
So fürchten stets sich vor dem Tode
Die sterblichen Geschöpfe all.

Wie jedes irdene Gefäß
Gebildet von des Töpfers Hand –
Ganz einerlei ob klein ob groß,
Ob schon gebrannt ob ungebrannt –
Am Ende doch zerbrochen wird,
So gilt's vom Menschenleben auch...‹

So also ist der Tod – gleichsam wie ein Mörder mit gezücktem Schwerte – gleichzeitig mit der Geburt gekommen. Und wie der Mörder uns das Messer an die Kehle setzt und uns des Lebens beraubt, so auch beraubt uns der Tod des Lebens, und nimmermehr kehrt man zurück.«[18]

Es geht hier um eine unbequeme Tatsache: Jedermann muß sterben! Theoretisch weiß man das. Doch man versteht es auch, den Tod totzuschweigen. Man verdrängt den Gedanken, daß dieses Leben einmal zu Ende gehen wird.

Der Buddha legte großen Wert darauf, daß die Wahrheit über die Sterblichkeit nicht verdrängt wird. Immer wieder wurden seine Schüler mit Ausführungen, wie den gerade dargelegten, konfrontiert. Alles was geworden ist, wandelt sich wieder. Nichts bleibt, was es ist. Begrenzt ist dieses Dasein als Mensch. Nicht oft genug konnte das der Buddha betonen. Doch dieser ständige Hinweis auf die Endlichkeit unseres Lebens besagt nicht, daß wir dieses Dasein und seine Möglichkeiten nicht schätzen sollen. Im Gegenteil! Wir können unser Leben gar nicht in der rechten Weise schätzen, wenn wir so tun, als würden wir ewig existieren.

Macht man sich vor, man habe unbegrenzt Zeit, um zu tun, was zu tun ist, dann läßt man sich leicht auch unbegrenzt Zeit damit und fängt niemals an. *Nur wer jeden Augenblick seines Lebens als einmalige Chance zu würdigen weiß, wird es verstehen, den besten Gebrauch davon zu machen.* Und jeder Augenblick ist eine einmalige Chance! Er kehrt niemals wieder. Besonders aus diesem Grunde wies der Buddha seine Schüler immer wieder auf ihre Sterblichkeit hin.

Sie sollten begreifen, daß sie nur *diesen* Moment wirklich sicher haben. Kein sehnsüchtiges Zurückschauen, kein Schielen nach einer Zukunft, die nur erträumt werden kann! Die einzige Sicherheit des Menschen ist seine *Gegenwart*, der jetzige Moment seines Lebens. Nichts ist ihm wirklich gegeben außer diesem. Darum mahnte der Buddha: »Verflossenem laufe nicht nach voller Wünsche; was noch nicht eingetroffen ist, ersehne nicht! Vergangenes ist vorbei, noch nicht erreicht Zukünftiges. Man durchschaue alles Gegenwärtige klar, so wie es jetzt vor Augen auftaucht. Diesen Blick bewahre man fest und ohne Schwanken! Eben jetzt heißt es sich anstrengen. Wer weiß, vielleicht ist morgen schon der Tod ... Wer so Tag und Nacht unermüdlich, unerbittlich strebt, den nennt der Weise verehrungswürdig, selbst wenn ihm nur noch eine Nacht vergönnt ist.«[19]

Mit der Todesgewißheit weise zu leben, heißt also nicht, in dauerndem Wehklagen über die eigene Vergänglichkeit zu jammern, sondern vielmehr jeden Augenblick in seiner Einmaligkeit wahrzunehmen und zu nutzen. Ein Mensch, der dieses Prinzip verstanden hat, wird nie mehr seine Zeit totschlagen. Er ist sich der großen Verantwortung aus der Unwiderbringlichkeit jedes Momentes bewußt. Wenn ich weiß, daß keine Sekunde wiederkommt, werde ich aus jeder das Beste machen: Selbst die geringste Tätigkeit erhält dann etwas Einmaliges. Und wäre mir auch der ungeliebteste Mensch gegenüber, ich würde nicht abschalten, sondern sogar diese Begegnung als den einmaligen Teil meines Lebens erfahren, die sie tatsächlich ist.

In jedem Augenblick macht unser Wirken, Karma, uns zu dem, was wir sind. Ständig erschaffen wir so unsere Gegenwart und Zukunft selbst. Es gibt nichts, auf das wir warten müßten. Der Anfang findet nicht irgendwann statt: Immer ist Anfang, zu jeder Sekunde beginnen wir neu.

Und nach dem Tode?

Der Mensch ist voller Sehnsucht nach Unsterblichkeit. Er möchte nicht gerne sterben. Und wenn er schon sterben muß, will er danach möglichst einen Zustand ewigen Lebens erreichen. Ist er sich nicht sicher, ob die Aussagen der Religionen hierüber der Wahrheit entsprechen, drängt er das ganze Problem aus seinem Geiste und denkt lieber nicht ans Sterben. Er sieht zwar, wie es die anderen nach und nach trifft. Doch er selbst tut, als stünde er außerhalb dieser Notwendigkeit. Andere wieder richten sich ganz darauf ein, daß dieses Leben eine Bewährungsprobe für eine große Zeit danach ist. Alles, was sie jetzt tun, erhält damit den Charakter einer Vorbereitung auf diese Zeit nach dem Tod. Vielleicht denken sie, daß es sich gar nicht lohnen würde, Heilsames zu tun, wenn nicht im Hinblick auf ein Leben nach dem Tode.

Der Buddha hat zur Frage, ob wir die Aussicht auf Dasein nach dem

Tode brauchen, um uns in jedem Augenblick ganz dem Streben nach Verbesserung zu widmen, in überraschender Weise Stellung genommen: »Gibt es eine andere Welt und gibt es eine Frucht, ein Ergebnis guter und schlechter Taten, so ist es möglich, daß ich beim Zerfall des Körpers, nach dem Tode, auf glücklicher Daseinsfährte erscheine, in himmlischer Welt – dieses ersten Trostes ist er gewiß.

Gibt es aber keine andere Welt und keine Frucht, kein Ergebnis guter oder schlechter Taten, so lebe ich eben hier in dieser Welt ein leidloses, glückliches Leben, frei von Haß und Übelwollen – dieses zweiten Trostes ist er gewiß.«[20]

Der Buddha lehrte also, daß unsere Arbeit am eigenen Wesen, unser Streben nach Veredelung und Liebe *einen Wert in sich* hat, ohne daß wir nach künftiger Belohnung zu schielen brauchen. Solange wir mit allem positiven und heilsamen Tun immer die Absicht verbinden, dafür auch etwas zu erhalten, überwiegt bei uns immer noch die eigene Nabelschau. Natürlich ist es besser, einem anderen aus egoistischen Motiven zu helfen, als ihm gar nicht zu helfen. Aber wir machen erst dann das meiste aus unserem Leben, wenn wir die positiven Dinge um ihrer selbst willen schaffen.

Es ist ein Grundelement der Lehre des Buddha, daß mit dem Tod *keinesfalls* alles zu Ende ist. Doch damit, daß auch das leidlose und glückliche Dasein in diesem Leben dem Streben allein schon Sinn gibt, warnt er uns davor, uns nur mit einem Leben nach dem Tod zu trösten. Wenn wir nicht übermenschliche Erfahrungen gemacht haben, was wohl kaum bei jemandem der Fall sein wird, sind wir in unseren Informationen über ein Leben nach dem Tode auf die Aussagen großer Religionsstifter, Weiser und Mystiker angewiesen. Ihren Offenbarungen können wir nur glauben oder nicht glauben. Viel mehr wert ist für uns unsere eigene Erfahrung, die wir in diesem Leben *sicher* haben. Und auf diese eigene Erfahrung können wir, ohne zu zweifeln, bauen.

Deshalb ist es notwendig, daß uns unser Streben zum Selbstzweck wird. Es wird sich innerhalb der Grenzen des uns erfahrbaren Lebens als positiv erweisen. Unser Einsatz braucht also nicht davon abhängig zu sein, wie stark wir an eine spätere Belohnung glauben, sondern wird in sich selbst wertvoll sein: Wir helfen einem anderen und freuen uns über die Freude, die er empfindet, und dies ist in sich gut und befriedigend. Wir verlangen nicht mehr. Dies bedeutet natürlich keinesfalls, daß wir auf unseren Glauben und unsere Hoffnungen verzichten müssen. Im Gegenteil: Je tiefer wir unser Leben in größere Zusammenhänge eingebettet sehen, um so mehr können wir es vielleicht schätzen. Doch umgekehrt gilt sicher auch: *Je mehr wir unser kleines überschaubares Leben auch ohne höhere Aussichten mit Sinn erfüllen können, um so reifer werden wir für das, was darüber hinaus ist.*

Die Aussagen des Buddha über ein Dasein nach dem Tode kann man glauben oder nicht. Doch es muß für uns nicht das Wesentliche an seiner Botschaft sein, ob uns diese Offenbarungen plausibel erscheinen. Solange unser Bewußtsein nicht selbst so weit geworden ist, daß wir derartige Dinge bestätigen, korrigieren oder als falsch erkennen können und somit eigene Erfahrungen darüber haben, befinden wir uns auf der Ebene des Glaubens. Und hier gilt wieder: Wissen, daß man glaubt, nicht glauben, daß man weiß.

Vielleicht führt uns unser Streben eines Tages dahin, daß uns das, was wir heute glaubend hoffen und ahnen, zur sicheren Erfahrung und Gewißheit wird. Dies sollte auch unser Ziel sein. Doch gerade indem wir fest auf dem Boden des Überschaubaren stehen, bleiben wir offen, höhere Wahrheiten zu akzeptieren, auch dann, wenn sie von unseren vorgefaßten Bildern abweichen.

Wiedergeburt

Der Buddha betrachtet den Menschen unter fünf Aspekten der Persönlichkeit:

der Körper,

das Gefühl,

das Wahrnehmen,

das aktive Streben, das als Wille, Trieb, Neigung oder Interesse zum Ausdruck kommt,

das Bewußtsein.

Stirbt nun der Körper, so erlischt damit das an ihn gebundene *Gefühl*. Auch die *Wahrnehmung*, die für uns von den Sinnesorganen abhängig ist, muß damit aufhören. Doch wie steht es mit unserem *aktiven Streben,* den Neigungen und Absichten? Sind diese ebenfalls an den Körper gebunden? Man könnte fast umgekehrt sagen, daß der Körper an sie gebunden ist.

Wenn wir, angeregt durch das Denken, aktiv an unseren *Absichten* arbeiten, können wir feststellen, welch starke Energie in ihnen steckt. Es ist eine große Kraft, die uns denken, reden und handeln lassen *will,* die uns Absichten haben lassen *will.* Gäbe es diese Kraft, diesen inneren Antrieb nicht, wir würden aufhören zu sein.

Diese Energie, unsere *Werde-Kraft,* ist eigentlich neutral, das heißt, sie ist auf nichts Bestimmtes gerichtet. Eines strebt sie aber immer an: Wir wollen haben, und wir wollen sein. Das steht fest. *Was* wir haben wollen, und *wie* wir sein wollen, entscheiden wir jeweils durch unser Karma. Diese neutrale Werde-Kraft fächert sich auf in all das, was uns aktiv sein läßt und vorantreibt: Absichten, Wünsche, Triebe, Wollen, Neigungen und Interessen.

Nicht der Körper bringt diese Werde-Kraft hervor. Es gäbe gar keinen Körper ohne das Wirken dieser Energie. Der Körper selbst wurde aus toter Materie aufgebaut und besteht auch nach dem Sterben noch einige Zeit in dieser Form. Doch nicht ohne die Kraft, die zielgerichtete Energie, die vom Augenblick der Zeugung an einen bestimmten Werdeprozeß bedingt: Nach der Entwicklung im Mutterleib wird unser Dasein bestimmt durch die Kraft, die sich selbst umsetzt. Man muß ein Kind nicht dazu bringen, Bedürfnisse zu haben. Es trägt sie vielmehr in sich und bringt sie lautstark zum Ausdruck. Ohne diese grundsätzliche Werde-Kraft, das Sein-Wollen und Haben-Wollen, würde kein Mensch entstehen.

Diese starke Kraft, die unseren Körper dazu bringt, sich aufzubauen und zu bewegen, Triebe und Interessen zu verfolgen, gestaltet auch unser Wesen. Welche Richtung dieser Gestaltungsprozeß nimmt, hängt von unserem Denken, Reden und Tun ab: Wir können uns höherentwikkeln und wachsen oder aber auf Abwegen irren und uns im Kreis drehen. *Es kommt ganz darauf an, wohin wir durch unsere Absichten diese Kraft ausrichten.*

Was geschieht nun mit dieser Kraft, wenn der Körper unbrauchbar geworden oder zerstört ist? Wie wir gesehen haben, gibt es diese Energie schon vor Beginn des Lebens, sie ist bereits eine *Voraussetzung* körperlichen Daseins. Sie kann sich gar nicht bis zum Zeitpunkt des Todes verbrauchen. Wie viele Interessen, Neigungen, Triebe und Wünsche hat der Mensch noch in unmittelbarer Todesnähe, vom grundsätzlichen Willen zum Leben einmal ganz abgesehen?

Wie der Buddha lehrt, kann nichts verlorengehen. Weder hört der Körper nach dem Tode auf zu sein – die Stoffe, die ihn bilden, verwandeln sich nur entsprechend den *Gesetzmäßigkeiten der Natur* – noch verpufft die geistige Energie, die den Körper sich aufbauen und bewegen ließ, in Nichts. Sie wandelt sich vielmehr nach den *Gesetzmäßigkeiten des Geistes* weiter. Für den Körper, durch den sie sich zum Ausdruck bringen konnte, muß diese Energie einen Ersatz schaffen, durch welchen sie weiterwirken kann. Ihr Wesen ist es, sein zu wollen und haben zu wollen. Und so drängt sie einem neuen Dasein entgegen, das ihrer Beschaffenheit und Ausrichtung entspricht.

War der Verstorbene ein roher Mensch mit grobem Wesen, Neid und Habsucht gewesen, hat er also durch sein absichtliches Wirken zu Lebzeiten seine Kraft derart ausgerichtet, dann sucht sich diese Energie konsequent eine Möglichkeit, in dieser Richtung weiterzuwirken. Hat er zu Lebzeiten engagiert an der heilsamen Verwandlung seiner Absichten gearbeitet, ist die Kraft positiv gerichtet und entsprechend auch das Weiterwerden nach dem Tode. Mit anderen Worten: Das, worauf wir zu Lebzeiten unsere Neigungen lenken, wird auch nach dem Tode die weitere Richtung der Entwicklung bestimmen. Das Karma-Gesetz wirkt in diesem Sinne auch über den Tod hinaus.

Wichtig ist, daß wir im Zusammenhang mit einer nachtodlichen Wiedergeburt, wie der Buddha sie lehrt, die Worte *Kraft* und *Energie* gebraucht haben. Der Mensch ist ein dynamisches Wesen, immer in Bewegung, niemals im Stillstand. Nichts an ihm bleibt auch nur eine Sekunde lang vollständig gleich, weder geistig noch körperlich. Auch wenn wir unsere körperliche Veränderung nicht von Tag zu Tag wahrnehmen können, nach einigen Jahren sehen wir doch ganz deutlich, wie wir gealtert sind. Auch in unserem geistigen und seelischen Leben unterscheiden wir uns heute deutlich in Ansichten, Erfahrungen, Vermögen und persönlicher Ausrichtung von unserer Kindheit. Aber wir sind auch keine ganz anderen, wir bleiben wir selbst und sind doch in einer nie abgerissenen Entwicklung anders und neu geworden. Mit dem Tode kommt dieses Werden nicht zur Ruhe, und so tritt auch bei jenem Vorgang, den wir Wiedergeburt nennen, nicht ein unveränderliches und unverändertes Wesen wieder ins Dasein. Vielmehr geht ein uranfänglicher dynamischer Entwicklungsprozeß weiter.

Nach der Lehre des Buddha steht jeder von uns in einem solchen unermeßlichen Werdeprozeß, der weit über unser überschaubares Leben hinausgeht. Was wir augenblicklich sind, ist nur *der momentane Endpunkt eines Werdens,* das schon vor unserem körperlichen Dasein in Bewegung war. Womit wir in diesem Leben begonnen haben, also die *Ausrichtung* unserer innersten Energie, hat ihren Ursprung in früherem Karma.

Wie der Buddha lehrt, ist es sinnlos, darüber nachzudenken, ob und wann dieser große Werdeprozeß jemals begonnen hat. Eine für alle Menschen befriedigende Antwort auf die Frage nach dem ersten Anfang kann mit Erklärungen nicht gegeben werden. Einzig wichtig ist die Erkenntnis des Prinzips, daß man in einem großen Werden steht, dessen Fortgang man selbst durch Arbeit am eigenen Denken, Reden und Tun bestimmen kann.

Warum aber kann sich der Mensch angesichts des endlosen Werdens nicht an jene früheren Existenzen, die ihm vorausgingen, erinnern? In der Regel kann er sich schon nicht an seine frühe Kindheit erinnern. Bereits der uns überblickbare Teil des großen Werdens weist also erhebliche Lücken auf. Auch ist das Aufgeben einer Form der Existenz, das Ergreifen eines Keimes und schließliche Aufbauen eines neuen Körpers eine zu große Umgestaltung, um eine nahtlose Erinnerung zuzulassen. Wie der Buddha uns lehrt, erleben wir schon den momentanen Augenblick nicht so vollkommen, wie es möglich wäre. Solange wir in seinem Sinne nicht wach geworden sind, erfassen wir selbst in unseren aufmerksamsten Zeiten nur einen kleinen Teil unseres gegenwärtigen Wesens. Wie sollten wir da zu ferneren und fernsten Dimensionen Zugang haben?

Es ist deshalb nicht so, daß eine Vergegenwärtigung des Früheren grundsätzlich nicht möglich wäre. Wer es durch die Arbeit am eigenen Wesen schafft, *den Augenblick immer wacher zu erleben*, der kommt auch einer umfassenden Erinnerung näher. Durch sein großes Erwachen konnte sich der Buddha an fernste Zeiten im Werdeprozeß erinnern, und viele seiner Schüler, die konsequent seinen Pfad gingen, erlangten das gleiche Vermögen.

Konsequent zu Ende gedacht würde das zum Bewußtsein der Unsterblichkeit führen. Stellen Sie sich vor, Sie könnten nicht nur die jetzigen Jahrzehnte Ihrer Entwicklung überblicken, sondern Ihr Erinnerungsvermögen würde Jahrhunderte oder gar Jahrtausende umfassen, und Sie könnten sicher sein, daß es immer so weiter ginge. Wahrscheinlich wären die Auswirkungen auf Ihren Gemütszustand tragisch: Welcher gewöhnliche Mensch wäre einer solchen Art der Unsterblichkeit gewachsen? Welche Freude hätte ein Dasein für uns, das in beide Zeitrichtungen endlos überblickbar würde? Erst ein Wesen, das vom eigenen Nabel aufgeblickt hat, das gelernt hat, den anderen mehr als sich selbst zu schätzen, in dem wahrhafte Liebe zu allem, was ist, aufging, könnte reif sein, die Bürde eines solchen Wissens und Sehens zu tragen. Wer aber ganz auf sich selbst konzentriert ist, würde von der Last eines derart unbegrenzten Wissens erdrückt. Was sollte er mit den Dimensionen anfangen, die sich ihm da auftäten? Nur der wirklich Liebende, der mehr geben möchte als empfangen, dessen Wesen weit geworden ist und reif für die höchste Aufgabe im Dienste allen Daseins, wäre bereit, das Unermeßliche zu fassen.

Seien wir froh, daß wir nicht die Last von Jahrtausenden sehen, sondern nur jeweils das überschauen, was wir auch meistern können. Erst wenn wir aus dem, was wir jetzt wahrnehmen können, über uns hinauswachsend das Beste machen, wären wir bereit für das Weitere.

Deshalb warnt der Buddha davor, sich in Spekulationen über die eigenen früheren Existenzformen zu verlieren oder krampfhaft danach zu streben, Konkretes darüber zu erfahren. Wenn wir mit dem, was uns jetzt zugänglich ist, in angemessener Weise umgehen, den momentanen Augenblick wirklich schätzen und lernen, über unser eigenes Leid hinaus auf den anderen zu blicken, wird sich unser Bewußtsein von selbst weiten. Wir werden dann sehen, was uns heute noch verborgen ist, und wir werden wahrhaft reif dafür sein. Bloßes Streben nach Bewußtseinserweiterung ohne ethische Grundlage hielt der Buddha für sehr gefährlich.

Formen der Wandlung

Die Möglichkeiten eines Wesens, dem Karma entsprechend ins Dasein zu treten, sind vielfältigster Natur. Der Buddha spricht nicht nur von den verschiedenen Daseinsformen des Lebens auf unserer Erde, sondern erwähnt auch Existenzbereiche jenseits des uns Erkennbaren.

Eine Vielfalt anderer Dimensionen begegnen uns in seinen Darlegungen: von Wesen, deren Lebensdauer, gemessen an der unseren, fast unendlich erscheint; von paradiesischen Zuständen, in denen jeder alles bekommt, was er sich wünscht. Sogar vom Dasein als einer solchen Wonne, daß die Wesen ganz im Genießen befangen, den größten Teil ihrer Zeit vergessen, daß sie überhaupt existieren.

Der Buddha schildert aber auch ganz andere Welten: Bereiche, in denen die Gewalt und das Leid herrschen, deren Gesetz ist, quälen oder gequält werden, und in denen Kummer und Mühsal kein Ende zu nehmen scheinen. Buddha konnte seit seinem Erwachen alle diese Daseinsmöglichkeiten mit seinem Erkennen mühelos durchschauen.

Es wird auch gesagt, daß der Buddha mehr Schüler unter den uns unsichtbaren Wesen hatte als unter den Menschen. Aus diesem Grunde bezeichneten ihn seine Anhänger auch als den »Lehrer der Götter und Menschen«. In einem Gleichnis legte er einst dar, daß die unseren Sinnen zugängliche Welt nicht von ganz anderen Dimensionen des Daseins getrennt ist:

»Einmal verließ ein Mann mit der Absicht die Stadt, über die Welt nachzudenken. An einen Lotosteich angekommen, setzte er sich am Rande nieder und begann zu überlegen. Plötzlich sah er eine große Armee in den Stengel einer Lotosblume einmarschieren. Bei diesem Anblick meinte der Mann, sein Geist sei krank und verwirrt, denn er glaubte gesehen zu haben, was es unmöglich geben kann.

So lief er in die Stadt und rief den Leuten zu: ›Mein Geist ist krank und verwirrt, denn ich habe gesehen, was es unmöglich geben kann. Die

Leute fragten nach, und als er berichtete, was er gesehen hatte, gaben sie ihm recht: ›Dein Geist muß sicher krank und verwirrt sein.‹

Und dennoch hat dieser Mann etwas Wahres gesehen und nicht etwas, das es unmöglich geben kann. Zu einer Zeit standen sich die Heere der Götter und der Dämonen gegenüber. Die Dämonen jedoch unterlagen den siegreichen Göttern, und furchtsam flohen sie durch den Stengel der Lotosblume in ihre Stadt.«[21]

Dieses Gleichnis möchte besagen, daß es ganz andere Dimensionen außer der unseren gibt, in denen es Leben und Tod, Kampf und Streit, Sieg und Niederlage gibt. Dem unwachen Menschen sind sie zumeist verborgen. Doch kann es in einem Ausnahmezustand vorkommen, daß normalerweise nicht Gewahrtes erkennbar wird. Man mag sich dann für verrückt erklären, denn der Blick in eine andere Welt muß vollkommen unbegreiflich erscheinen.

Auch hier gilt wieder wie schon bei Wiedergeburt und Unsterblichkeit: Solange wir auf unserem Wege des Wachstums noch nicht reif sind, den größeren Zusammenhang, in den unser Leben eingebettet ist, zu erfassen, sollten wir eigentlich glücklich sein, daß unsere Wahrnehmung auf einen uns faßbaren Teil der Wahrheit beschränkt ist. Erst wenn wir diese Möglichkeiten ganz ausgeschöpft haben, werden wir vielleicht fähig sein, weiteres zu fassen.

Wichtig ist nun, was der Buddha grundsätzlich über die Jenseitswelten zu sagen hat, gleichgültig ob diese zu glücklichen oder qualvollen Bereichen gehören: In keiner von ihnen existiert ein Wesen ewig. Man tritt ins Dasein und lebt, solange eben eine Existenz in jenen Welten dauert. Dann tritt man ab, und der Weg der Wandlung geht entsprechend dem Karma der Absichten weiter.

Manchem, für den unsere Erde der Mittelpunkt alles Existierenden ist, mag es nicht glaubhaft erscheinen, daß es ganz andere Welten und Daseinsmöglichkeiten außer den uns sichtbaren gibt. Anderen wiederum bereitet das keinerlei Schwierigkeiten, wenn sie sich schon allein die Unermeßlichkeit unseres materiellen Weltraumes oder seine Wahrscheinlichkeit außerirdischen Lebens vor Augen halten. Doch ist es nicht das wichtigste Anliegen der Botschaft des Buddha, dem Menschen die Existenz anderer Sphären plausibel zu machen. Indem er davon sprach, wollte er die unschätzbare Kostbarkeit hervorheben, die das menschliche Leben darstellt. Wenn es Welten gibt, in denen die Wesen durch ständigen Genuß sogar die Tatsache ihrer eigenen Existenz vergessen, und andere, wo quälender Schmerz keine Besinnung zuläßt, wie glücklich kann man da sein menschliches Leben schätzen. Hier sehen wir Glück und Leid gleichermaßen und besitzen Möglichkeiten der Wahl.

So können uns die verschiedenen Daseinsbereiche, von denen der Buddha berichtet, zu einem Gleichnis unseres hiesigen Lebens werden: Sind wir wirklich menschlich lebende Wesen, die außer Glück und Leid auch ihre Existenz wahrnehmen? Oder geht es uns wie den Bewohnern paradiesischer Bereiche? Vergessen wir zuweilen vor aller Zerstreuung und in der Selbstverständlichkeit der uns möglichen Vergnügungen, daß wir überhaupt existieren? Oder haben wir uns auch in eine Welt der Qual hineingesteigert, empfinden uns als Opfer und versinken im Kummer über unser Los?

In beiden Fällen leben wir nicht eigentlich als Menschen. Ein Übermaß an Zerstreuung und Vergnügen führt uns von den Realitäten des Daseins ebenso weit fort wie das Zerfließen in Selbstmitleid. Der Buddha wies seine Schüler darauf hin, wie wenig die Götter von ihrer langen Lebensdauer haben: Sie vergessen durch ihr Leben der Freude die Endlichkeit des Daseins, ergeben sich dem Genuß, und das Ende naht dennoch, ohne daß sie die Chancen einer bewußten Gestaltung ihres Daseins ergriffen hätten.

Wiedergeburt ist immer

Da der Mensch in jeder Sekunde ein Werdender ist und sich stets verändert, findet Wiedergeburt im höchsten Sinne eigentlich *in jedem Augenblick* statt. Buddhaghosa schrieb dazu: »Die Wesen haben nur einen sehr kurzen Augenblick zu leben, nur solange wie ein Bewußtseinsmoment dauert. Gleich wie das Wagenrad beim Rollen wie beim Stillstehen sich jedesmal auf einem einzigen Punkt der Peripherie befindet: Genauso währt das Leben des Wesens nur für die Dauer eines einzigen Bewußtseinsmoments. Sobald dieser Bewußtseinsmoment erloschen ist, gilt auch das Wesen als erloschen. Denn es heißt:

›Das Wesen des vergangenen Bewußtseinsmoments hat gelebt, lebt jetzt nicht mehr, wird auch später nicht mehr leben. Das Wesen des zukünftigen Bewußtseinsmoments hat noch nicht gelebt, lebt auch jetzt noch nicht, wird später erst leben. Das Wesen des gegenwärtigen Bewußtseinsmoments hat früher nicht gelebt, lebt nur jetzt, wird aber später nicht mehr leben.‹«[22]

Tatsächlich sterben wir in jedem Moment unseres Bewußtwerdens einen kleinen Tod und treten erneut, wenn auch unmerklich, als Veränderte ins Dasein. Diese ständige Gegenwart von Tod und Wiedergeburt eröffnet uns ungeahnte Möglichkeiten.

In jedem Augenblick haben wir die Chance, neu zu werden. Wir könnten beginnen. *Wir könnten jetzt in diesem Augenblick ein verändertes, neues, besseres Leben beginnen.* Natürlich gibt es die Wirkungen vergangenen Karmas, die unseren Ausgangspunkt bestimmen, doch steht es uns frei, in unserem Denken ganz neue Dimensionen aufzuschließen und diese durch eine heilsame Ausrichtung unserer Absicht allmählich zu verwirklichen.

Beobachten wir uns doch! Wann machen wir von den positiven Möglichkeiten unserer steten Neugeburt schon Gebrauch? Wir lassen uns durch die verschiedensten Welten treiben, ohne dabei unseren menschlichen Körper jemals zu verlassen: Heute himmelhoch jauchzend und morgen zu Tode betrübt, vergessen wir uns an einem Tag selbst in der Freude, um dann am anderen wegen eines Kummers in Selbstmitleid zu zerfließen. Oder – noch schlimmer – wir sind schon so stumpf in unserem Empfinden geworden, daß wir weder Freude noch Kummer richtig verspüren, nur noch das Gefühl, in einem gleichförmigen Trott zu stecken. Die Chance eines wirklichen Neuwerdens können wir so nicht wahrnehmen! Wenn wir uns nicht zu einer Änderung entschließen...

Die große Wandlung, die zu wahrer Freiheit und unverlierbarem Glück führt, kann aber auch nicht darin bestehen, immer wieder von Augenblick zu Augenblick kleine und begrenzte Ziele zu verfolgen. Noch darin, immer nur endlos auf eine Zukunft hinzuarbeiten, die wir durch das Karma der Gegenwart gestalten. Es muß eine ganz andere Warte geben, einen Zustand, der nicht dem Entstehen und Vergehen unterliegt, wir wir es erleben. Es müßte dies *ein Zustand der Freiheit vom Werden-Müssen* sein, er müßte tatsächlich ganz anders sein als unsere Welt, deren Grundgesetz das Werden und Vergehen ist.

Nirvâna

Diesen Zustand hat der Buddha *Nirvâna* genannt: Gier, Haß und Verblendung sind zur Ruhe gekommen, der Mensch ist wach geworden. Klar durchschaut er sein Leben, seine Herkunft aus einer endlos langen Vergangenheit der Entfaltung und sieht, in welch vielgestaltige Daseinsmöglichkeiten diesseits und jenseits normaler Erkenntnis er eingebettet war und ist. Indem er dies alles erfährt, wird er restlos frei von allen egoistischen Regungen. Auf dem Wege dahin verwirklichte sein Wesen in vollkommener Weise eine schrankenlose Liebe zu allem, was ist. Und so hat er, indem er unsere Welt nicht nur theoretisch oder glaubend, sondern *in eigener Erfahrung* vollends durchschaute, zugleich deren Grenzen überschritten.

Was nach seinem Tode mit einem solchen Wesen geschieht, das in dieser Weise Nirvâna erlangt, läßt sich nach dem Zeugnis des Buddha nicht in unserer menschlichen Sprache ausdrücken, denn es ist durch menschliches Denken nicht zu fassen:

> »Wer völlig hat die Welt durchschaut,
> die Welt, so wie sie wahrhaft ist,
> ist von der ganzen Welt befreit,
> mit nichts vergleichbar in der Welt.«[13]

Ein Zustand der Freiheit, der noch mit unserer Sprache, die doch ganz an unser momentanes Wirklichkeitserleben gefesselt ist, beschreibbar wäre, könnte keine vollkommene Freiheit sein. Was der Buddha und seine Schüler, die das Nirvâna erlangten, daher als sicheres Gut über den Tod hinaus mitnahmen, können wir nicht erklären. Die Auswirkungen bei Lebzeiten lassen sich beschreiben: Gier, Haß und Verblendung sind abgetan, vollkommene Liebe verwirklicht, nichts Negatives oder Unheilsames mehr gibt es an einem solchen Wesen. Doch der Zustand, mit dem diese wunderbaren Haltungen einhergehen, durch welche Worte sollte man ihn wohl verstehen, wenn man ihn noch nicht selbst durch eigenes Streben erlangte?

Stellen Sie sich vor, Sie wollten einem Kind lange vor der Pubertät erklären, welche Empfindungen Sie mit sexuellem Erleben verbinden. Sie können Worte wie »Freude«, »Lust« oder »Befriedigung« gebrauchen, doch das sind abstrakte Begriffe, und das Kind wird mit ihnen ganz andere Gefühle der Freude und Befriedigung verbinden. Sie können auch nach Gleichnissen aus dem Spielen des Kindes suchen. Doch trotz aller Mühen wird es nicht eigentlich verstehen, was Sie ihm sagen wollen, (außer daß Sie von einer Sache reden, mit der für Sie positive oder negative Empfindungen einhergehen) – bis sich durch die körperliche Reife die entsprechenden Triebe und Gefühle auch bei ihm eingestellt haben.

Genauso ist das mit dem Zustand höchster Freiheit: Wir erfahren zwar, daß der Buddha vom höchsten Glück und der größten Seligkeit spricht, und so wissen wir, daß es ein wunderbarer und großartiger Zustand sein muß. Doch können wir ihn erst empfinden, wenn wir tatsächlich die geistige Reife dazu erlangten. Jedes Spekulieren darüber wäre ebenso unsinnig wie die Grübelei eines körperlich unreifen Kindes über Sexualität, mit dem Unterschied, daß die körperliche und sexuelle Reife durch den Werdeprozeß des menschlichen Körpers von selbst eintritt. *Um für den höchsten Zustand der Freiheit reif zu werden, bedarf es jedoch konsequenter Arbeit an uns selbst.*

Keine automatische Entwicklung führt uns zu einem glücklichen und freien Zustand jenseits von Werden und Vergehen, Geburt und Tod, Gewinn und Verlust. Wir müssen uns reif dazu machen, indem wir den Weg geistigen Wachstums bewußt beschreiten: Zuerst haben wir die Gesetzmäßigkeiten der Natur und des Geistes zu akzeptieren und uns überhaupt einmal als Werdende anzunehmen. Sodann müssen wir durch positives und heilsames Streben in äußere und innere Harmonie mit diesen Gesetzmäßigkeiten kommen. Auf dieser Grundlage gilt es dann, wacher zu werden, immer klarer und tiefer zu sehen, wer man selbst ist und worin unsere Welt besteht. Und erst im Vertiefen dieser Schau können wir zu jenem wunderbaren anderen Zustand jenseits von Werden und Vergehen gelangen.

Todesangst?

Wohl erst dann, wenn dieser höchste Zustand erlangt ist, oder wenn man auf dem Wege zu ihm weit fortgeschritten ist, wird jede Todesangst des Menschen ein Ende finden. Vorher wird sich die Furcht vor der Sterblichkeit in der einen oder anderen Weise zeigen. Diese Todesangst ist auch dann gegeben, wenn man selbst niemals bewußt an den Tod und die eigene Sterblichkeit denkt. Sie nimmt vielleicht andere Formen an, doch sie ist da.

Das Tier zeigt sich in der Regel völlig von Todesangst bestimmt: Die Furcht, das Leben zu verlieren, ist jederzeit direkt da, und so liegt ihm die Flucht vor der Gefahr am nächsten. Es läuft weg. Dabei ist es sich seiner Endlichkeit sicherlich nicht bewußt. Der Impuls zur Flucht beruht nicht auf einer Überlegung oder einem Wissen um den Tod. Der Mensch, der genau um seine Endlichkeit weiß, verdrängt sie aus seinem Bewußtsein, verdrängt zumeist auch all die Gefahren, durch welche sein Dasein ein Ende finden könnte. Dies ist eine andere Art der Flucht, doch sie nützt nichts, denn diese Urangst wird sich in irgendeiner Weise bemerkbar machen. Die Erscheinungsformen sind äußerst vielfältig: Da steigt plötzlich ein Grauen aus dem Unbewußten auf, obwohl man weiß, daß es äußerlich keinen Grund gibt. Vielleicht fürchten Sie sich auch vor ganz lächerlichen Dingen; und können dennoch, obgleich Sie es selbst komisch finden, nichts dagegen tun. Oder gehören Sie zu jenen, deren Zukunftsgedanken immer mit Kummer und Sorgen einhergehen, obwohl bei reiflicher Überlegung nichts dafür spricht, daß etwas Schreckliches geschieht.

In solchen kleinen oder großen Ängsten kann sich die Furcht vor der Endlichkeit unseres Daseins zeigen. Sie sind also eine Herausforderung für den Strebenden. Wir begegnen ihr, indem wir unsere Ängste keinesfalls umgehen, sie wegschieben oder als selbstverständliche Gegebenheiten hinnehmen. Der Buddha empfiehlt, sie zu überwinden, indem man ihnen bewußt ins Auge sieht. Er berichtet selbst über die Zeit vor seinem Erwachen:

»Während ich nun hin und her ging und Angst und Grauen kamen, da blieb ich nicht stehen, setzte mich nicht und legte mich nicht nieder, sondern im Umhergehen wies ich Angst und Grauen zurück. Kamen aber Angst und Grauen, während ich stand oder saß oder lag, da ging ich nicht umher, sondern stehend oder sitzend oder liegend wies ich Angst und Grauen zurück.«[24]

Dieser Hinweis ist wichtig. Wir gewinnen nichts, wenn wir vor unseren Ängsten davonlaufen oder sie auf die Seite schieben. Genau dann, wenn sie auftauchen, genau in dieser Situation sollen wir ihnen ins Auge sehen, ohne uns beeindrucken zu lassen und sie so überwinden.

Vielleicht kommt Ihnen dieses Beispiel bekannt vor: Sie wachen in der Nacht auf und haben, wie schon öfters, dieses dumpfe Gefühl, in einer Ecke des Zimmers stünde jemand. Sie können nun wie sonst das Licht einschalten, sich überzeugen, daß da niemand ist, was Sie ohnehin wußten, um dann wieder einzuschlafen. Sie können sich aber auch bewußt dieser Angst stellen, ohne eine Flucht nach vorne anzutreten: Sie bleiben liegen, wie sie liegen, und sagen sich, daß niemand im Zimmer sein kann und Sie es, wie schon oft erwiesen, mit einer völlig unbegründeten Angst zu tun haben.

Die wache und bewußte Konfrontation mit der Angst und ihren Objekten kann uns zu wertvollen Erkenntnissen führen. Es gibt Menschen, die sich vor dem Besuch von Friedhöfen fürchten. Wenn sie Friedhofsbesuche vermeiden, kommen sie aber keinen Schritt weiter. Gingen sie hin, um sich und ihre Angst einmal klar zu beobachten, würden sie sicher Aufschlußreiches über die wahren Ursachen der Angst zutage fördern.

Diese vom Buddha empfohlene Methode ist nun keinesfalls dahingehend aufzufassen, daß wir uns um der Selbstbeobachtung willen in lebensbedrohende Situationen begeben sollten, um dann die Furcht zu analysieren. Aber aus der dunklen Ecke des Schlafzimmers oder auf dem Friedhof erwarten uns in aller Regel keine echten Gefahren. Und nur um solche ungewissen und auch für uns selbst unbegründeten Ängste geht es hier. Auch wenn es bei Ihnen nicht der Friedhof oder die dunkle Ecke ist, in jedem unwachen Menschen gibt es derartige Ängste und Sorgen, wie gut man sie auch vor sich selbst zu verstecken versteht.

Auch die tiefste Ur-Angst, die Furcht vor Tod und Sterblichkeit, besiegen wir nur, indem wir ihr mutig begegnen und in die Offensive gehen: Wir müssen unsere Sterblichkeit, die zum Leben gehört, akzeptieren. Wegschieben nützt nichts; das Leben ist endlich. Man kann sich zwar ein verstandesmäßiges Argument vor Augen halten, indem man sich klar macht, daß der Tod nichts Erfahrbares ist. Kann man ihn aber nicht erleben, dann ist er auch nichts, was uns Angst machen müßte.

Doch oft nützt logisches Argumentieren gegen Angst oder Verzweiflung wenig. Also hat der Buddha der Frau mit dem toten Kind auch keine vernünftigen Erwägungen zu bedenken gegeben. Durch ein geschickt gewähltes Mittel richtete er ihren Blick vom eigenen Kummer auf das Leid aller anderen: Sie erfuhr und akzeptierte die Naturgesetzlichkeit des Todes, der keiner entrinnen kann. Dadurch aber wurde sie frei, den *Augenblick* nach bestem Vermögen zu nützen.

Auch für uns kann der Weg aus Angst, Leid und Kummer so aussehen: Wir akzeptieren die Tatsache der Nichtdauer für unseren eigenen Körper, da dies ein jedermann betreffendes Gesetz ist. Im gleichen Maße, in dem wir dieses Gesetz bejahen, ernten wir zwei Früchte: Einmal werden wir innerlich ruhig und gelassen; zum anderen wird auch für uns der unwiederbringliche gegenwärtige Moment einen ganz neuen Zauber annehmen. Jede Sekunde unseres Lebens ist uns dann gleichermaßen wertvoll, was immer wir auch gerade tun. *Unsere innere Ruhe und Gelassenheit aber ist keine Gleichgültigkeit, sondern eine heitere und angstfreie Haltung,* die uns nicht mehr gegen unumstößliche Gesetze kämpfen läßt. Wir sind gleichmütig gegenüber dem, was wir sicher nicht ändern können, und haben so jederzeit die Gelegenheit, unsere ganze Energie und Aufmerksamkeit den Dingen zu widmen, bei denen uns Möglichkeiten der Änderung und Wandlung gegeben sind.

ÜBUNG 10: Änderung der Blickrichtung

Wer ständig nur sich selbst im Blickfeld hat, verliert allzu leicht die Übersicht und das rechte Maß. Beginnen die eigenen Leiden, Sorgen und Kümmernisse zum Mittelpunkt des Denkens und Fühlens zu werden, hat man sich bald schon ins Gefängnis des Selbstmitleids gesperrt. Rasch neigt man dazu, seine Probleme für die schlimmsten und wichtigsten der

Erde zu halten; und hat das Selbstmitleid erst einmal eingesetzt, führt es uns in einen Teufelskreis negativen Denkens, das zu den ursprünglichen Gründen des Jammerns immer wieder neue hinzufügt.

Doch alles, worüber wir klagen können, hat entweder in einem unveränderbaren Gesetz der Natur und des Geistes seine Ursache, oder es ist von uns selbst durch eigenes Denken, Reden oder Handeln verursacht.

Im ersten Falle müssen wir es akzeptieren. Naturgesetze lassen sich nicht ändern. Verstorbene werden nicht mehr wach, jünger werden können wir auch nicht. Keine einzige Grundgegebenheit des Daseins tut uns den Gefallen, sich für uns ausnahmsweise außer Kraft zu setzen. Was wir hingegen durch unser eigenes Denken, Reden und Tun verursacht haben, ist meist korrigierbar. Doch bleiben wir im Jammern und Selbstmitleid stehen, nehmen wir die Chancen der Veränderung nicht wahr.

Aber auch manches, was wir selbst verursachten, läßt sich nicht mehr umkehren. Nehmen wir an, wir hätten einen groben Fehler gemacht, der einem anderen das Leben kostete, so können wir eigentlich dagegen selbst nichts mehr tun. Die konkrete Tat läßt sich nicht mehr rückgängig machen. Schuldgefühle und Selbstmitleid, um die wir in unserem Denken immer wieder kreisen und die wir sorgsam pflegen, können Ausdruck unseres Egoismus sein. Es geht nicht darum, daß wir uns für Unheil, das wir begangen haben, nicht mehr verantwortlich fühlen sollten. Doch indem wir uns selbst bemitleiden, ändern wir uns nicht und helfen auch demjenigen, den wir geschädigt haben, in keiner Weise.

Nur eines hilft: Eine Änderung der Blickrichtung. Wir müssen aufhören, uns selbst und unser Leid allzu wichtig zu nehmen, und statt dessen den Blick zu anderen wenden. Wie ist es mit denen, die Ebensolches durchmachen? Gibt es nicht andere, denen es noch schlechter geht? Ist da nicht immer einer, der selbst dann, wenn ich mich am tiefsten unten fühle, von mir noch aufgerichtet werden könnte? Wenn Sie nun sagen: »Mir geht es *so* schlecht! Was gehen mich da die anderen an?« – dann haben Sie genau einen der Punkte angesprochen, weshalb dies so ist: Es geht Ihnen *so* schlecht, *weil* die anderen Sie nicht interessieren!

Versuchen Sie es: Wenn Sie sich das nächste Mal darin gefallen, Ihr trauriges Schicksal zu beklagen, dann geben Sie sich einen Ruck, um über das eigene Leben hinauszuschauen. Wem geht es schlechter? Wo auf dieser Erde gibt es mehr Leid? Und Sie müssen in Gedanken sicherlich nicht weit über unsere Erde wandern, um sich diese Frage zu beantworten. *Und nun tun Sie etwas Revolutionäres:* Obwohl Sie am liebsten im eigenen Kummer versinken würden oder das eigene Leid für das wichtigste halten, gehen Sie helfend auf einen anderen zu, oder bereiten Sie irgendwo, wo Sie wissen, daß es gut wäre, eine kleine Freude.

Diese Änderung der Blickrichtung ist nicht einfach: Vielleicht kostet sie innere Kämpfe. Aber wer es versucht, findet seinen Lohn darin, daß sein eigenes Leid abnimmt. Wer sich darauf einläßt, erfährt sich in wunderbarer Weise verwandelt – wie jene Frau mit dem toten Kind, die durch Mitleid mit anderen zu innerem Frieden fand.

ÜBUNG 11: Arbeit an der Angst

☐ Was ist es, das Sie ängstigt?
☐ Wovor haben Sie Furcht?
☐ Welche geheimen Sorgen machen Ihnen zu schaffen?

Wenden Sie die Methode des Buddha an: Nichts wegschieben, nicht die Situation oder das Thema wechseln! Sehen Sie der Angst ins Auge, *wenn* sie auftaucht und *wo* sie auftaucht! Stellen Sie sich den zermürbenden und die Stimmung drückenden Sorgen.

Betrachten Sie sie.

Fragen Sie sich, ob ihre Angst sich beim letzten Mal als berechtigt erwies.

Unbegründete Ängste, vage Befürchtungen und pessimistische Sorgen vergehen, wenn man sich ihnen beherzt stellt und sie im Auftauchen immer wieder kritisch nach ihrer Berechtigung fragt.

ÜBUNG 12: Betrachtung über den Tod

Wenn Sie den Augenblick schätzen möchten und den unwiederbringlichen Wert einer jeden Sekunde wirklich genießen wollen, dann meditieren Sie über das, was Kenko Yoshida schrieb:

»Warte nicht, bis du alt geworden bist, um dich der Lehre des Buddha zu widmen! Wie viele liegen in den Gräbern, die der Tod in ihrer Jugendblüte hinwegraffte!

Erst wenn man unvermutet krank geworden ist und der Augenblick herantritt, wo man die Welt verlassen muß, erst dann erkennen die meisten, daß sie in der Vergangenheit schwere Fehler begangen haben. Und unter ›Fehler‹ verstehe ich nichts anderes, als daß sie nur zögernd an das herangingen, was sie hätten schnell tun müssen und das zuerst ausgeführt haben, was gar nicht so dringlich war. Nun bedauert man es, aber hat jetzt die Reue noch einen Sinn?

Die Menschen sollten daher stets eingedenk sein, daß der Tod immerfort drohend vor ihrem Leben steht. Keinen Augenblick dürfen sie es vergessen! Wenn sie dies tun, klärt sich in ihnen alles irdisch Trübe, und es füllt sich das Herz, das sich dem Pfade des Buddha widmet, voll Lauterkeit.«

Fragen Sie sich ab und zu: »Was würde ich tun, wenn heute der letzte Tag meines Lebens wäre?« Diese Frage, richtig gestellt, hilft dabei, den Wert jeden Augenblicks in vollkommener Weise zu würdigen. Nicht um Weltschmerz oder Jammern geht es dabei, sondern darum, die Zeit, die uns gegegeben ist, in ihrer Kostbarkeit zu schätzen. Und auf einmal verliert auch der Tod seinen Schrecken. Das Ende all meiner Chancen wird bedeutungslos, wenn ich sie *jetzt* ergreife.

5. Kapitel

ZEHN FESSELN

Nur wer konsequent durch Gedanken, Worte und Handlungen positive Impulse setzt, kommt im geistigen Wachstum voran und erlangt in dieser Welt echtes Glück. Wer aber auch die höchste Möglichkeit der Freiheit verwirklichen möchte, darf noch nicht stehenbleiben. Wir werden bei allem Glück und in der höchsten Verwirklichung der Harmonie nicht wahrhaft *frei* sein, wenn wir nicht klar erkennen, *was uns bindet.*

Wir sind an viele Dinge, Gegebenheiten und Menschen gebunden. Unser innerstes Wesen als Ausdruck einer Energie, einer Werde-Kraft, durch die wir »sein« und »haben« *wollen,* bindet uns an das, was wir sind, und an das, was wir haben möchten. Diese Bindungen können positiv oder negativ sein, sich als Drogensucht präsentieren oder als die feste Angewohnheit, immer nur das Gute zu *wollen,* heilsam oder unheilsam sein. Doch auch heilsame Bindungen sind Abhängigkeiten, wenn sie nicht klar durchschaut und bewußt eingegangen werden. Solange es eine Art Zwang zum Guten ist, der uns treibt, können wir dieses Gute nicht in voller Weise schätzen. Wir stehen ihm nicht in Freiheit gegenüber, sondern ein eigentlich ichbezogener Trieb bringt uns dazu.

Dies heißt nun nicht, daß Sie Positives aufgeben sollten, wenn Sie Ihre Unfreiheit erkennen. Im Gegenteil, wenn Sie dies erkennen und das Gute trotzdem tun, tun Sie es freiwillig. So erst erschließt es sich Ihnen vollständig. Die Abhängigkeit ist ein Feind jeder Veränderung: Ein Mensch, an den ich mich hänge, muß für mich so bleiben, wie er ist. Es geht mir dabei nicht um ihn oder darum, was für ihn das Beste wäre. Ich will ihn vielmehr für mich, und für mich soll er so sein, wie ich ihn kenne. Abhängigkeit ist also stets Egoismus, hat seine Ursache immer in mir, niemals in dem, woran ich hänge. Wird mir dieses scheinbar oder wirklich entzogen, reagiere ich mit Zorn, Wut und Eifersucht.

Bin ich jedoch ein unabhängiges Wesen, das seine Bindungen in freier Selbstbestimmung eingeht, dann darf, ja soll das, woran ich mich binde, sogar *so* sein, wie es ist und wird: Gerade das andere, für mich nicht Vorhersehbare wird mir nun wertvoll. Wenn ich aufgegeben habe, allem meinen Stempel aufprägen zu wollen, kann ich alles als Bereicherung erfahren.

Der Buddha empfiehlt, das eigene Leben sehr kritisch nach Abhängigkeiten zu durchforschen. Wie beim Denken und bei der Rede kann hier eine ehrliche und bewußte Beobachtung zu äußerst überraschenden Ergebnissen führen. Der Buddha spricht von zehn Grundhaltungen des Abhängig-Seins, die er als die *zehn Fesseln* bezeichnet. Der Name macht deutlich, daß diese Haltungen uns an unseren gegenwärtigen Stand festbinden und nicht zur letzten Freiheit finden lassen. Wir müssen sie aufspüren und aufgeben.

1. Falsche Ansichten über das eigene Wesen

Was uns grundlegend bindet, ist das, wofür wir uns selbst halten. Das ist wahrscheinlich unsere stärkste Fessel, das, wovon wir am meisten abhängig sind. Denn wir gehen stets von unserem eigenen Wesen aus, wenn wir wahrnehmen, denken, reden oder handeln. Unser eigenes Selbstverständnis ist *die Basis unseres gesamten Handelns und Tuns.*

Aber schon in der Art und Weise, wie wir uns selbst zu erleben glauben, können wir Irrtümern unterliegen, an denen wir festhalten und die uns damit an eine Wirklichkeit fesseln, die nicht der Wahrheit entspricht. Wenn wir schon das, was wir selbst sind, verzerrt sehen, wie erst erfassen wir dann andere Dinge?

Die falsche Ansicht über unser Wesen ist uns schon wiederholt begegnet. Der Buddha hat in verschiedensten Zusammenhängen auf diese Grundlage des ganzes Weges hingewiesen: *Der Mensch ist ein dynamisches Wesen.* Keine Sekunde bleibt er sich in dem, was er ist, gleich. Jede Wahrnehmung, jeder Gedanke, jede Empfindung und Vorstellung verändert unser Wesen ebenso, wie unser Körper durch jede seiner Bewegungen ein anderer wird. Wir sind Persönlichkeiten im Fluß, stets Werdende.

Auch wenn der Mensch das eingesehen hat, hört er nicht auf, sich im tiefsten Inneren als ein eigentlich unveränderliches Wesen zu fühlen. Er empfindet, als wäre da etwas Fertiges in oder an ihm, das immer so bleiben müßte, wie es ist. Es ist nicht nur eine oberflächliche Ansicht, sondern eine tief verwurzelte Trägheit, die uns vorgaukelt, wir seien im Innersten fertig und abgeschlossen. Unser Wesen stemmt sich seiner eigenen dynamischen Natur entgegen. Denn der Wille ist etwas Dynamisches. Wenn er Stillstand will, versucht er sich selbst zu widersprechen.

Bei manchen Menschen schlägt die Einsicht in das vollkommene Gegenteil um: Sie empfinden den dauernden Wandel und sagen sich, daß es ihr Wesen deshalb gar nicht gibt: Sie meinen, etwas, das sich stets verändere, könne eigentlich gar nicht existieren. Nur was dauerhaft sei, wollten sie als etwas Bestehendes annehmen. Dann dürfte es aber im ganzen Universum nichts geben, dem man Existenz zusprechen könnte. Alles unterliegt einem *konsequenten Entwicklungsprozeß*, auch das menschliche Wesen: Doch wir können uns daran erinnern: Unsere Wandlung ist eine bewußte. Und der Buddha lehrt, daß es möglich sei, bei erweitertem Bewußtsein eine noch viel größere Entwicklungslinie unseres Wesens in die Vergangenheit zu verfolgen.

Wir dürfen unser Wesen also weder für abgeschlossen, noch für eine bloße Täuschung halten. Es geht darum, uns bewußt als etwas Dynamisches zu erfassen, wenn Streben höchsten Erfolg haben soll.

Das läßt sich nicht zureichend beschreiben, denn es geht um eine lebendige und in ihrer Konsequenz das ganze Welterfassen verändernde Erfahrung. Doch wer mit den Methoden des Buddha an sich arbeitet, wird merken, wie sich allmählich diese Fessel zu lösen beginnt. Unsere Persönlichkeit springt dann über das unbewegliche Schattenbild, das sie für ihr festes Wesen hielt, und erlebt ihre Chancen in der Wandlung.

2. *Zweifelsucht*

Ständige Skepsis, Bedenken, die uns keinen Schritt vorankommen lassen, sind die zweite Fessel. Buddhaghosa schrieb: »Zweifelsucht ist soviel wie Nichtverstehenwollen. Sie hat als Merkmal das Unschlüssigsein, als Wesen das Schwanken, als Äußerung die Unentschiedenheit oder das unsichere Zufassen, als Grundlage, daß man dem Zweifel verkehrte Aufmerksamkeit schenkt. Als Hemmung des Fortschrittes hat man die Zweifelsucht zu betrachten.«[25]

Wer würde sich hier nicht in der einen oder anderen Weise wiedererkennen? Jeder Mensch hat wunde Punkte in seinem Leben, in denen ihn lähmender Zweifel nicht weiterkommen läßt.

Es ist nun notwendig, genau zwischen zwei verschiedenen Arten des Zweifelns zu unterscheiden. Eine kritische Haltung ist etwas Positives. Wo kämen wir hin, wenn wir alles glaubten, was man uns sagt? Der Buddha wäre der letzte, der das begrüßen würde. Beim lähmenden Zweifel geht es um eine echte Hemmung unseres Wachstums. Wo die kritische Haltung interessiert nachfragt, die beste Lösung sucht und zu einer Entscheidung führt, läßt uns der lähmende Zweifel auf der Stelle treten.

Diese Fessel kann auf den verschiedensten Ebenen unseres Denkens verborgen sein. Einer verliert sich ganz in philosophischen Spekulationen, und das Denken kreist um Dinge, die sein gegenwärtiges Bewußtsein nicht erfassen kann. Der Buddha hat diese Haltung folgendermaßen charakterisiert: »Unweise denkt man: War ich in früherer Zeit, oder war ich früher nicht? Was war ich früher? Wie war ich früher? Was wurde ich früher, nachdem ich vorher was gewesen war? Werde ich künftig sein, oder werde ich künftig nicht sein? Was werde ich künftig sein? Wie werde ich künftig sein? Was werde ich künftig werden, nachdem ich was geworden sein werde?

Oder es steigen Zweifel über die Gegenwart auf, und man denkt: Bin ich denn oder bin ich nicht? Was bin ich? Wie bin ich? Woher bin ich zu dieser Existenz gekommen? Wohin werde ich danach gehen? Wer so unweise nachdenkt, verfällt auf eine dieser Theorien: Als wahr und feststehend erscheint ihm die Theorie ›Mein Ich ist‹ oder ›Mein Ich ist nicht‹, oder die Theorie ›Mit dem Ich erkenne ich das Nicht-Ich‹, oder es bildet sich bei ihm folgende Theorie: ›Dieses mein Ich, das hier und dort die Folgen guter und böser Taten erlebt, ist unvergänglich, dauernd, immerwährend, unveränderlich, es wird immer dasselbe bleiben.‹

Dies nennt man Theorien-Gestrüpp, Theorien-Gaukelei, Theorien-Sport, Theorien-Fessel. Mit dieser Theorienfessel gefesselt kann ein Unkundiger nicht frei werden von Sorgen, Jammer, Schmerzen, von Kummer und Verzweiflung: Nicht wird er frei vom Übel, sage ich.«[26]

Gerade für einen Menschen, der sich mit philosophischen Lehren beschäftigt und Bücher wie dieses liest, lohnt sich die Aufgabe, einmal zu untersuchen, *wie fruchtbringend die Überlegungen sind,* die er über geistige Dinge anstellt. Führen sie ihn wirklich dazu, das eigene Leben in die Hand zu nehmen und positiv zu verändern? Oder kommt vielleicht gerade das Gegenteil dabei heraus? Bleibt man dabei stehen, unterschiedliche Aussagen zu vergleichen, Übereinstimmungen und Abweichungen einzelner Lehren und Lehrer festzustellen und daran immer weitere Fragen zu knüpfen?

Es soll hier nicht gesagt werden, daß Übereinstimmungen und Unterschiede nicht wichtig seien, oder daß es gleichgültig ist, ob und welche Theorien man seinem Streben zugrundelegt. Auch der Buddha sah es als wichtig an, *bestimmte Dinge erst einmal verstanden zu haben, bevor man sich ans Werk macht.* Die Frage ist hier eine andere: Läßt Sie Ihre theoretische Beschäftigung mit geistigen Lehren überhaupt *zu einem praktischen Umsetzen* kommen?

Nicht immer muß sich der Zweifel als ein nagendes Unwohlsein zeigen! In sehr angenehmen Gestalten kann er in unser Denken schleichen, um dafür zu sorgen, daß dieses sich noch wohl dabei fühlt, wenn es sich im Kreise dreht. So mag mancher Gefallen daran finden, die Aussagen großer Philosophen und Religionsstifter zu studieren und sich ganz dem Vergleich hinzugeben. Man kennt dann ungezählte Rezepte zur Lebensgestaltung, weiß sogar, wo genau Theorien voneinander abweichen und eine unterschiedliche Praxis gelehrt wird, doch dabei bleibt es dann. Aus dem Wissen wird niemals Tun, und es bleibt Gedankenspielerei, was doch gelebte Erfahrung werden könnte. Diese Form des Zweifelns ist gefährlich, denn sie gaukelt Kenntnisse und

Fortschritt vor, wo man eigentlich nur auf der Stelle tritt. Welchen Sinn sollten die Lehren der großen Weisen haben, wenn nicht den, sie im Leben *anzuwenden*? Wozu lohnt sonst die Mühe, sich damit zu beschäftigen?

Doch wir brauchen uns nicht auf die Höhe der großen Philosophien zu erheben, um dem lähmenden Zweifel zu begegnen. Er wirkt auch in ganz alltäglichen Fragen als Fessel.

Sie wollen eine Sache erledigen, doch Zweifel halten Sie zurück! Sie fragen sich, ob das Ding auf diese oder jene Weise erledigt sein soll, und bald: Welchen Sinn hat es überhaupt? Und schließlich lassen Sie es. So belanglos Ihnen das scheinen mag, wir haben hier eines der wertvollsten Übungsfelder! Und wir müssen *vom Kleinen zum Großen* gehen. Wenn uns etwas notwendig erscheint, sei es auch nur eine unbedeutende Kleinigkeit, dann sollten wir uns nicht von Zweifeln überwältigen lassen.

Fragen Sie sich: Was habe ich in letzter Zeit, vielleicht gerade heute, nicht erledigt, weil mir Zweifel kamen, obwohl ich doch grundsätzlich weiß, daß es gut und richtig wäre?

Wenn Sie sich die Frage wirklich beantworten, müßten Sie, noch bevor Sie mit dem Kapitel zu Ende sind, etwas erledigen, was sie schon länger mit sich herumtragen...

3. Riten und Regeln

Als der Buddha vor über 2500 Jahren in Indien lehrte, nahm er immer wieder auch zu den dortigen Sitten und Gebräuchen Stellung. Viele Zeremonien und Vorschriften bestimmten damals das religiöse Leben der Menschen. Durch heilige Feueropfer, für die es genaue Regeln gab, wollte man die Götter zu bestimmten Leistungen veranlassen. Rituelle Waschungen und Bäder sollten den Menschen von der Wirkung seiner Verfehlungen befreien.

Ein Ritual ist, wenn es die Beteiligten wahrhaft mit innerer Anteilnahme vollziehen, *Ausdruck eines geistigen Erlebens*. Steigt ein Mensch etwa ins Wasser, um sich bewußt zu machen, daß er alte Verfehlungen bereuen und neue vermeiden möchte, so kann ihm seine rituelle Waschung ein Hilfsmittel sein, heilsam an der Ausrichtung des eigenen Wesens zu arbeiten. Nicht das Wasser bewirkt dann die positive Wandlung, sondern die *Absicht*, die der Badende mit diesem Symbol der inneren Reinigung verbindet.

Der Buddha mußte beobachten, wie der eigentliche Sinn solcher Rituale in Vergessenheit geraten war. Die Menschen stiegen nicht mehr zu rituellen Bädern in die Flüsse, um sich dadurch eine innere Neueinstellung bewußt zu machen. Allein von der Tatsache, daß sie auf eine vorgeschriebene Weise ins Wasser gingen, erwarteten sie das Ausbleiben der negativen Wirkungen ihrer unheilsamen Taten. Auch die zahlreichen Opferbräuche hatten ihren eigentlichen Sinn verloren. In ihnen kam nicht mehr zum Ausdruck, daß der Mensch über sich hinauswachsend ein Gebender und Schenkender werden sollte, sondern sie waren häufig zu bloßen Pflichtübungen geworden, von denen man sich Glücksgaben der Götter erhoffte. Immer wieder kritisierten der Buddha und seine Schüler diese Verflachungen der alten Sitten. Wenn alleine Wasser schon heilig macht und es nicht auf eine Haltung ankommt, sagte einmal eine Anhängerin des Buddha zu einem Badenden, dann müßten die im Wasser lebenden Tiere die heiligsten Wesen sein.

So heilsam ein Ritus sein kann, wenn er lebendig ist und auch innerlich vollzogen wird, so gefährlich kann er werden, wenn man sich durch die bloße und unverstandene Form schon Ergebnisse erwartet: Man ist nur um ein Stückchen Selbsttäuschung reicher. Eine Fessel hat sich enger gelegt.

Wie einem der Erlebnisgehalt und eigentliche Sinn eines Ritus verborgen bleibt, wenn man an seiner äußeren Form hängt, so erfaßt man auch nicht die Bedeutung einer ethischen Regel, wenn man an ihrer Formulierung haftet. Alle großen Weisen unserer Erde lehrten, daß man die Lüge lassen und die Wahrheit sprechen soll. Wir verkehren den Sinn der Forderung nach Wahrhaftigkeit unseres Wesens geradezu ins Gegenteil, wenn wir sie zu einem toten Prinzip machen: Sonst müßten wir einem Mörder ehrlich sagen, wo er sein Opfer findet. Selbst die beste ethische Regel wird zu ihrem eigenen Zerrbild, wenn nicht der *Geist* erfaßt wird, aus dem sie kommt.

Es wäre ideal, wenn wir weder Riten noch äußere Regeln bräuchten:

Unser Leben müßte dann aber schon ganz zu einem spontanen und sicheren Ausdruck des Heilsamen und Positiven geworden sein. Solange das nicht erreicht ist, halten Sie sich an folgende Richtlinie: Das Gebot, nicht zu lügen, ist also wichtig *für den Moment*, indem wir aus Gier, Haß oder Verblendung unserem scheinbaren Vorteil zuliebe einem anderen die Unwahrheit sagen wollen. *Dann* müssen wir uns daran erinnern. Es gibt uns Kraft und Halt, indem wir es unseren unheilsamen Impulsen entgegenhalten.

Nicht den Ritus, nicht die Regel lehnte der Buddha ab. Er selbst hat seinen Anhängern viele Regeln gegeben, die sie zu ihrem Vorteil beachten können. Es ist das *Haften* an den äußeren toten Formen und Buchstaben, das er als Fessel bezeichnete.

Doch die Dimensionen dieser Fessel gehen weiter und finden sich auch im Leben solcher Menschen, die sich gar nicht um religiöse Riten und ethische Gebote kümmern.

Untersuchen Sie Ihr eigenes Leben: Gibt es bestimmte Prinzipien und Handlungen, auf die Sie sich versteift haben und die schon zum Bestandteil Ihrer Persönlichkeit geworden sind? Haben Sie sich selbst unter bestimmte Zwänge gestellt? Auch wenn Ihnen jetzt nichts einfällt, Prinzipien und Rituale gibt es auch in Ihrem Leben: Sie stehen zu einer festen Zeit auf, von da an läuft alles nach mehr oder weniger genauen Regeln ab. Sonntags gibt es Braten. Freitags gehen Sie ins Kino.

Vielleicht wird immer um eine bestimmte Zeit gegessen, ferngesehen, gelesen ... nicht zu vergessen den Mittwochs-Anruf bei der Mutter. Ein geregeltes Leben ist gut. Aber beherrschen *wir die Regeln* oder beherrschen *die Regeln uns?* Frei sind wir nur dann, wenn gewisse Gewohnheiten zu festgelegten Zeiten nicht zum Zwang werden. Versuchen Sie doch einfach mal, die Tante an einem ungewohnten Tag mit Ihrem Besuch zu überraschen.

4. Sinneswahrnehmungen

An sich müßte Wahrnehmen der Welt durch die Sinnesorgane keine Fessel sein, die uns bindet und hemmt. Ganz im Gegenteil: Könnten wir diese Welt so wahrnehmen, wie sie ist, wären wir schon erwachte Persönlichkeiten. Doch unser Problem besteht darin, daß wir uns einzelne Aspekte möglicher Wahrnehmung herausnehmen und uns ganz auf diese versteifen. Bestimmte Dinge wollen wir auf keinen Fall missen.

Woran hängen Sie besonders?

Sehen
Hören
Riechen
Schmecken
Tasten

Versuchen Sie einmal, herauszufinden, wie frei Sie von bestimmten Dingen sind, die Sie häufig genießen oder zu sich nehmen, indem Sie sich eine gewisse Zeit selbst einen freiwilligen Verzicht auferlegen. Ein solches Experiment lohnt!

Nur wenn Sie wirklich nicht abhängig sind, können Sie einem Genuß *in Freiheit* gegenüberstehen und ihn auch *wirklich genießen.*

Versuchen Sie es: Wenn zum Beispiel das Fernsehgerät in Ihrem Leben eine große Rolle spielt, dann machen Sie das Experiment des Verzichts für einige Tage! Vielleicht werden Sie sich wundern, wie leer es plötzlich in Ihrem Dasein ist, und Sie müssen zugeben, daß Sie zum Sklaven eines Gerätes geworden sind. Vielleicht zeigen sich Ihnen aber auch viele zuvor ungeahnte Möglichkeiten, aktiv zu werden.

Der Buddha meint aber damit auch, daß man sich überhaupt nicht ständig einem Sinneseindruck aussetzen muß. Kennen Sie das: Wenn das Fernsehgerät ausgeschaltet wird, läuft gleich das Radiogerät an; wenn dort nichts Befriedigendes zu finden ist, werden Zeitungen und Illustrierte durchgeblättert. Ohne ein Glas Bier, Wein oder was immer sitzen Sie selten da, ist es einmal leer, greifen Sie in die Knabberschale oder zur Zigarette. Ist es einmal wirklich ruhig, schon sitzen Sie am Telefon.

Oder noch schlimmer, viele können nicht lesen, ohne zugleich Musik zu hören, nicht fernsehen, ohne dabei zu essen, nicht auf die Zigarette zur Tasse Kaffee verzichten.

Es scheint fast, als müßten wir uns betäuben oder zumindest ablenken, um nicht mit uns selbst allein sein zu müssen. Stille drückt uns nach all der hektischen Sinnesüberreizung des Alltags auf die Ohren. Allein sein, ohne den Körper zu beschäftigen, ist uns unheimlich.

Machen Sie einen Versuch: Widmen Sie sich heute abend einmal eine Stunde, in der Sie nur ganz bei sich sind, nur für sich selber da, nur in sich abgeschlossen. Sie werden staunen, was das für eine Erfahrung ist.

5. Groll

Von Dingen, die wir nicht wünschen, die uns ärgern, sind wir ebenso abhängig wie von jenen, die wir um jeden Preis haben möchten. Kaum tauchen sie auf, schon ist unsere Stimmung dahin. Wir lassen unsere Laune von ihnen regieren. Wie das geschieht, ist offensichtlich. Ein äußeres Ding ist einfach das, was es ist. *Wir* hingegen sind diejenigen, die sich davon aus der Fassung bringen lassen.

Zunächst müssen wir aber wieder feststellen, wo für uns die Steine des Anstoßes liegen: Was macht uns wütend oder läßt uns auch nur im Geheimen grollen? Verkehrsampeln, schlechtes Wetter, die Nachrichten? Wir müssen besonders herausfinden, was für uns *immer wieder* Anlaß zum Groll ist. Besonders von Anlässen, die uns immer wieder ärgern, besteht eine Abhängigkeit.

Manches von dem, was uns da wütend macht, ist ein echter Mißstand, den wir ändern können. Doch viele Gegebenheiten *sind, wie sie sind,* und um wahrhaft frei zu werden, müssen wir sie auch so *nehmen, wie sie sind,* und endlich erkennen, daß die Ursache unseres Grolls in uns selbst begründet liegt.

Ganz wesentlich ist jede Form des Grolls, der sich gegen Menschen richtet und sich in Feindseligkeit, Übelwollen, groben Worten und vielleicht sogar Tätlichkeiten zeigt. Hier wird uns ein anderer zum Anlaß, unsere Wut aufsteigen zu lassen. Doch gleichgültig, was der andere tat und wie sehr er uns herausgefordert hat, *wir* sind es, die ihre Fassung verlieren.

Es gibt in jedem Menschen solche Negativempfindungen, die sich gegen andere richten, die uns nichts getan haben. Da sind jene Leute, die uns einfach stören, ohne daß wir einen Grund dafür nennen könnten. Eine einfache Antipathie. Vielleicht spüren wir nur jedesmal, wenn sie nahen, eine kleine Woge des Unmutes in uns.

Wenn wir auf dem Pfade des Buddha nach höherer Wachheit streben, sollten wir uns solche Herausforderungen nicht entgehen lassen. Nicht wahrhaft grundlos wird uns ein anderer zum Ärgernis: Vielleicht erinnert er uns an etwas? Was ist es? Erforschen Sie die Gründe. Fangen Sie aber vor allem bei sich selbst an. Er ist, wie er ist, und bei Ihnen steigt der Groll auf...

6. Verlangen nach Form

Die sechste Fessel, auf die der Buddha uns hinweist, betrifft die Ideale und Vorstellungen, die wir mit einem Leben nach dem Tode verbinden.

Hier hat der Mensch oft feste Vorstellungen, an denen er gläubig hängt, die ihm jedoch zu einer Hemmung werden können. Vielleicht malt er sich ein Leben nach dem Tode ganz ähnlich wie sein gegenwärtiges aus: Er hat wieder einen formhaften Körper, mit dem er allerdings endlos lange Zeiten glücklich in einem Paradies existieren kann. Ein solches Bild ist sehr am augenblicklichen Dasein orientiert und entspricht ganz den Bedingungen und Gesetzmäßigkeiten, wie sie *die menschliche Existenz* ausmachen. Können wir den uns erstrebenswertesten Zustand nur als eine andere, verklärte Form des momentanen vorstellen? Schon ein solches Bild verschließt uns für den höchsten Zustand der Freiheit, von dem der Buddha gesprochen hat.

Auch bezüglich unserer Vorstellungen von dem, was nach dem Tode ist, müssen wir uns fragen, welche Abhängigkeiten unser Denken und Wünschen eingehen. Nehmen wir Symbole und Gleichnisse wörtlich, um uns danach ein Traumbild unserer Phantasie einzurichten, an dem wir dann hängen? Oder bleiben wir für eine große Entwicklung, die uns *an unbekannte Ufer* führen wird, wahrhaft offen?

Wie wir gehört haben, sagt der Buddha keinesfalls, daß es andere Existenzformen oder paradiesische Jenseitswelten nicht gibt. Auch ist unser Glaube daran oder die Hoffnung darauf nichts Negatives. Wer jedoch wahrhaft frei geworden ist, der blickt auch über solche Möglichkeiten des Werdens noch weit hinaus.

7. Verlangen nach Gestaltlosigkeit

Neben den Hoffnungen auf ein ewiges oder doch möglichst langes körperliches Dasein gibt es noch andere Ideale, die zur Fessel werden können. Manche Menschen zieht es zu Glückszuständen, bei denen sie scheinbar völlig abgekapselt von der Außenwelt in sich ruhen. Auch zur Zeit des Buddha gab es Philosophen, die ein derart von allem losgelöstes Glück als höchste Seligkeit priesen. Vor seinem Erwachen war der Prinz Siddhartha selbst ein Schüler solcher Lehrer.

Solchen Lehren liegt folgende Idee zugrunde: »Alles Leiden, aller Schmerz, jeder Kummer, der uns widerfährt, hängt mit Dingen zusammen, die wir wahrnehmen. Wenn wir nichts sehen, hören, riechen, schmecken oder tasten müßten, dann könnte uns auch kein Leid geschehen. In uns wäre dann die höchste Seligkeit verwirklicht.« Einige Vertreter jener Auffassung lehrten harte Methoden zur Erreichung dieses Glückszustandes: Wer durch Askese und unausgesetzte Versuche, die sinnliche Wahrnehmung zu unterdrücken, dieses von allem abgezogene innere Glück gekostet hätte, so meinten sie, wäre nach dem Tode ewig in einem gestaltlosen Zustand dieser Seligkeit teilhaftig.

Der Buddha erkannte darin eine große Gefahr für den wahrhaften Fortschritt. Wie wir bei den *drei Merkmalen* allen Daseins erfahren haben, besteht nichts, auch nicht der Mensch und sein innerstes Wesen, für sich alleine und getrennt von allem anderen Sein. Es war dies jene Wahrheit, die wir als *Anâtman* kennenlernten.

Wir können zwar durch Arbeit an unserem Wesen, durch positives Gestalten unserer Absicht und unseres Denkens in zunehmendem Maße bestimmen, *wovon* wir uns abhängig machen. Wir werden die Dinge und Personen *wählen*, mit denen wir in Beziehung treten und die so zu einem Bestandteil unseres Daseins werden. Wir erfahren damit eine grundsätzliche Freiheit, doch ist diese *immer auf anderes* bezogen: Freiheit bedeutet stets Freiheit *von etwas*, Freiheit der Wahl zwischen

Verschiedenem, Freiheit zu tun oder nicht zu tun. Mein Wesen, auch wenn es sich als vollkommen frei empfindet, kann immer nur *in Beziehung zu anderem* und *durch anderes* bestehen. Würde ich nichts mehr wahrnehmen, und nähme auch mich niemand mehr wahr, so gäbe es mich nicht mehr.

Selbst wenn man meint, sich von allem zurückzuziehen, *man ist durch anderes entstanden und existiert somit nur durch dieses andere.* Der Rückzug auf das innerste Wesen ist kein Weg in die Freiheit, sondern eine freiwillige Gefangenschaft in der Täuschung. Eine Isolierung von dem, was die Grundlage unseres Daseins und Wesens ist, muß früher oder später aufhören: Man fällt dann aus dem scheinbaren Glückszustand wieder in die harte Realität zurück.

Man erlangt nicht Freiheit, indem man das, wovon man abhängig ist, nicht mehr sehen will und so tut, als wären die Formen und Gesetzmäßigkeiten der Welt für einen selbst nicht vorhanden. Irgendwann muß, wie der Buddha sagt, diese falsche Vorstellung zu Ende gehen, und man steht wieder vor der Wirklichkeit.

Wie und wann neigen Sie dazu, sich auf Ihre scheinbare Insel zurückzuziehen?

Mancher kapselt sich ein, erlebt eine selbstgefällige Befriedigung, während die Probleme und Aufgaben, vor denen er sich ins Innere zurückgezogen hat, unverändert bleiben und früher oder später wieder auftauchen müssen.

Viele Arten dieser Lust des Rückzugs von der Form gibt es auf der alltäglichen Ebene: Es beginnt im Großen damit, daß man die Augen vor den Problemen der Welt und des Nächsten verschließt und so tut, als hätte man damit nicht das geringste zu schaffen. Und es führt im kleinen Bereich des Persönlichen dazu, daß man in sich selbst versponnen träumt und döst und seine Chancen nicht ergreift.

Solange wir sind und sein wollen, wird die Welt in der wir existieren, zu unserem Wesen gehören. Eine Flucht vor der Welt und ihren Aufgaben hemmt jeden Fortschritt. Wer sich auf sein Ich zurückzieht, alle Kontakte abschneidet, seine Aufgaben nicht wahrnimmt, und ohne etwas zu tun, einfach nur sein möchte, ist arm und einsam, wie selig er sich in seinem Taumel auch zeitweilig fühlen mag.

8. Vergleichender Dünkel

Eine weitere Fessel, die uns hindert, wahrhaft frei zu werden, besteht darin, daß wir uns ständig wertend mit anderen Menschen vergleichen. Es ist dies eine so selbstverständliche Angewohnheit, daß der Buddha sagt, sie würde erst in einem vollkommen frei gewordenen Menschen ganz verschwinden. Dennoch, oder vielleicht gerade deshalb, sollten wir unser Augenmerk schon im Beginn unseres Strebens darauf richten.

Jeder Mensch, der uns begegnet und mit dem wir zu tun haben, wird von uns ganz automatisch bewertet, wobei wir bewußt oder unbewußt immer unsere eigenen Maßstäbe anlegen. Doch diese sind nicht nur ein Ergebnis unserer Erfahrung, sondern zugleich auch der Ausdruck unserer Beschränkungen. Der verengte Blick, den wir als unwache Wesen immer haben, sieht andere Menschen niemals völlig der Wahrheit gemäß, sondern immer aus dem eigenen egozentrischen Blickwinkel. So kommt es automatisch zu Wertungen: »Ich bin besser als jener«, »Ich bin schlechter als jener« oder »Ich bin wie jener«. Der Buddha nennt diese Haltungen Überlegenheits-, Minderwertigkeits- und Gleichheitsdünkel.

Im Grunde gleicht kein Mensch dem anderen, keiner ist besser oder schlechter als ein anderer. Jedes Wesen ist nur aus sich heraus, aus der eigenen Entwicklung und der Vielfalt seiner Bewußtseinsmöglichkeiten zu verstehen. Doch bleiben uns diese Aspekte des anderen verborgen. So bewerten wir ihn, was vielfach wichtig und notwendig ist, nach *äußeren* Merkmalen und Fertigkeiten. Wenn wir mit einem Menschen zusammenarbeiten wollen, ist es notwendig zu wissen, ob er die ihm anvertrauten Aufgaben auch ausführen kann. Wenn wir von jemandem über ein bestimmtes Thema etwas lernen wollen, müssen wir selbstverständlich zunächst herausfinden, ob er überhaupt mehr als wir darüber weiß.

Alle diese *praktischen* Unterschiede oder Gleichrangigkeiten auf bestimmten Gebieten gibt es natürlich, sie lassen sich problemlos feststellen und entsprechen der Wahrheit. Der Dünkel und damit die Fessel, beginnt dort, wo diese offensichtlichen Unterschiede dazu führen, daß wir uns in unserem Empfinden *grundsätzlich* über einen anderen erheben oder uns unterlegen und weniger wert fühlen.

Wir werden sicher auf der Stelle treten, wenn wir die Arbeit an uns selbst mit der Absicht aufnehmen, dadurch besser als andere zu werden. In diesem Falle wird unser Blick mehr auf die Fähigkeiten und Fehler der anderen, mit denen wir uns messen wollen, gerichtet sein, als auf unsere eigenen. Voran kommen wir nur, wenn wir besser werden wollen, als *wir* augenblicklich sind.

Besonders der Überlegenheitsdünkel ist im täglichen Leben oft vorhanden, ohne daß er bemerkt wird. Beobachten Sie sich ehrlich: Gibt es da verborgene oder gar ganz bewußte Gefühle der Abschätzigkeit, wenn Sie einen Menschen sehen, dessen Erscheinung Ihrer persönlichen Auffassung von Klugheit oder Schönheit entgegengesetzt ist? Fühlen Sie sich besser und befriedigt, wenn Sie Menschen begegnen, die weniger haben als Sie oder denen es schlechter geht? Freuen Sie sich vielleicht sogar, wenn ein anderer etwas nicht schafft, was Sie erreicht haben?

Die gefährlichsten Tendenzen des Überlegenheitsdünkels: Auf ganze Rassen, Völker oder Volksgruppen wird herabgeblickt im Wahne des eigenen Besser-Seins. Das andere Geschlecht wird als minderwertig betrachtet. Auch wenn man es nicht wahrhaben möchte, fast jeder Mensch ist mehr oder weniger in solchen Vorurteilen befangen, die in vielen Fällen traurige Bestandteile ganzer Generationen sind.

Wer den Pfad des Buddha gehen möchte, muß sich klar werden, was ihn hier fesselt, und das durch Arbeit am eigenen Denken bewußt aufgeben.

Der andere ist nicht schlechter oder besser als wir. Auch gleicht er uns nicht. Der andere ist anders. Dies gilt es, zu akzeptieren. Der andere braucht nicht den Stempel, den wir ihm aufdrücken wollen, und er muß keinem Bild entsprechen, das wir von ihm haben. Wenn wir der Wahrheit nahekommen wollen, muß er für uns das sein dürfen, was er ist: kein Vergleichsobjekt, niemand, den wir mit unseren Vorstellungen, wie alles und jeder sein müßte, beglücken, sondern der, der er sein will.

Wenn ich ohne Vorurteil jedem begegnen kann und ihn nehme, wie er ist, bin ich frei, von ihm das zu lernen, was er mir geben kann. Die Fessel lockert sich: Wir sind auf dem Weg, die Wahrheit zu sehen, wie sie ist, und sie mit jedem zu teilen, der dies wünscht.

9. Aufgeregtheit

Die innere Ruhelosigkeit kann viele Ausdrucksformen finden. Wir sind zerstreut, schwankend und nervös, und es mangelt an Konzentration auf das Wesentliche. Die einen wirken äußerlich ganz ruhig und gelassen, und doch bleiben sie niemals bei einer Sache. Sie denken zuerst hier- und dann darüber nach, Vorstellungen wechseln einander schnell ab, und in ihrem ganzen Streben findet sich keine konsequente Linie. Andere sind ihrem ganzen Verhalten nach unruhig und zerfahren: Ständig muß der Körper in Bewegung sein, immer müssen sie mit ihren Händen etwas tun, immer etwas reden.

Das, was der Buddha Aufgeregtheit nennt, kann seine Ursache in unseren Lebensumständen haben: Die Hektik des Berufes und der Streß des Alltages machen nervös. Doch liegen die Wurzeln der Aufgeregtheit und Zerstreutheit ganz wesentlich in zwei Gründen. Würden wir diese beseitigen, würde auch der Streß keinen Angriffspunkt bei uns finden.

Über die Tatsache, daß wir *zu festgelegte Erwartungen an die Wirklichkeit* haben, schrieb Kenko Yoshida:

»Obwohl man heute vorhat, etwas Bestimmtes zu tun, so ereignet sich doch plötzlich etwas anderes, unvorhergesehen Wichtiges, und man sorgt sich lange damit ab; oder Leute, die man erwartet, sind verhindert zu kommen, und unvermutet betreten andere Gäste das Haus. Nicht die Dinge, die wir uns vornehmen, sondern immer nur die unerwarteten Dinge beanspruchen uns! Schwierige Angelegenheiten, die viel Kummer bereitet haben, werden oft ohne viel Mühe erfolgreich beendet, während andere, von denen wir glaubten, sie könnten spielend geschafft werden, uns lange beschweren und bekümmern. So verlaufen die Tage ganz anders, als man es sich vorgestellt hat. Und so ist es mit dem ganzen Jahr, ja mit dem ganzen Leben. Rechnet man aber deshalb gleich von vornherein mit dem Gegenteil, so zeigt sich, daß man auch damit oft nicht das Richtige trifft, und so ist es ungeheuer schwierig, sich von den Ereignissen im voraus ein Bild zu machen. Nur die Überzeugung von der Ungewißheit wird in der Wirklichkeit nicht enttäuscht.«

Die zweite Ursache unserer Aufgeregtheit und Zerfahrenheit besteht in der *Unruhe des Gewissens:* Das sind Schuldgefühle über Gewesenes,

Selbstvorwürfe über Angelegenheiten, die sich nicht mehr rückgängig machen lassen. Was hilft, ist bereits das Beobachten der Unruhe: *Was wir erkennen, können wir überwinden.* Das Unentdeckte bleibt bestehen.

Wenn wir unsere Aufgeregtheit beobachten, dann stellen wir die Frage nach der Ursache: Entspricht die Wirklichkeit nicht dem Bild, wie ich sie haben will, *oder* plagen mich Gewissensbisse? Und nun betrachten wir die Wurzel der Unruhe immer klarer: Warum habe ich mich auf ein bestimmtes Bild versteift? Welche Vorteile hätte ein wahres Offenstehen? Was ändert das selbstmitleidige Schuldgefühl? Hält es mich nicht bloß davon ab, es künftig *besser* zu machen? Gefalle ich mir vielleicht sogar in meiner Aufgeregtheit?

10. Nichtwissen

Die zehnte Fessel nennt der Buddha *Nichtwissen.* Er meint damit jene tiefste Form der Verblendung, die aus Gier und Haß in unserem Wesen entsteht. Obwohl wir ständig an unserer Kenntnis arbeiten sollten, fällt diese letzte Fessel erst, wenn alle anderen gelöst wurden.

Es ist unmöglich, wahrhaft zu wissen, die Welt und uns selbst in aller Konsequenz wahrheitsgemäß zu durchschauen, solange man den verzerrenden Einflüssen der neun vorhergehenden Fesseln ausgesetzt ist.

Erst ein erwachter Mensch wird von *allem* Nichtwissen frei. Sie sollten sich daher immer vor Augen halten, daß alle Ihre Überzeugungen zum großen Teil bloße »Theorie« bleiben, wenn Sie nicht durchschauen, was Sie abhängig macht und negativ beeinflußt. Dann erst können Sie ernsthaft an sich arbeiten.

ÜBUNG 13: Wo sitzen meine Fesseln?

Gehen Sie während Ihrer Meditationszeiten jede der vom Buddha erkannten Fesseln einzeln durch. Lassen Sie sich dabei Zeit! Es muß nicht alles auf einmal sein. Es ist am besten, sich mehrere Tage mit nur einer Fessel zu befassen.

Versuchen Sie, ohne Ausflüchte herauszufinden, wo diese Fesseln bei

Ihnen sitzen. Wenn unsere Beispiele hier auf Sie nicht zutreffen – prüfen Sie auch das genau –, müssen Sie entsprechende in Ihrem Leben finden. Machen Sie sich zu jeder Fessel eine Liste, sich selbst gegenüber können Sie ganz ehrlich sein. Denken Sie über jede einzelne nach, und beobachten Sie sich daraufhin. Sicherlich werden bereits ihre Beobachtungen zu Konsequenzen führen.

ÜBUNG 14: Zeitweiliger Verzicht

Spüren Sie die großen und kleinen Süchte Ihres Lebens auf, und versuchen Sie dann, einmal einige Tage auf das zu verzichten, was Ihnen vollkommen selbstverständlich wurde.

Machen Sie zu jeder einzelnen Fessel die Gegenprobe. Legen Sie sie ab, so lange bis Sie diesen anderen Zustand ganz erfahren haben. Wenn er Sie erst einmal überzeugt, werden Sie ihn gerne beibehalten. Tauschen Sie so eine Fessel nach der anderen gegen die Freiheit aus.

Es heißt dies nicht, daß Sie zu einem allem entsagenden Asketen werden sollen! Aber etwas Abstand von allzu Selbstverständlichem läßt uns dessen Bedeutung für unser Leben ganz neu einschätzen. Wenn Ihnen das gelingt, werden Sie mit Sicherheit unerwartete und wertvolle Erkenntnisse über Ihre Persönlichkeit gewinnen. In jedem Falle werden Sie dadurch innerlich beweglicher.

6. Kapitel

MEDITATION

Wir haben hier hauptsächlich Fragen einer Betrachtungsweise der Welt und des Menschen (*Philosophie*) sowie praktische Aspekte unseres Arbeitens an den eigenen Absichten, Gedanken, Worten und Taten (*Ethik*) behandelt. Ein wesentliches Gebiet der Lehren des Buddha bildet daneben die *Meditation. Die Beschäftigung mit philosophischen Themen, etwa dem der Nichtdauer,* stellt unser Denken auf die Gesetzmäßigkeiten ein, die es zu erfahren gilt. Ethisches Bemühen läßt uns im Umgang mit anderen und uns selbst eine Harmonie herstellen, die der angestrebten Erfahrung eine Grundlage gibt. In der Meditation aber findet dann die Verwirklichung dieser Erfahrung statt: Es geht darum, uns und die Welt in direkter Weise wahrheitsgemäß zu erleben.

Der Begriff *Meditation* hängt mit dem lateinischen Wort für *Mitte* (»Medium«) zusammen. Auf die Lehre des Buddha bezogen, können wir ihn folgendermaßen erklären: Meditation ist ein *konzentrierter* Zustand: Er läßt unsere Aufmerksamkeit um die Mitte einer Sache, die wir zu erfassen suchen, kreisen. Hauptsächlich aber versuchen wir in der Meditation die eigene innere Mitte zu finden, von der aus unser Wesen mit den größeren Zusammenhängen, in denen es steht, klar überschaubar wird. *Mitte* ist hier also ein Symbol für Klarheit und Überschaubarkeit: Wenn wir im Zentrum einer Sache stehen, ist sie uns nach allen Seiten hin gleichmäßig überblickbar.

Es sind zwei indische Worte hier in diesem Sinne unter dem Begriff Meditation zusammengefaßt. Sie stehen für die beiden letzten Glieder des vom Buddha gelehrten *Edlen Achtfachen Pfades*: Das Sanskrit-Wort *Smrti* für *Vergegenwärtigung* und *Achtsamkeit; Samâdhi* für *Ganzwerdung* oder *Zusammenfügung.*

Die vom Buddha gezeigte Meditation soll unser Wesen bis in seine Tiefen ausloten, uns gegenwärtig und achtsam machen, damit wir schließlich *ganz* werden können: Wir beschränken uns dann nicht mehr auf Teile unseres Daseins, sondern erfahren alle Möglichkeiten des großen Werdestromes, aus dem heraus wir entstehen. Meditation unterstützt somit unser Bemühen um höchste Wachheit.

Sie ist nicht etwas auf einzelne Übungen Beschränktes, sondern die Grundhaltung des Strebens nach einem klaren, weiten Bewußtsein. Wer diese Haltung verwirklicht, für den bleibt Meditation nicht auf festgelegte Zeiten begrenzt, er beginnt vielmehr ein *meditatives Leben* zu führen. Die ungetrübte Bewußtheit dessen, was er wahrnimmt und tut, wird ihm zum unverlierbaren Wegbegleiter. Er erfaßt nicht länger nur einen kleinen Ausschnitt; seine Wirklichkeit kommt mit der umfassenden Wahrheit immer mehr in Einklang. So erlebt er jeden Augenblick intensiv und vollkommen: Wach sieht und hört er alles um sich herum und weiß doch zugleich, was in ihm vorgeht. Er lebt aus einer inneren Mitte, die ihn sich und das andere überschauen läßt.

Diese Art des Erfahrens ist keinesfalls selbstverständlich! Viele, vielleicht die meisten Handlungen, läßt man mechanisch ablaufen: Die Beine gehen die Straße entlang, halb bewußt nimmt man wahr, wo man ist, nur um nirgends anzustoßen. Doch man erfährt sich nicht wirklich als ein Gehender, spürt nicht die eigenen Bewegungen, empfindet nicht die Füße am Boden. Man sieht auch nicht die Häuser, Fahrzeuge, vor allem nicht die Menschen, an denen der Weg vorbeiführt. Das Bewußtsein bleibt in ein Gedankenspiel oder einen Tagtraum eingesponnen, den man nach Erreichen des Zieles schon wieder vergißt. Die Zeit dieses Weges ist dann für uns, als wäre sie nie gewesen: Wie die äußeren Bewegungen, schwindet auch das, was man dachte und fühlte, dahin. Nicht nur Wege auf der Straße, der ganze Lebensweg kann mehr oder weniger so vorübergehen. Man verzichtet auf das Wichtigste und einzige, was man sicher hat: *den gegenwärtigen Augenblick.*

Fragen Sie sich selbst: Wie häufig sind die Momente, an denen ich vollkommen beteiligt bin? An denen ich erfahre, was um mich ist, und zugleich auch mein eigenes Fühlen und Denken erkenne? Ich bin ganz dabei.

Diese kostbaren Momente sind unter anderem dadurch gekennzeichnet, daß man sich ihrer selbst nach langer Zeit noch lebhaft erinnern kann. Man war tatsächlich *dabei*, und ein solches Dabeisein ist unverlierbar. Als Sie den Tagesrückblick (Übung 1) praktizierten, konnten Sie sehen, wie wenig es ist, was tatsächlich in frischer, lebendiger Erinnerung bleibt. Rasch verblaßt das Gewohnte und Alltägliche, das mechanisch vorgenommen wurde, und nur das Außergewöhnliche, Besondere und Einzigartige läßt sich leicht zurückrufen.

Es ist nicht möglich, jeden Moment zu einer außergewöhnlichen Sensation zu machen. Zwangsläufig besteht das Leben aus viel Alltäglichem. Aber wir können sehr wohl auch den gewöhnlichsten Wahrnehmungen und Handlungen eine Erlebnisqualität verleihen, die sie bedeutsam werden läßt. Jede Sekunde unseres Daseins ist einzigartig und unwiederbringlich. Wir sollten ihr auch den Wert geben, gleichgültig, womit wir gerade beschäftigt sind. Jeder Moment vermag ein prägender zu werden, in dem wir *ganz dabei* sind.

Wie aber können wir dorthin gelangen, immer oder meist in dieser Weise erleben? Nicht indem wir krampfhaft versuchen, möglichst viel auf einmal wahrzunehmen. Dieser Weg würde in einer heillosen Zerstreuung münden. Es gilt zunächst, grundsätzlich zu lernen, *sich ruhig und zwanglos auf nur eine Sache zu konzentrieren.* Wer nicht *eine* Sache ganz zu erleben vermag, wie sie ist, wird die Fülle des Seins niemals vollkommen erfahren können.

Wo beginnen?

Auch wenn nicht Meditationsübungen sondern ein meditatives Leben angestrebt wird, ist es zunächst notwendig, mit einzelnen Übungen zu beginnen. Diese sind aber mehr als bloße Mittel zum Zweck: Einerseits helfen sie mit, das ganze Leben zu verwandeln; andererseits bildet bereits jedes Üben schon eine Zeit besonderer Vertiefung und Erkenntnis.

Worauf nun soll sich die Konzentration richten, wenn wir das Ziel haben, allmählich wacher zu werden und klarer zu blicken? Der Buddha empfiehlt, daß wir damit bei uns selbst beginnen. Wir sollen uns mit dem beschäftigen, was uns am nächsten liegt, *unserem Körper*. Obwohl er die Grundlage unseres Daseins bildet, ist gerade er es, der vielfach außerhalb des Bewußtseins steht. Wenn wir etwas hören, anschauen oder tun, wird die Aufmerksamkeit ganz von dem Wahrgenommenen beansprucht, und wir vergessen dabei den Körper. Gerade jetzt wieder lesen Sie, Ihr Verstand kann sich vorstellen, wie man bei vielen Tätigkeiten seinen Körper vergißt. Und Sie haben dabei Ihren Körper vollkommen vergessen.

Während unserer Meditationszeiten wollen wir uns des Körpers als der Basis allen Erlebens wieder erinnern. Wir kehren dabei die sonst fast ausschließlich nach außen gerichtete Konzentration um und werden selbst zum Objekt unserer Wahrnehmung. Der Buddha rät, dabei mit dem bewußten Beobachten des Atmens zu beginnen:

»Im Walde oder unter einem Baum oder in einem leeren Raum setzt sich der Schüler mit gekreuzten Beinen nieder, den Oberkörper gerade aufgerichtet, und beginnt mit der Achtsamkeitsübung. Achtsam atmet er ein und aus. Atmet er lang ein, so ist er sich bewußt, daß er lang einatmet; atmet er kurz ein, so ist er sich bewußt, daß er kurz einatmet; atmet er lang oder kurz aus, so ist er sich bewußt, daß er lang oder kurz ausatmet.«[27]

Es klingt ganz einfach: Man sorge dafür, daß man ungestört ist, setze sich aufrecht hin, und werde sich einfach der Tatsache bewußt, wie man atmet, flach oder kurz, tief oder lang. Dabei soll nicht mit dem Atem gespielt werden, indem man ihn rhythmisch verändert. Er soll einfach so gesehen werden, wie er jeweils ist.

Unterbrechen Sie Ihr Lesen kurz, um es zu versuchen: Sitzen Sie möglichst gerade, werden Sie still, und dann versuchen Sie, mit Ihrer ganzen Aufmerksamkeit nur bei Ihrem Ein- und Ausatmen zu sein. Beobachten Sie es nur!

Sie werden sehen, wie schwer diese so simpel klingende Aufgabe in Wahrheit ist: Vielleicht gelingt es erst gar nicht, ein paar Minuten still zu sitzen, um sich auf einen Vorgang am eigenen Körper zu konzentrieren. Kann man aber still sitzen, ohne gleich ungeduldig und nervös zu werden, dann kann man sich einige Atemzüge tatsächlich bewußt machen; doch ohne es zu merken, findet man sich in Gedanken und

Tagträumen, und die ursprüngliche Absicht ist vergessen, bis man sich ihrer plötzlich wieder erinnert. Möglicherweise gelingt es wirklich, mit der Aufmerksamkeit ganz beim Atmen zu sein. Aber dann schafft man es nicht, ihn nur zu betrachten: Der Atemrhythmus wird störrisch. Obgleich man weiß, daß man nur bemerken soll, was ist, drängt sich eine Veränderung auf, die man nicht will. Das reine Beobachten gelingt nicht ohne weiteres.

Eigentlich sollte diese Entdeckung wie ein Schock wirken, wenn wir sie in aller Konsequenz überdenken. Was glauben wir nicht alles durch unsere eigene Absicht entscheiden zu können! Wir fällen Entschlüsse, die von weitreichender Bedeutung für unser Leben und das anderer Menschen sind... Doch wir schaffen es nicht, den Entschluß in die Tat umzusetzen, uns nur einige Minuten ungeteilt auf den einfachen Vorgang unseres Atmens zu konzentrieren.

Dabei gelingt eine solche Konzentration auf äußere Vorgänge in der Regel ganz mühelos: Im Kino oder im Theater sind Stillsitzen und gesammeltes Verfolgen eines äußeren Ablaufes kein Problem. Sobald wie jedoch einen einfachen Vorgang bei uns selbst beobachten wollen, stellen sich die Schwierigkeiten ein.

Dafür gibt es verschiedene Gründe: natürlich die Macht der Gewohnheit. Aber wußten Sie, daß wir alles andere mehr zu schätzen wissen als unser Dasein selbst. Wir suchen nach äußeren Sensationen und vergessen dabei, welches Wunder unsere bloße Existenz darstellt. Könnten wir dieses vollkommen würdigen, welche Möglichkeiten würden sich erst im äußeren Bereich erschließen!

Doch wir sind auf einer Flucht vor uns selbst. Wir fliehen dabei in äußere Wahrnehmungen, in Gedanken, Erinnerungen und Tagträume. Wir wollen nichts sehen, wie es in Wahrheit ist, am wenigsten uns selbst.

Bei der einfachen Betrachtung des Atems wären wir jedoch ganz mit dem gegenwärtigen Augenblick alleine. Als unbewußte, unerwachte Menschen ertragen wir dies nicht. Wir möchten aufstehen und einer ungewissen Zukunft entgegeneilen, von der wir uns Besseres erwarten, als der Moment zu bieten hat. Wir wollen uns zumindest in Gedanken oder Tagträumen betäuben.

Aber nur wenn wir ganz erfassen, was in diesem Moment in unserem unmittelbaren Bereich vorgeht, können wir allmählich auch das, was uns die Sinne darüber hinaus vermitteln, immer bewußter wahrnehmen und erkennen. Das vollkommene Erleben der momentanen eigenen Gegenwärtigkeit wird zur inneren Mitte, von der aus alles zu überschauen ist.

Die Bedeutung des Atmens

Weshalb stellte der Buddha gerade die Betrachtung des Atemvorganges an den Beginn des Meditationsweges zu höherer Wachheit? Könnte nicht auch die Konzentration auf das Gehen oder das bloße Sitzen zu den gleichen Ergebnissen führen? Es gibt meditative Übungen, die das Gehen oder das Sitzen zum Gegenstand haben, und schließlich sollten wir so weit kommen, auch einen Vorgang wie das Kartoffelschälen oder Ankleiden mit vollkommener Achtsamkeit durchzuführen. Letztlich können wir bei allem, was wir tun, ganz dabei sein.

Doch hat gerade das Atmen einige Eigenschaften, durch die es sich hervorragend zum Meditationsobjekt eignet. Von allen lebenserhaltenden Funktionen unseres Körpers ist der Atem die wesentlichste: Ohne Nahrung oder Flüssigkeit vermag man vergleichsweise lange zu existieren. Aber nicht ohne Atmen. Ob wir gehen, liegen, stehen oder sitzen, essen oder trinken, immer müssen wir atmen, selbst im Schlaf. So ist der Atemvorgang der unmittelbarste Ausdruck unseres Lebenswillens. Endet er, so endet das Leben.

Zwar gibt es viele andere Funktionen, die zum Aufrechterhalten der Lebensprozesse unmittelbar notwendig sind, doch unterscheidet sich das Atmen von ihnen recht grundsätzlich: Es ist einerseits ein Automatismus, andererseits können wir es auch bewußt und innerlich steuern. Denken wir nicht an unseren Atem, dann fließt er entsprechend unserem körperlichen und seelischen Zustand dahin. Dies geschieht ganz von selbst, wir müssen uns nicht daran erinnern. Wenden wir jedoch unsere Aufmerksamkeit dem Atem zu, so vermögen wir seinen Rhythmus absichtlich zu verändern oder ihn auch einige Zeit anzuhalten.

Somit ist das Atmen wie eine Brücke zwischen den unbewußt ablaufenden und den bewußt steuerbaren Funktionen unseres Körpers. In der Meditation wollen wir den Atem nun lediglich bewußt betrachten, uns jedoch der willentlichen Veränderung enthalten. Dies ist eine echte Aufgabe! Denn auf der Flucht vor uns selbst wollen wir den Atem nicht sehen, wie er ist: Sobald wir ihm unsere Aufmerksamkeit zuwenden, beginnen wir ihn in Gedanken zu bewerten, um ihn dann zu verändern. Wir wollen ihn regelmäßiger, tiefer oder entspannter. Und schon greifen wir ein...

In der Meditation müssen wir dagegen einfach sehen, was ist: Wir sind mit unserem wesentlichsten Lebensprozeß alleine, wenden ihm unsere ganze Aufmerksamkeit konzentriert zu, doch belassen ihn, wie er ist. Obwohl wir die Möglichkeit, ja sogar den Drang zu einer Veränderung hätten, empfinden wir nur das, was kommt. Wir fliehen nicht in Wertungen, nicht in Aktivitäten, nicht in Träume oder anderes Denken, sondern bleiben alleine mit dem, was wir sind.

In dieser stillen Gegenwart mit uns allein kann uns der Atem Lehren erteilen, ohne daß es dazu des Denkens oder begrifflichen Feststellens bedarf. So zeigt er uns die Wahrheit, daß wir als Menschen Werdende sind, immer in Bewegung und niemals abgeschlossen: Das Atmen ist wie der Mensch selbst im tiefsten Sinne ein dynamischer Vorgang. Solange wir leben, kann es unmöglich zum Stillstand kommen oder jemals an einen Endpunkt gelangen. In der bewußten Beobachtung des Atemvorganges und der Identifikation mit ihm lernen wir so ein Grundgesetz unseres Daseins nicht nur theoretisch, sondern als umfassende Erfahrung kennen: Unser Wesen ist Bewegung, wir bestehen, indem wir uns verwandeln.

Der Atem zeigt auch den Grundrhythmus dieser Bewegung: Wir müssen zu gleichen Teilen ein- und ausatmen. Wenn wir leben wollen, darf nichts dauerhaft in uns verbleiben. Alles, was wir aufnahmen, muß uns verwandelt wieder verlassen. Wir selbst existieren nur durch dieses unausgesetzte und ausgewogene Nehmen und Lassen.

Dies trifft auf ausnahmslose alle Aspekte unseres Daseins zu: Immer müssen sich Nehmen und Geben die Waage halten, wenn wir im Einklang mit den universellen Gesetzmäßigkeiten existieren wollen. Flüssigkeit und Nahrung, die vom Körper aufgenommen werden, müssen ihn in gewandelter Form wieder verlassen, wenn er nicht krank werden soll. Das gleiche Prinzip gilt auch überall sonst: Ausgewogenheit muß zwischen unseren passiven und aktiven Beschäftigungen herrschen. Wollten wir die Welt *nur* wahrnehmen und ihr nicht durch unsere Reaktionen etwas zurückgeben, könnten wir nicht sein. Würden wir Besitz nur anhäufen, ohne etwas damit zu tun und weiterzugeben, würde er uns zur tödlichen Last. In allen Belangen des Lebens gilt das Gesetz des Atems: Nehmen, Verwandeln und Geben. Die Dinge, die wir nehmen, verwandeln uns, und wir verwandeln sie. Wenn wir sie krampfhaft festhalten wollen, sperren wir uns gegen das Gesetz der Nichtdauer. Das, was wir nehmen, müssen wir auch lassen können, erst dann sind wir reif.

Was wir durch lange Überlegungen nur vage erfassen, was wir vielleicht nicht wahrhaben wollen, obgleich wir wissen, daß es ein unumgängliches Gesetz ist, das kann uns auf zwanglose und wunderbare Weise der Atem lehren. Doch ist es dazu notwendig, daß wir still werden können, um alleine mit uns, konzentriert und doch zwanglos dem Strömen des Atmens zu folgen.

Still werden, ruhig sitzen

Eine Grundvoraussetzung der Meditation über den Atem ist das ruhige Sitzen in äußerer und innerer Stille. Wie aus der zitierten Anweisung des Buddha hervorgeht, ist es gleichgültig, ob die Übung im Freien oder in einem Raum vorgenommen wird. Wesentlich ist jedoch, daß wir während des Übens frei von Ablenkungen bleiben. Wenn wir also nicht mit Menschen zusammen sind, die ebenfalls meditieren, sollten wir draußen oder im Raum alleine sein.

Äußere Ablenkungen, wie Geräusche, die uns in der Konzentration auf den Atem stören, werden Sie am Anfang nach Möglichkeit vermeiden. Erst mit dem Fortschreiten des Übens kann das wache Vergegenwärtigen des Atems selbst bei Lärm herbeigeführt und aufrechterhalten werden. Für den Anfang werden wir zunächst genügend damit zu tun haben, innere Ablenkungen zu meistern.

Ist ein Ort gefunden, welcher ungestörtes Verweilen erlaubt, nehmen wir dort unseren Meditationssitz ein. Es geht zunächst darum, einfach *wach und still* sitzen zu können. Diese Vorbedingung mag besonders einem ruhelosen oder nervösen Menschen sehr schwer fallen, sie bedarf aber fast immer einiger Übung:

Der Meditationssitz muß ermöglichen, daß wir wirklich wach bleiben, um uns mühelos zu konzentrieren. Er darf daher weder so entspannt sein, daß wir zur Schläfrigkeit neigen könnten, noch verkrampft, was durch den dazu notwendigen Zwang von einer achtsamen Betrachtung des Atmens ablenken würde. Obwohl für denjenigen, der es gewöhnt ist, das Sitzen am Boden die Konzentration unterstützt, ist dies keine unverzichtbare Voraussetzung. Wir können gleichfalls auf einem Hokker oder einem Stuhl meditieren. Doch ist darauf zu achten, daß wir gerade sitzen und uns nicht anlehnen. Die Wirbelsäule soll aufrecht, aber nicht steif wie ein Stock, unseren Körper halten. Würden wir uns anlehnen, so wäre dies der angestrebten Wachheit in der Meditation abträglich. Aus eigenem Vermögen, jedoch ohne Gewalt, halten wir uns aufrecht und gerade. Es empfiehlt sich, durch leichtes Hin- und Herpendeln mit dem Oberkörper, jene Position zu finden, in der man schließlich mühelos verweilen kann.

Wenn wir auf einem Stuhl oder Hocker sitzen, stehen die Beine parallel nebeneinander. Der Kopf ist weder nach oben gestreckt, noch nach unten geneigt. Aufrecht ruht er auf der Wirbelsäule. Das Geradehalten des Kopfes muß dabei ein ganz natürliches sein. Die Hände liegen mit den Handrücken nach unten ineinander im Schoß oder mit den Handflächen auf dem jeweiligen Oberschenkel. Auch für die Arme gilt dabei, daß sie weder völlig entspannt nach unten hängen, noch angespannt gewinkelt werden.

Wer einen traditionellen Meditationssitz am Boden bevorzugt, den Lotussitz mit gekreuzten Beinen, wie man ihn von Buddha-Statuen kennt, sollte sich diesen von jemandem zeigen lassen, der ihn beherrscht und Sie gegebenenfalls korrigieren kann. Bei dieser Art des Sitzens kommt es durch ein Überdehnen der Sehnen und Bänder leicht zu Schmerzen, und durch Druck auf die Gefäße wird die Blutabfuhr aus den Beinen verhindert, wodurch diese einschlafen. So förderlich der Lotussitz für die Meditation desjenigen ist, der ihn auszuführen versteht, so hinderlich wäre er für das Üben eines Ungelenkigen. Bevor man das Gefühl hat, sich zu einer schmerzhaften Akrobatik zu zwingen, sollte man den einfachen Schneidersitz oder das Sitzen auf einem Stuhl oder Hocker bevorzugen.

Auf diese Weise weder entspannt noch angespannt, sitzen wir einige Zeit ruhig und wach. Wem das sofort gelingt, der kann gleich zur Betrachtung des Atems übergehen. Möglicherweise aber haben Sie Probleme, der Körper möchte nicht stillsitzen. Man verspürt Lust, sich zu bewegen, hat vielleicht sogar Angst vor der Ruhe, möchte zappeln oder am liebsten gleich wieder aufstehen. Das Stillsitzen muß zunächst *geübt* werden.

Man versucht, für einige Minuten einfach ruhig zu sitzen, noch ohne die Aufmerksamkeit auf den Atem zu lenken. Eine Beschäftigung mit dem eigenen Körper würde die Unruhe wahrscheinlich noch verstärken. So lenkt man seine Bewußtheit zunächst auf das, was um einen herum ist. Ohne sich zu bewegen und mit dem festen Vorsatz, still zu bleiben, betrachtet man das, was sich im Blickfeld befindet. Man macht sich bewußt, was man sieht: Man kann es sich in Gedanken beschreiben und die Dinge beim Namen nennen. Es ist auch möglich, auf die Laute zu lauschen, die aus der Ferne ans Ohr dringen. Man macht sich bewußt, was man hört, um so allein das stille Sitzen zu üben.

Versuchen Sie das jeden Tag für fünf oder zehn Minuten, dann wird sich die Fähigkeit des konzentrierten und ruhigen Verweilens steigern. Sie werden allmählich reif, die Achtsamkeit vom äußeren Objekt auf den Atem zu lenken.

Oft scheint es, als würde der Körper alles unternehmen, sich unserem Wunsch, zehn Minuten still zu werden, zu widersetzen. Da tritt dann plötzlich ein Juckreiz auf, wir haben den Drang, uns zu bewegen, oder es stellt sich das Empfinden ein, daß wir schlecht sitzen und unseren Sitz dringend korrigieren müssen. Gerade am Anfang sollen wir in solchen Situationen uns *nicht gewaltsam beherrschen* oder vielleicht sogar innerlich wütend werden, weil es uns nicht gelingen will, auch nur fünf Minuten still zu sitzen. Wenn wir beginnen würden, gegen den Juckreiz oder den Wunsch nach Bewegung anzukämpfen, erscheint uns die Meditation bald als traurige Pflicht, die wir sicher wieder aufgeben.

Doch wenn uns das meditative Üben in unserem Streben nach Freiheit und Glück weiterbringen soll, dann müssen wir Freude an ihm empfinden, und es sollte uns in positiver Weise zur Herausforderung werden.

Wir nehmen also die Herausforderung der scheinbaren Störung an, indem wir sie in unsere Meditation einbauen: Wir machen sie uns bewußt. Spüren wir zum Beispiel, während wir doch still sitzen wollen, einen Juckreiz am Rücken, dann versagen wir es uns nicht, etwas dagegen zu tun. Doch wir fahren auch nicht sofort mit der Hand zum Rücken, um die Stelle zur Ruhe zu bringen. *Während der Meditationszeiten wollen wir alles bewußt vornehmen:* Wir bleiben ruhig sitzen und sagen uns zunächst, daß wir einen Juckreiz am Rücken spüren. Dann versuchen wir diesen für einige Sekunden achtsam zu empfinden. Wir machen uns die genaue Stelle bewußt, an der er auftritt, und spüren ihn einfach. Dann bewegen wir unseren Arm *ganz langsam* zum Rücken und kratzen ebenfalls *ganz langsam* die Stelle auf der Haut. Wir versuchen, bewußt zu erleben, wie der Juckreiz verschwindet, und führen die Hand dann *ganz langsam* in ihre normale Haltung bei der Meditation zurück.

Die Verlangsamung hilft uns dabei, wirklich bewußt zu erleben, was normalerweise automatisch geschieht und außerhalb unseres Bewußtseins bleibt. Während man sich am Tage vielleicht viele Male unbemerkt kratzt, geschieht es in der Meditation mit vollkommener Aufmerksamkeit.

Mit jeder Störung verfahren wir so: Haben wir den Wunsch, unseren Kopf oder die Beine zu bewegen, beobachten wir zunächst ruhig, was uns dazu veranlaßt; und dann tun wir es. Jedoch soll es nicht hektisch oder nervös geschehen, sondern wiederum ganz langsam, mit klarer Beobachtung und voller Bewußtheit. Auf diese Weise machen wir gerade das, was uns in unserer Konzentration stören will, zu einem Objekt der Konzentration. Wir *nützen* Hindernisse aus, um voranzukommen.

Wenn wir regelmäßig jeden Tag nur einige Minuten still sitzen und dabei das wenige, was wir sehen und tun, ganz achtsam und bewußt zur Kenntnis nehmen, wird diese kleine Übung bereits enorme Folgen für

Ihr Leben haben: Aufgeregtheit und Nervosität gehen zurück, in entscheidenden Momenten können Sie die Ruhe bewahren, Sie nehmen vieles wahr, was Sie nie zuvor bemerkt hatten, und schließlich lernen Sie, auch im Alltag Hindernisse auszunützen, um voranzukommen.

Ist es durch Betrachten dessen, was wir von außen wahrnehmen, und die ruhige Beseitigung von Störungen gelungen, einige Minuten still sitzend zu verweilen, dann können wir dazu übergehen, die Aufmerksamkeit auf den Atem zu lenken. Ob dies sofort, nach drei Tagen des Übens oder erst nach zwei Wochen der Fall ist, spielt keine Rolle. Wichtig ist die Ausdauer und Regelmäßigkeit. Der Fortschritt wird Ihnen Freude machen.

Das Zählen des Atems

Bereitet das Stillsitzen selbst keine großen Probleme mehr, kann man zu einer Beobachtung des Atems übergehen. Wie bereits dargelegt, geht es darum, nicht einzugreifen, nichts zu verändern, sondern den Fluß des Atems einfach nur so zu sehen, wie er ist.

Eine derart unmittelbare Bewußtmachung des Atmungsvorganges wird nun wahrscheinlich im Anfang nicht selbstverständlich sein: Entweder verbleibt die Aufmerksamkeit zwar beim Atem, doch man kämpft dagegen an, ihn verändern zu wollen, oder es gelingt nicht, eine Konzentration darauf zu verwirklichen. Man ist sich zunächst vielleicht eines Atemzuges bewußt, um dann eventuell erst nach Minuten zu bemerken, daß man das ursprüngliche Vorhaben der Meditation völlig vergessen hat und sich statt dessen in Träumereien oder Gedanken verlor.

Als Vorübung für die eigentliche Meditation über den Atem empfiehlt es sich, die einzelnen Atemzüge in Gedanken zu zählen. Es ist dies zwar noch nicht das gewünschte reine Betrachten, doch die geringe geistige Aktivität des Zählens verhindert, daß die Gedanken allzu weit vom Objekt der Konzentration abschweifen und daß zu stark kontrolliert wird.

So zählt man beim ersten bewußten Einatmen innerlich »Eins«, beim folgenden Ausatmen »Zwei«, beim erneuten Einatmen »Drei« und so weiter, bis man bei »Acht« oder »Zwölf« angelangt ist, worauf man erneut von vorne beginnt. Es kommt dabei darauf an, den jeweiligen Atemzug durch das Benennen mit der Zahl bewußt zu registrieren. Gelingt dies, werden andere Gedanken ausgeschieden. Der mit dem Zuordnen einer Zahl beschäftigte Geist braucht sich nicht um eine Veränderung des Atemrhythmus zu kümmern.

Es ist dazu jedoch wichtig, nach etwa zehnmaligem Ein- und Ausatmen wieder mit »Eins« anzufangen, damit das Zählen selbst nicht zur Routine wird. Sie werden es bemerken: Plötzlich ertappen Sie sich, schon bei »Fünfzehn« oder »Zwanzig« angelangt zu sein. Unbewußt haben Sie den Atem weiter gezählt, während Ihre Gedanken sich auf irgendwelche Überlegungen eingelassen hatten. Ohne sich darüber zu ärgern, daß Sie von der ursprünglichen Absicht des Meditierens abgegangen sind, beginnen Sie dann wieder mit »Eins«.

Wenn es gelingt, einige Minuten still sitzend die Aufmerksamkeit durch das Zählen zu konzentrieren, kann dazu übergegangen werden, eine direkte Bewußtwerdung des Atemvorgangs ohne gedankliche Hilfsmittel anzustreben. Doch sollte man nicht zu früh diesen Schritt tun. Solange Ihnen das ruhige Sitzen noch nicht gelingen möchte und ein bewußtes Verweilen beim Zählen der Atemzüge noch sehr schwer fällt, üben Sie noch diese Grundlagen. Im Anfang kommt dabei alles darauf an, daß man regelmäßig eine Viertelstunde am Tag dieser Arbeit an sich selbst widmen möchte.

Sie sollten sich dabei keinesfalls unter einen Leistungsdruck stellen. Lediglich etwas Geduld ist erforderlich. Auch bauen Sie sich nicht selbst das Hindernis auf, in der Meditation etwas Schwieriges oder Außergewöhnliches zu sehen! Unser Vorhaben ist im Grunde genommen das einfachste der Welt: Solange es uns gibt, existiert auch unser Atem. Sie machen sich also nur das bewußt, was ohnehin immer zu Ihnen gehört. So, wie wir aufmerksam einen Film verfolgen können, müßte es auch gelingen, jenen Vorgang zu betrachten, der uns am nächsten ist. Eigentlich braucht es dazu keinen Zwang und keine verkrampfte Willensanstrengung. Daß es uns dennoch schwerfallen kann, beweist, welche Schranken wir uns errichtet haben und wie leicht wir vor uns selbst flüchten.

Die Betrachtung des Atems

Sobald wir das Zählen als Brücke zur Konzentration hinter uns gelassen haben, geht es darum, nur noch den Atemvorgang allein im Brennpunkt der Aufmerksamkeit zu erleben. Wir empfinden uns dabei ganz als atmende Wesen, alles andere wird für die Zeit des Meditierens unwichtig.

Begriffe wie *Beobachten* oder *Betrachten* des Atems dürfen uns jedoch nicht irreführen: Wir sollen uns in der Meditation nicht so betrachten, als würden wir uns von außen als atmende Wesen sehen. Wir selbst sind es, die sich als Atmende erfahren: Wir erleben unser Dasein durch das Bewußtmachen des Atmens, ohne diesen zu verändern. Nicht wir atmen aktiv, sondern es atmet uns, ganz gehen wir in der Achtsamkeit auf das Ein- und Ausatmen auf.

Es gibt verschiedene Möglichkeiten, auf diese Weise mit der Aufmerksamkeit beim Atmen zu verweilen: So kann man sich auf das leichte *Heben und Senken der Bauchdecke* konzentrieren oder auf jene Stelle *an den Nasenflügeln,* die von der Atemluft beim Eintreten in den Körper und bei seinem Verlassen berührt wird. Eine gute Methode ist es auch, achtsam dem *Weg des Atems* zu folgen.

Wer erst mit dem Üben beginnt, wird am besten die verschiedenen Möglichkeiten ausprobieren, um den persönlich geeignetsten Zugang zu finden. Doch sollten Sie während einer Meditation um der Aufrechterhaltung der Konzentration willen nicht zwischen den einzelnen Methoden wechseln: Entweder ist die Achtsamkeit vollkommen bei der Bauchdecke *oder* bei den Nasenflügeln, *oder* sie folgt dem Weg der Luft vom Eintreten bis zum Verlassen des Körpers.

Je länger es Ihnen auf diese Weise gelingt, ganz im Atem oder mit dem Atem zu sein, um so stiller, um so bewußter und um so wacher werden Sie. Anfänglich ist es vielleicht ein großer Erfolg, auch nur ein zwei-, drei- oder viermaliges Ein- und Ausatmen ohne Zählen bewußt zu erleben. Vielleicht können sie erst einige Zeit später fünf, dann zehn und schließlich fünfzehn Minuten lang Ihre Aufmerksamkeit zwanglos beim Atmen festhalten. Das macht nichts. Sie brauchen sich ja nur nach sich selbst zu richten.

Diese Atemübung verspricht nicht nach kurzen Versuchen spektakuläre Erfolge. Die heilsamen Resultate können sich nur durch beharrliche Praxis einstellen. Es nützt wenig, sich alle paar Wochen oder einmal im Monat in einer Gewaltkur zu mehrstündigem Stillsitzen zu zwingen, um sich dann krampfhaft auf den Atem zu konzentrieren. Wenn Sie jedoch täglich für nur zehn Minuten still werden und Ihre Achtsamkeit auf den Atem lenken, dann wird langsam, aber sicher Ihre *Fähigkeit zur Konzentration* zunehmen. Immer klarer können Sie den Atemvorgang in vielen Einzelheiten durchschauen, und Sie werden geöffnet für die Lehren, die er Ihnen erteilen kann. Sie erfahren dann eine ungeahnte Tiefe des Bewußtseins und finden wahrlich zu einer inneren Mitte, von der aus Sie das eigene Wesen und die Objekte Ihrer Wahrnehmung wirklichkeitsgemäß erkennen können.

Auch Ihre Arbeit am eigenen Denken und den Absichten wird hierdurch positiv unterstützt. Haben Sie erst gelernt, bei der Sache zu bleiben, Ihre Aufmerksamkeit bewußt und willentlich in diese oder jene Richtung zu lenken und dort wunschgemäß festzuhalten, wird Ihnen das Ersetzen negativer Gedanken durch positive erheblich leichter fallen. Durch diese einfache Meditationsübung lernen wir mehr als durch tausend Worte, in angemessener Weise mit uns selbst umzugehen.

Wichtig ist, daß wir uns an das Prinzip gewöhnen, bei der Meditation Störungen in Hilfsmittel zu verwandeln. Alle Träumereien, Vorstellungen oder Gedankenspiele, in denen wir uns plötzlich finden und dabei bemerken, daß wir die Konzentration auf den Atem aufgegeben haben, sollten uns nicht verärgern darüber, wie schlecht uns das Umsetzen unserer Absicht zur Meditation doch gelingt. Im Gegenteil: *Das Bemerken* der Tatsache, daß wir unseren Faden verloren haben, darf als etwas ausgesprochen Positives gelten! Es gibt uns die Möglichkeit, die ursprüngliche Übung wieder aufzunehmen. Also sagen Sie sich ganz nüchtern, was Sie abgelenkt hat, und legen es durch diese Bewußtmachung zur Seite. Dann kehren Sie mit Ihrer Konzentration ganz zwanglos zum Atem zurück.

Wir brauchen nicht Sklave dessen zu sein, was wir als Vorstellung oder Gedanke in unserem Geist wahrnehmen. Es ist möglich, bewußt auszuwählen, womit man sich beschäftigen möchte. So, wie man weghören oder fortsehen kann, wenn etwas im Augenblick nicht von Interesse ist, läßt sich auch die Aufmerksamkeit von Gedanken und inneren Bildern abziehen, wenn man dies möchte. Es wird sich während der Atembetrachtung sicher nicht umgehen lassen, daß Gedanken oder Vorstellungen in uns aufsteigen. Unser Geist ist meist in Bewegung: Auch während der Meditation steigen spontan Gedanken auf, und bewußte oder unbewußte Wahrnehmungen führen zu Vorstellungsbildern. Dies ist nicht zu vermeiden. Wollte man es unterdrücken, wäre das ein sinnloser und aufreibender Kampf. Doch vermögen wir etwas anderes: *Nichts* außer unserer eigenen Nachlässigkeit und Konzentrationsschwäche zwingt uns, aufsteigende Gedanken und Vorstellungen auch aufzugreifen, fortzuspinnen und zum Ausgangspunkt langer Tagträume zu machen. Wir sind, wenn wir wollen, in der Lage, einfach festzustellen: »Da ist jener Gedanke, den ich zwar aufgegriffen habe; doch möchte ich meine Konzentration wieder dem Atem zuwenden.« Dieser kleine innere Impuls kann uns ganz ohne Zwang zur ursprünglichen Absicht zurückführen.

Selbstverständlich wird auch in diesem Punkte der Erfolg einige Übung erfordern: Anfänglich muß man häufiger entdecken, daß der Atem vergessen wurde und man sich statt dessen in Erinnerungen, Sorgen oder Träumereien verlor. Immer und immer wieder wird man sich nüchtern und ohne Zorn sagen: »Nein. Ich kehre zur Atembetrachtung zurück.« Aber auch später, wenn die Meditationsübung vertrauter wurde, mag es Tage der Zerstreutheit geben, und die Konzentration fällt schwer.

Leicht kann es geschehen, daß man zu solchen Zeiten die Lust am Üben verliert und aufgeben möchte. Aber gerade dann sollte man sich das Herausfordernde der Situation bewußtmachen: »Wie wenig bin ich doch Herr meiner selbst, wenn mir nicht einmal für einige Minuten das Hinlenken meiner Aufmerksamkeit auf den natürlichsten Vorgang meines Wesens gelingt?« Wer sich auf diese Herausforderung tatsächlich einläßt, wird bald merken, welche bedeutende Gelegenheit sie bietet, über sich selbst hinauszuwachsen.

Das einfache Betrachten des Atems ist ebenso ungefährlich wie wirksam. Da es sich nicht um eine Manipulation der natürlichen Vorgänge oder eine gewaltsame Veränderung ihres Ablaufes handelt, kann es jedermann ohne die geringste Schädigung ausüben. Was sollte Negatives geschehen, wenn man lediglich betrachtet, was ist? Wer jedoch ernsthafte Schwierigkeiten mit dem Atemrhythmus oder der Lunge hat und sich deswegen in Behandlung befindet, sollte die Absicht zu dieser Meditation mit seinem Arzt besprechen, damit sie mit einer bestehenden Therapie in Einklang gebracht werden kann.

Achtsamkeit im täglichen Leben

Die tägliche Zeit der Meditationsübung dient der Vertiefung und dem Finden unserer Mitte, von der aus das ganze Leben klarer durchblickt und bewußter gestaltet wird. Von Anfang an ist es daher ratsam, sich in seinen Bemühungen nicht nur auf die Meditationszeiten zu beschränken, sondern sich auch im Alltag immer wieder Momente vertiefter Bewußtheit zu schenken. Dies geschieht, indem wir gerade die gewöhnlichsten und scheinbar völlig unwichtigen Tätigkeiten zur Bedeutsamkeit erheben.

Wie der Atem, obwohl er die Grundlage unseres Daseins ist, zumeist vergessen wird, nehmen wir auch eine Vielzahl kleiner Handlungen vor, die normalerweise kaum beachtet werden, doch trotzdem grundlegende Elemente unseres Lebens sind.

Im Augenblick sind Sie damit beschäftigt, in diesem Buch zu lesen. Sie sind jetzt auf Seite 159 angelangt und werden gleich noch ein Stück weiterlesen. Sie tun dies, weil Sie am Inhalt interessiert sind. Etwas über die Lehren und Meditationstechniken des Buddha zu erfahren, ist für Sie der Zweck des Lesens, und alles weitere sind Mittel, die diesem dienen: Immer wieder müssen Sie eine Seite umblättern, obwohl Ihnen das wahrscheinlich gar nicht bewußt wird. Ihre Achtsamkeit bleibt bei den aufgenommenen Inhalten und schweift nicht ab zum Umschlagen der Seiten oder Halten des Buches. Und dennoch: Ohne das Umblättern wäre eine Beschäftigung mit diesen Themen nicht möglich.

Recht bedacht, ist die kleine unbeachtete Tätigkeit des Umblätterns ebenso notwendig, wie das Lesen und Nachdenken. Wenn man einsieht, daß das eine ohne das andere nicht sein kann, erhält selbst die winzigste

Tätigkeit eine hohe Bedeutung. Das ist reine Bewußtwerdung seiner selbst.

Schlagen Sie die nächste Seite einmal ganz achtsam um: Empfinden Sie dabei die Bewegung Ihrer Hand, spüren Sie die Finger auf dem Papier, versuchen Sie alles das zu bemerken, was Sie bei dieser selbstverständlichen und sonst nie registrierten Handlung wahrnehmen können. Und freuen Sie sich über diesen kleinen Handgriff, denn er hilft Ihnen die Freude schenken, die Sie beim Lesen haben.

In der Routine eines jeden Vorganges kann man sich fragen: »Was tue ich eigentlich? Und wie tue ich es?« Dann wird es plötzlich möglich, diesen Vorgang mit jener Achtsamkeit und Liebe auszuführen, die auch er als Teil unseres Lebens verdient.

Wenn wir uns am Morgen anziehen, können wir das ganz mechanisch erledigen, während wir in Gedanken schon längst zu den Pflichten des Tages vorauseilen. Doch wir sollten es zuweilen auch voller Achtsamkeit und Liebe zum Detail versuchen: Da läßt sich vollkommen bewußt erspüren, wie jedes Kleidungsstück übergezogen wird, wie es sich auf der Haut anfühlt und welche Handgriffe notwendig sind, um es in die richtige Position zu bringen oder zu verschließen. Besonders auch das Waschen, Duschen oder Baden wird so zu einem Erlebnis.

Die Mahlzeiten, die oft hastig eingenommen werden, wobei man im Inneren mit völlig anderen Dingen beschäftigt ist, kann man bewußt erleben: »Was tue ich gerade mit dem Besteck? Was schmecke ich im Augenblick? Was rieche ich? Wie zart ist das Fleisch? Wie schlucke ich? Bemerke ich, wie sich mein Magen füllt und wann die Sättigung sich einstellt?« Ungezählt sind die Möglichkeiten: Kochen, Putzen, das Wählen einer Telefonnummer, der gewohnte Weg zur Arbeit, alles kann im Grunde genommen dazu dienen, eine Vertiefung und höhere Bewußtheit des Augenblicks herbeizuführen.

Aber ist das überhaupt erwünscht, sich lästiger Pflichten umfassend bewußt zu werden? Ist es nicht besser, wenn man sich nur den wesentlichen Dingen des Lebens achtsam zuwendet? Gegenfrage: Was sind denn die wesentlichen Dinge des Lebens? Was ist der eigentliche Zweck, und wo sind die bloßen Mittel dazu? Wir schlafen, stehen auf, ziehen uns an, gehen zur Arbeit, essen, trinken und tun hunderttausend Dinge mehr.

Sind das alles Mittel zum Zweck unseres Lebens? Oder ist nicht das das Leben selbst?

Wir schaden uns, wenn wir eine allzu strenge Einteilung unserer Tätigkeiten in mehr oder weniger wichtige vornehmen: Wenn uns die Arbeit zu einer unerwünschten Notwendigkeit wird, damit wir in der Freizeit unser eigentliches Leben führen können, versuchen wir damit eine letztlich nicht durchführbare Spaltung unserer Persönlichkeit. Wie das Umblättern einer Buchseite wesentlich zum Lesen gehört und nicht davon getrennt werden kann, tragen viele kleine und große Elemente zum umfassenden Mosaik unseres Lebens bei. Jeder Augenblick ist einzigartig und kehrt nicht mehr zurück, gleichgültig, was wir gerade tun. Wer die kleinen Teilchen nicht schätzt, wird nie das Wunder des Mosaikbildes erleben. Er reduziert sein Dasein freiwillig. Ungeduldig durchlebt er Stunden und Tage, in denen er nichts Bedeutsames sieht, um auf Sensationen zu warten.

Der gegenwärtige Moment ist immer eine einmalige Chance. Kenko Yoshida erzählt folgende Geschichte: »Ein Mann, der das Bogenschießen lernte, stellte sich einmal mit zwei Pfeilen der Zeilscheibe gegenüber auf. Darauf wies ihn sein Lehrer zurecht: ›Anfänger dürfen niemals über zwei Pfeile auf einmal verfügen. Sie verlassen sich sonst auf den zweiten und gehen sorglos mit dem ersten um. Sie sollten besser alle Berechnungen beiseite lassen und denken, die ganze Entscheidung hänge von diesem einen Pfeile ab, den sie eben in der Hand halten!...‹

Diese Warnung sollte man bei tausend anderen Gelegenheiten ebenfalls beherzigen. Wie viele, die eine Kunst oder Wissenschaft erlernen, denken sich am Abend träge, es komme ja auch noch ein Morgen, und am Morgen, der ganze Abend sei für die Arbeit noch frei, und so bleibt es stets beim bloßen Willen zum Lernen. Sie sind sich noch viel weniger dessen bewußt, wenn sie nur einen Augenblick mit Nichtstun versäumen! Warum es wohl so entsetzlich schwer ist, einen Entschluß auf der Stelle auch auszuführen?«

Wer ein meditatives Leben beginnen möchte, muß zu seinem eigenen kritischen Lehrer werden: Es gilt, sich immer wieder zu sagen, daß dieser Pfeil zählt. Allein das, was wir in jedem Augenblick tun, zählt: Der Bissen, den wir gerade essen, die Arbeit, die wir erledigen, das Gespräch, das wir führen, all dies sind einmalige Gelegenheiten. *Dieser* Moment kommt nicht wieder. Es gibt keinen zweiten Pfeil.

Wenn wir die vielen kleinen Dinge, aus denen der Alltag besteht, als lästige Pflichten betrachten, sie dann kaum wahrnehmen, versäumen wir das Leben selbst! Wir sollten jeden Moment mit Liebe annehmen und gestalten, indem wir lernen, wahrhaft *dabei* zu sein. Der erste Schritt hierzu aber besteht in einem achtsamen und bewußten Erleben auch außerhalb der Meditationszeiten.

Die Betrachtung des Gefühls

Der zweite Bereich, dessen wir uns in der meditativen Bewußtwerdung annehmen sollen, ist unser Gefühlsleben. Zu verschiedenen Gelegenheiten mag man sich fragen: »*Wie* fühle ich mich?« Die Antwort darauf soll *nicht* in einer weitschweifigen Analyse münden, weshalb wir uns so fühlen. *Es geht wiederum nur um ein reines Registrieren dessen, was ist.* Fühlt man sich *angenehm* oder *unangenehm*, oder befindet man sich in einem *neutralen* Zustand, der weder positiv noch negativ empfunden wird?

Das reine Betrachten ohne ein Werten oder Verändern ist auch hier wieder schwieriger, als zunächst vermutet: Wenn wir uns schlecht fühlen, neigen wir, sobald wir dies merken, dazu, irgendeinem Umstand oder einem bestimmten Menschen die Schuld dafür zuzuschreiben. Indem wir die Verantwortung für unser Gefühl außerhalb unseres Wesens legen, fliehen wir einerseits vor dem bewußten Wahrnehmen unseres Empfindungszustandes, andererseits lassen wir negative Gedanken der Wut oder des Hasses zu. Hierdurch aber kommt es zu einem Teufelskreis aus schlechter Laune und Ärger über die schlechte Laune.

Jedes negative Gefühl als Folge eines äußeren Umstandes bleibt doch immer *unsere eigene Reaktion* darauf. Wir können nicht erzwingen, daß die Umstände unseren Wünschen entsprechen, daß alle Menschen sich so verhalten, daß ihr Reden und Tun bei uns Glücksgefühle und gehobene Stimmung bewirken. Aber wir können an unseren Stimmungen arbeiten.

Das jeweilige Gefühl ist eine wesentliche Grundlage allen Denkens,

Redens und Handelns. Leichter als bei uns selbst sehen wir am anderen Menschen, ob er schlecht gelaunt ist. Wenn er uns auch ungerecht oder launisch wirkt – auch wir handeln aus unseren negativen oder positiven Stimmungen heraus und erscheinen dabei anderen launisch oder ungerecht. Selbst wenn wir meinen, daß wir uns bestens beherrschen können, solange wir nicht umfassend wache und bewußte Persönlichkeiten werden, stehen wir unter der Herrschaft unserer Launen.

Aus einer angenehmen Stimmung heraus neigen wir dann dazu, Dinge zu akzeptieren, die wir gar nicht unbedingt wollen. Ein unangenehmer Gefühlszustand läßt uns selbst das ungnädig behandeln, was uns das Liebste ist. Natürlich machen wir uns das nicht bewußt. Wir wollen unsere üble Laune nicht wahrnehmen und flüchten uns in Rechtfertigungen. Wer bringt es schon fertig, zu sagen: »Ich bin schlecht gelaunt.«

Die Anregung des Buddha hilft uns, unsere Stimmung so zu erfahren, wie sie ist. Ohne Flucht nach rückwärts in Form einer Schuldzuweisung oder Rechtfertigung der Laune und ohne Flucht nach vorwärts in blindes Handeln.

Fragen Sie sich einfach: »Wie fühle ich mich?« Und dann stellen Sie nüchtern fest: »schlecht«, »gut« oder »neutral«, ohne jede weitere Überlegung.

Diese Betrachtung läßt sich während der Meditationszeiten beim stillen Sitzen vor oder nach der Atembeobachtung anstellen. Doch auch im Alltag lohnt sich immer wieder die Frage nach dem augenblicklichen Gefühlszustand. Ist die Aufmerksamkeit erst grundsätzlich auf diese Dimension unseres Erlebens gelenkt, dann erübrigt sich mit der Zeit die Frage danach: Mehr und mehr wird uns zu jeder Gelegenheit auch bewußt sein, wie wir uns fühlen. Unangebrachte Euphorie wird allein dadurch ebenso von selbst verschwinden wie schlechte Laune. Selbst wenn sie nicht sogleich vergeht – kennen Sie das, daß Ihre Wut oder schlechte Laune, sobald offen eingestanden, Sie selbst zum Lachen bringt?

Was geht in uns vor?

Wir können und wollen aber noch mehr über uns erfahren außer unserem Gefühlsleben. Welche Vorstellungen machen wir uns gerade? Welche Tagträume und Erinnerungen beschäftigen uns? Was denken wir?

Es gibt auch im Alltag immer wieder passive Zeiten oder mechanische Beschäftigungen, die uns geradezu einladen, zu betrachten, was in uns vorgeht.

Wie wir schon gesehen haben, sind es insbesondere unsere Gedanken und Absichten, die uns zu dem machen, was wir sind. Wenn wir die zehn Fesseln, die uns binden, lösen möchten, wenn wir unheilsame Gedanken und Vorstellungen durch heilsame ersetzen wollen, müssen wir uns zunächst der Tatsache bewußtwerden, daß überhaupt Negatives in uns ist.

Haben Sie es sich erst einmal zur Gewohnheit gemacht, ab und zu den Blick nach innen zu wenden, um ohne voreilige Bewertung oder Veränderung einfach zu sehen, was im eigenen Denken vorgeht, wird Ihnen auch hier alles zunehmend bewußter. Die regelmäßige Atemübung fördert diesen Prozeß umfassender Bewußtwerdung.

Wir erleben unser Leben ganz neu, wenn wir wahrnehmen, wie wir uns fühlen und was in uns dabei vorgeht. Unser Dasein erfahren wir als mehr und mehr ganzheitlich.

Kenko Yoshida meinte: »In ein Haus, das einen Herrn hat, können Fremde nicht nach Belieben eintreten. Ein unbewohntes Haus aber betreten die Vorüberkommenden ganz nach Belieben, da niemand da ist, der es ihnen wehrte. Füchse, Eulen und andere Tiere spazieren mit ganz selbstverständlichen Mienen herein und fühlen sich hier zu Hause. Auch Gespenster, wie Baumgeister, tauchen auf.

Weil der Spiegel keine Farbe und kein in sich geschlossenes Ansehen hat, spiegeln sich Tausende von Dingen in ihm wider. Besäße er Farbe oder feste Gestalt, so könnte sich nichts in ihm spiegeln. Leere Räume neigen dazu, sich zu füllen. Und daß sich in unserem Herzen so viele Gedanken und Wünsche umhertreiben, kommt nur daher, daß ihm der wesentliche Inhalt fehlt. Würde eine beherrschende Idee in unserem

Herzen wohnen, so könnten nicht unzählige Phantome ihr Spiel in unserem Inneren treiben.«

Erst wenn wir durch Meditation und stetes Streben nach Bewußtwerdung im Alltag Herren im eigenen Haus wurden, hört unser Inneres auf, eine Spielwiese für sich aufdrängende Wahrnehmungen, Vorstellungen und Gedanken zu sein. Jetzt entscheiden wir, welche heilsamen Ideen mit voller Absicht aufgenommen werden. Diese bewußt gewählten Impulse richten unser ganzes Denken, Reden und Handeln entsprechend aus. Und schließlich gibt es keinen Raum mehr in uns für das Unheilsame...

7. Kapitel

FÜNF REGELN

Seit dem großen Erlebnis seines Erwachens bis zum Tode im Alter von achtzig Jahren führte der Buddha ein Wanderleben als lehrender Weiser. Nur während der Regenzeiten, wenn das Wetter in Indien das Reisen zu Fuß erschwerte oder unmöglich machte, harrte er mehrere Wochen am gleichen Ort aus. Ansonsten war er unterwegs, um möglichst vielen Menschen die von ihm erkannten Wahrheiten darzulegen und die entsprechende Lebensgestaltung und Meditation zu vermitteln.

Unter den Schülern des Buddha waren solche, die es ihm völlig gleichtaten: Sie ließen alle anderen Beschäftigungen und Bindungen, um sich ganz dem Erreichen des höchsten Zieles, des Erwachens, zu widmen. Sie zogen mit ihrem Lehrer, ließen sich in der Meditation unterweisen und bemühten sich mit aller Kraft um eine Verwandlung ihres Wesens, denn in besonderer Weise sollten sie anderen als Vorbilder dienen. Da sie wie der Buddha an keinen bestimmten Ort gebunden waren, konnten auch sie umherwandernd zur Verbreitung seiner Botschaft beitragen.

Die große Gruppe von Schülern des Buddha umfaßte Frauen und Männer aller Stände des damaligen Indien: Bauern und Händler, Mütter und Mägde, Soldaten und Politiker, Bürger und Diener, Geächtete und Fürsten. Niemand, der mit dem Willen, an sich zu arbeiten, zum Buddha kam, wurde abgewiesen. Immer auf die persönliche Situation des Betroffenen eingehend, zeigte der Weise auf, wie man im Rahmen der eigenen Möglichkeiten und Lebensbedingungen auf dem Wege zu echter Freiheit und wahrem Glück weiterkommen kann. Grundsätzlich machte er dabei keine Unterschiede nach Herkunft oder Geschlecht.

Außer daß er sich jedermann persönlich annahm und auf all die verschiedenen Voraussetzungen seiner Schüler einging, lehrte er auch allgemeine Regeln, deren Beachtung eine heilsame und auf das Erwachen gerichtete Lebensgestaltung unterstützt. Wichtig jedoch war ihm dabei, daß man diese Regeln nicht als Gebote mißversteht, deren Übertretung von einem Gott unbarmherzig bestraft wird. Nicht auf Gehorsam war der Buddha bei seinen Schülern bedacht, sondern auf deren *eigene Einsicht.* Er übergab alle Entscheidungen über sein Tun und Lassen dem Menschen selber, damit er nicht aus Furcht vor Strafe, sondern aus Erkenntnis und innerem Reifen freiwillig bestimmte Handlungen und Verhaltensweisen wählen konnte.

Halten wir uns von einer negativen Tat nur deshalb fern, weil sie verboten ist und wir angedrohte Strafen im Diesseits oder Jenseits fürchten, wirkt sich unsere untadelige Lebensweise zwar angenehm für die anderen aus, die nicht unter uns leiden müssen, doch sie ist kein Zeichen für Reife und Wachheit. Vielmehr sind wir Sklaven von Vorschriften. Solange wir uns dazu zwingen müssen, Unheilsames zu lassen, während unsere Absichten heimlich das Gegenteil ersehnen, haben wir noch nicht erkannt, daß es in erster Linie schädlich für uns selbst ist. Sie erinnern sich – die Absicht entscheidet!

Unsere negative Absicht kann sehr viel mehr Leid schaffen als die aus Angst vor Strafe unterdrückte Tat. Wir sind wieder bei *der Erkenntnis des Karma-Gesetzes.* Nicht irgend jemand bestraft mich für eine Tat, die willkürlich unheilsam oder schlecht genannt wird. Dinge, die für mich und andere gleichsam negativ sind, bringen mit Sicherheit Schaden. Indem das Unheilsame als solches klar durchschaut wird, schwindet auch jede Neigung dazu. Es wird dann nicht mehr aus Furcht vor Bestrafung gelassen, vielmehr aus der eigenen Einsicht seiner Schädlichkeit.

Was unheilsam oder negativ ist, kann dabei nicht nach eigenem Gutdünken festgelegt werden. Oberste Richtschnur bleiben die unverrückbaren Gesetzmäßigkeiten der Natur und des Geistes. Nur ein Dasein in Harmonie mit ihnen garantiert Freiheit und Glück für uns und für andere. Alles, was einer solchen Harmonie zuwiderläuft, ist negativ und unheilsam. Wenn eine Lebensregel daher sinnvoll sein soll, hält sie uns zu einem Verhalten an, das uns in immer größeren Einklang mit den Gesetzen des Daseins bringt.

Wenn man sich das Karma-Gesetz vor Augen hält, dann könnte beim

Tun des Positiven und Lassen des Negativen die Hoffnung auf positive oder Furcht vor negativen Auswirkungen eine Rolle spielen. Doch dieses Gesetz ist kein Gebot oder Verbot, sondern freiwillig. Und je tiefer dieses Gesetz und die universelle Verbundenheit aller Wesen und Dinge in einem großen Werdestrom erkannt werden, je mehr der Augenblick mit seinen Möglichkeiten an Wert gewinnt, um so mehr wird das Heilsame ohne heimliches Schielen nach Lohn einfach aus Freude getan.

Wozu gibt es dann eigentlich überhaupt Regeln? Reicht es nicht, das Karma-Gesetz einzusehen, um automatisch stets das Rechte zu tun?

Bloßes Wissen vermag allein nichts. Es muß zu einem lebendigen Teil unseres Wesens werden. Dazu bedarf es der Umsetzung. Regeln im Sinne des Buddha sind nichts anderes als praktische Übungen, um das Eingesehene nun auch als Bestandteil unserer Persönlichkeit zu leben. Es ist die wachsame Auseinandersetzung mit bestimmten Übungsfeldern, die unsere Absichten und Haltungen verwandelt.

Seinen mit ihm ziehenden Schülern gab der Buddha zahlreiche Regeln. Sie führten ein diszipliniertes Leben im Dienste seiner Botschaft und mußten keine Rücksichten auf an sie gebundene Menschen oder ihnen anvertrauten Besitz nehmen. Für alle, die sich solcher Schulung unterzogen, konnten für jeden Lebensbereich eigene Regeln gegeben werden. Jene aber, die ein in alltägliche Pflichten und Bindungen eingebettetes Leben führten, erhielten vom Buddha nur fünf Regeln, wenn sie seine Schüler wurden: Mache es Dir zur Übung

1. Kein Lebewesen bewußt zu töten oder zu verletzen,
2. Nicht-Gegebenes nicht zu nehmen,
3. ein sittlich reines Leben zu führen,
4. Lügen und grobe Worte zu vermeiden,
5. die Bewußtheit nicht durch Drogen zu trüben.

Auf den ersten Blick mögen diese Regeln wie vieles, was der Buddha ansprach, so selbstverständlich erscheinen, daß eine weitere Erörterung unnötig erscheint. Doch geht man etwas tiefer, findet man fünf Übungsfelder, die wesentlich zur Verwandlung unseres Wesens beitragen. Was dabei anfänglich vielleicht wie ein Gebot oder gar Verbot empfunden wird, weil es unseren Neigungen entgegensteht, führt im

Verlaufe ernsthafter Auseinandersetzung zu einer Haltung, die schließlich jede Regel überflüssig macht.

1. Kein Lebewesen bewußt töten oder verletzen

Daß man keinen Menschen töten soll, brauchte von den Weisen nicht gesondert gelehrt zu werden, mag man denken. Wahrscheinlich wird jeder Mensch aus einem natürlichen Empfinden heraus das Töten eines anderen ablehnen. Staat und Gesellschaft verbieten es und stellen es unter hohe Strafen. Doch schon hier treten erhebliche Ungereimtheiten auf: Was dem einzelnen überall streng untersagt wird, ist plötzlich kein Unrecht, wenn eine Gruppe es tut. Erklären nun Staaten das Leben eines Menschen für verwirkt oder lassen sich auf Unternehmungen ein, die mit Sicherheit Menschenleben kosten, so wird dies vielfach als ebenso selbstverständlich erachtet, wie die Vorschrift, die dem einzelnen das Töten verbietet.

Über das mit vielen Worten und Paragraphen begründete Töten von seiten eines Staates wird viel gnädiger hinweggesehen als über die Verwirrung eines einzelnen. Das zeigt, wie sehr hier das allgemeine Bewußtsein mit zweierlei Maß mißt.

Wenn Kriegsberichterstattung durch die Nachrichten im Fernsehen zur Abendunterhaltung und die Tatsache, daß man tausende Menschen hinschlachtete, durch eine Aufklärung über sogenannte politische Notwendigkeiten versachlicht und verharmlost wird, verliert der einzelne leicht die grundsätzliche Wertschätzung des Menschenlebens. Der Buddha legte seinen Schülern einmal gleichnishaft dar, wie die Einführung der Todesstrafe eine Gesellschaft in den Niedergang führte: in der Geschichte von einem Volk, das den Respekt vor dem Leben verlor, als es sah, daß es auch den Regierenden nicht heilig war.[28]

Haben wir uns einmal vorgenommen, unser eigenes Leben zu höchster Wachheit und Vollendung zu führen und jeden Augenblick bewußt zu nutzen, müssen wir unser Menschsein wahrhaft zu schätzen wissen, jedes Menschenleben muß grundsätzlich von Wert sein.

Ohne Beschönigungen und Ausreden gilt es daher zunächst zu erkennen, wo wir aus Gier, Haß und Verblendung den Wert eines anderen

Menschen mißachten. Selbstverständlich gibt es Notwehrsituationen, in denen man sich oder andere verteidigen muß. Auch Gruppen oder ganze Staaten können in solche geraten. Dies wurde vom Buddha nie bestritten. Aber wir sollten die Ausnahme nie zur Regel erheben.

Wer in Harmonie mit den universellen Gesetzmäßigkeiten leben möchte und erfahren will, wie sein Wesen als ein werdendes in der Ganzheit alles Seienden verflochten ist, bedarf einer Einstellung, die der Buddha folgendermaßen charakterisierte: »Da hat einer das Töten lebender Wesen verworfen, vom Töten der Lebewesen steht er ab. Stock und Schwert verwerfend, zartfühlend, liebreich, ist er auf das Wohl alles Lebendigen bedacht.«[29] Wie stets in der Lehre des Buddha steht hier vor allem die innere Haltung im Mittelpunkt: Wie sieht es in uns aus? Hegen wir vielleicht geheime Todeswünsche gegen einen oder mehrere Menschen? Freuen wir uns, wenn bestimmten Personen ein Leid geschieht? Sind seelische Schmerzen, die wir einem anderen durch absichtliche Kränkungen zufügen, nicht ein Ersatz für körperliches Leid, das wir ihm verursachen wollten? Und ist eines nicht so schlimm wie das andere?

Lesen Sie über diese Fragen nicht einfach hinweg, weil Sie von Ihrer Friedfertigkeit und Liebe zu allem, was lebt, überzeugt sind. Das positive Bild, das wir von uns selbst haben, muß nicht stimmen, auch wenn es uns immer wieder gelingt, uns selbst und andere von seiner Richtigkeit zu überzeugen. In jedem Menschen, der nicht wirklich an seiner Verwandlung zum Heilsamen arbeitete, wohnen Haß und Übelwollen. Erst wenn die Fessel des Grolls erkannt wurde, kann sie bewußt gelöst werden.

Daher gehen Sie mit Ihren Fragen tiefer und bleiben nicht bei dem stehen, was Sie selbst zu tun imstande wären. Betrachten Sie kritisch, was Sie offen oder heimlich gutheißen: Ziehen Sie Trennungsstriche zwischen Menschen, um die es uns mehr und um die es uns weniger leid tut?

Sind diese negativen Tendenzen erst einmal ganz bewußt geworden, kann es sein, daß sie sofort vergehen: Mitunter ist man beim Bewußtwerden derart betroffen, daß man sie spontan losläßt. Sind sie hartnäckig, dann müssen wir mit den vom Buddha gelehrten Methoden der Schulung des Denkens (3. Kapitel) daran arbeiten.

Es wird Ihnen aufgefallen sein, daß der Buddha seine Regel des Nicht-Tötens und Nicht-Verletzens auf alle Lebewesen ausdehnt. Nicht nur das

Dasein des Menschen, sondern jeden Ausdruck des Lebens in diesem Universum soll der Schüler des Buddha achten. Gelingt es uns nämlich, auch dem Tier mit Wertschätzung zu begegnen und selbst in einer Pflanze das lebendige Wesen zu sehen, erlangen wir ein völlig neues Bewußtsein dessen, was Leben ist.

Versuchen wir die Grundlagen unseres Daseins zu erfassen: In jedem Augenblick müssen wir, um leben zu können, immer erneut töten. Mit jedem Atemzug, mit jedem Schritt, den wir tun, zerstören wir Leben, auch wenn die Tötung jenseits des uns Sichtbaren geschieht. Deutlich wird es uns bei der Nahrungsaufnahme offenbar: Leben lebt von Leben.

Selbst beim besten Willen wäre es unmöglich, diese Gegebenheit abzuschaffen. Immer muß anderes Leben vernichtet werden, solange wir existieren. Doch es kommt auch hier auf die Haltung an, die wir dieser Tatsache gegenüber einnehmen. Wenn wir einfach nicht sehen wollen, wie unser Dasein von anderem Leben abhängig ist, wird uns ein wesentlicher Aspekt unseres Wesens, nämlich seine universelle Bedingtheit, verborgen bleiben. Bewußte oder gar wache Menschen im Sinne des Buddha können wir auf diese Weise nicht werden. Wenn wir zwar wissen, wie wir zur Erhaltung unserer Existenz auf das Sterben anderer Wesen angewiesen sind, dies jedoch als eine Selbstverständlichkeit hinnehmen, finden, daß es uns zusteht, die ganze Natur als allein für den Menschen gemacht zu empfinden, können wir Leben nicht wahrhaft schätzen. Selbstherrlich über dem stehend, wovon das eigene Wesen abhängt, isoliert man sich so von seinen eigenen Wurzeln.

Wir, die wir unweigerlich durch unser Dasein von anderem Leben zehren, können und müssen uns bemühen, die Haltung zu wandeln, mit der dies geschieht: Wir müssen zu einer *dankbaren* Einstellung gelangen!

Gerade dafür muß ich jede Form des Lebens wahrhaft *achten.* Beobachten Sie Tiere und Pflanzen bewußt als das, was sie sind: Wesen, die viele Gemeinsamkeiten mit uns haben.

Jedes Lebewesen tritt ins Dasein, will wachsen und werden, nährt sich von dieser Erde, lebt und schenkt neues Leben. Darin ist jedes Wesen uns verwandt. Es lebt anders, aber es lebt auf seine Weise und will nur leben.

Als Menschen unterscheiden wir uns von anderen Lebewesen dadurch, daß wir diese Zusammenhänge, wie Leben von Leben lebt, klar durchschauen können. Wir vermögen zu sehen, wie anderes Leben uns zu dem macht, was wir sind, und wie wir es deshalb mindestens gleich unserem eigenen schätzen sollten. Dies ist Dankbarkeit!

Selbstverständlich kann eine solche Haltung nicht nur theoretischen Erwägungen entspringen. Wie können wir *praktisch* lernen, alles Leben in liebevoller Weise zu betrachten und es nicht achtlos zu behandeln. Das gedankenlose und unnötige Abreißen von Pflanzen am Wegesrand oder das Schlagen nach einem Insekt, das man als störend empfindet, erachtet mancher vielleicht gar nicht als erwähnenswert. Doch wenn es gelingt, im kleinen zu sehen, daß hier wie im Menschen nur der Wille zum Dasein uns entgegentritt, können wir alles Leben achten.

Der Mensch hat die Erde in eine bedrohliche Lage gebracht, weil er Pflanzen und Tiere nicht als Leben achtete, sondern sie ausschließlich unter dem Aspekt der Nützlichkeit für sich sah. So entzieht er sich allmählich die Basis seines Daseins. Der Buddha mahnte seine Schüler, allem, was leben will, mit Liebe und Achtung gegenüberzutreten. Wer gelernt hat, aus echter Wertschätzung des Lebens auch nicht den kleinsten Käfer absichtlich zu zertreten, der wird auch seinen Mitmenschen ohne Feindseligkeit begegnen.

Überprüfen Sie sich kritisch: Wie verhalte ich mich dem nichtmenschlichen Leben gegenüber? Nehme ich es überhaupt bewußt wahr? Bin ich mir im klaren darüber, wie wichtig es für mein eigenes Dasein ist?

Ausgehend von Ihren ehrlichen Antworten auf diese Fragen werden Sie sich vielleicht mehr zusammennehmen, auch die kleinen und für unser Leben zwecklosen Lebensformen überhaupt bemerken und schließlich zu einer liebenden Haltung finden.

2. Nicht-Gegebenes nicht nehmen

Die zweite Lebensregel, deren Beachtung der Buddha seinen Schülern empfiehlt, bezieht sich nicht direkt auf die anderen Wesen, sondern auf unser Verhältnis zu den Dingen und Umständen der Welt.

Es ist ein Kennzeichen der Werde-Kraft, durch die wir leben, daß sie uns nicht nur *sein* lassen möchte, sie möchte uns auch *haben* lassen. Man kann nicht sein, ohne zu haben. Um zu existieren, brauchen wir Nahrung, Kleidung, Lebensraum und manches mehr. Es sind grundsätzliche Notwendigkeiten unseres Daseins. Darüber hinaus besitzt ein Mensch in der Regel noch viele Dinge, die er zwar nicht unbedingt braucht, die ihm aber das Leben angenehmer erscheinen lassen.

Als allgemeine Übereinkunft unter den Menschen, die auch in den Gesetzgebungen aller Staaten ihren Niederschlag fanden, gilt, daß keiner dem anderen dessen rechtmäßigen Besitz stehlen oder rauben darf. Als der Buddha bewußt die Formulierung wählte, man solle »Nicht-Gegebenes nicht nehmen«, sagte er mit diesen Worten weitaus mehr. Ein Mensch, der sich mit dieser Regel ernsthaft auseinandersetzt, muß sich die verschiedenen Bereiche des Daseins betreffend fragen: »Was ist mir denn gegeben?«

Das hat eigentlich gar nichts mit Eigentum zu tun! Nehme ich, was mir nicht gegeben ist, störe ich die Harmonie mit den universellen Gesetzmäßigkeiten, denn ich setze mich über das Seinwollen und Habenwollen anderen Werdens hinweg – mit *Absicht*, gefesselt von *Gier* und mich selbst höher einstufend als andere Wesen (achte Fessel).

Wer nach höherer Wachheit und Bewußtheit strebt, muß also an sich selbst höhere Anforderungen stellen, als nur die, Eigentum zu achten.

Beobachten wir also unseren Alltag im Hinblick auf diese Regel: Wo greifen wir wie selbstverständlich zu, ohne uns unserer Absicht bewußt zu sein? Wo verfügen wir ohne Nachdenken einfach über den Besitz, die Zeit oder die Geduld anderer? Wenn wir ganz ehrlich vor uns selbst sind, können wir dann behaupten, daß alles, was wir besitzen, uns gegeben wurde?

Bei allem, was wir *haben*, gilt das gleiche Gesetz wie beim Atem: Nehmen und Geben müssen einander entsprechen. Wenn wir für das, was wir besitzen, nichts geleistet haben, wenn wir für das Genommene nicht auch etwas hingaben, ist die Harmonie gestört. Selbst Geschenktes oder durch einen Glücksfall Erlangtes müssen wir uns nachträglich verdienen, indem wir uns seiner würdig erweisen.

Wer zu höherer Bewußtheit gelangen möchte, muß klar durchschauen: Alles, was wir besitzen oder besitzen wollen, verlangt einen Einsatz.

Was wir hingegen in unserem Besitz haben möchten, ohne die Bedingungen dafür zu schaffen, wird uns zur schweren Bürde. Nicht wir beherrschen es, sondern es beherrscht uns.

Wer auf Kosten anderer lebt, ohne etwas dafür zu geben, während andere Menschen ihre Zeit, Arbeit und Leistung einsetzen, damit sie sich selbst erhalten und die Gesellschaft sich entwickeln kann, der kann nicht wahrhaft frei werden. Er bleibt abhängig von einem Schaffen, zu dem er selbst nichts beiträgt, obwohl er das könnte. Wer ein glückliches und bewußtes Leben in wahrer innerer Freiheit führen möchte, muß die Verantwortung für sein Dasein übernehmen: Und nicht nur über seines, er darf nicht ungerechtfertigt über das Tun und den Besitz anderer verfügen, ohne selbst etwas zu geben.

Es hat dies nichts mit einer stolzen Haltung gemein, aus der heraus man keine Geschenke annehmen kann. Wir sollen gerne nehmen, was uns dargeboten wird. Es geht nicht darum, genau aufzurechnen, was wir wem zurückgeben müssen, um sich dabei in Kleinlichkeiten zu verlieren. Es geht um bewußte Dankbarkeit für alles, was wir ohne eigene Leistung erhalten. Und es geht darum, zu wissen, daß auch wir wieder zu geben haben: Vielleicht nicht dem, der uns beschenkt hat, sondern einem ganz anderen. Nur wenn wir in gleicher Weise nehmen und geben können, sind wir auf dem Wege zur Harmonie.

Es sollte einmal grundsätzlich überlegt werden, ob wir das von uns Ersehnte oder das, was wir schon besitzen, tatsächlich wollen. Wir müssen haben, um zu sein, das steht fest. Auch gibt es über jene Dinge hinaus, die wir unmittelbar zum Dasein brauchen, viele schöne Sachen, die uns Freude bereiten und das Leben angenehmer machen. Was aber von dem, das wir haben oder möchten, brauchen oder genießen wir wahrhaft?

Letztlich ist nur der innere Zugewinn von Wert. Auch der größte Besitz kann uns nicht zu freien und glücklichen Wesen machen. Die Menge der Dinge, die wir horten, verwandelt unsere Persönlichkeit nicht in der gewünschten Weise. Doch müssen Eigentum und Besitz nicht hinderlich für die erstrebte Verwandlung sein, sie können sogar zu wertvollen Hilfsmitteln werden. Dazu ist aber notwendig, daß wir für uns und andere einen heilsamen Gebrauch davon zu machen verstehen.

Die zweite Regel des Buddha mahnt uns also, das eigene Verhältnis zu den Dingen dieser Welt, den fremden wie den eigenen, stets wachsam zu überprüfen. Zunächst heißt es, die gröbsten Formen hier möglichen Fehlverhaltens zu korrigieren. Sodann wird die Achtsamkeit verstärkt auf die Gedanken gerichtet: »Gibt es in mir Gier nach fremdem Eigentum oder Neid auf das, was ein anderer erlangte?« Und schließlich fragt man noch weiter: »Was ist mir überhaupt gegeben? Was steht mir eigentlich auf dieser Erde zu, wenn ich ehrlich meinen eigenen Beitrag und Einsatz bedenke?«

Werden diese Überlegungen mit größter Aufrichtigkeit vorgenommen, und bemüht man sich zugleich um die praktischen Konsequenzen, die sich daraus sicher ergeben, wird die eigene Beziehung zu den Dingen verwandelt. Man sieht sie nicht länger als den Zweck des Daseins, sondern als Lebens-Mittel. Die Erfahrung lehrt dann, wie der Wert unseres Menschseins nicht von einer Anzahl besessener Dinge abhängt. Wir haften nicht mehr an dem, was wir haben oder haben wollen.

Dies bedeutet nicht, daß wir uns an den Dingen nicht mehr freuen dürfen. Das Gegenteil trifft zu: Wir können das Glück erst durch solche Dinge erfahren, an denen wir nicht mehr haften. Alles, woran wir hängen, läßt uns unfrei sein. Solange wir glauben, daß wir etwas unbedingt nötig haben, macht sich die Gier danach zu sehr in unserem Inneren breit, um noch Raum für die Werte und Schönheiten der Sache selbst zu lassen.

Der unwache Mensch jagt heute diesem und morgen jenem nach. Nicht die Dinge selbst schätzt er dabei. Wichtig ist ihm hauptsächlich die Selbstbestätigung, die sie ihm vermitteln. Doch auf diese Weise erfährt er keine wahre Bereicherung, denn er bestätigt lediglich jenes Bild von sich, das er bereits hat. So bleibt er Gefangener seiner Verblendung; Gier und Haß kommen nicht zur Ruhe.

Hat er aber erkannt, daß uns nicht Besitz zu positiv verwandelten Menschen macht, sondern nur die heilsamen Haltungen, Absichten und inneren Werte, die man durch Arbeit an sich selbst erwirbt, wird auch *Freiheit gegenüber Dingen* möglich.

Diese läßt nicht nur uns *frei sein vom Zwange, haben zu müssen,* sie befreit auch die Dinge von uns und unseren Wertungen. Wir erlauben ihnen damit, das zu sein, was sie sind. Wir lernen, etwas in seiner Schönheit einfach zu sehen und uns daran zu erfreuen, ohne sofort zu denken: »Das will ich haben!« Wir sind frei, auch Dinge und Gegebenheiten zu schätzen, die wir nicht raffen können.

Erst mit dieser Fähigkeit wären wir wahrhaft reif, unseren Besitz im Einklang mit den universellen Gesetzmäßigkeiten zu verwalten. Er diente nicht mehr der Befriedigung unserer Gier, sondern wir könnten für uns und andere den unmittelbar besten Gebrauch davon machen, wodurch uns die Dinge dann wahrhaft zu Mitteln des Glücks würden.

Eine neue Dimension des Besitzens, die sich uns dabei erschlösse, wäre jene des *Gebens*. In der Regel gibt man nur, wenn man sich etwas davon verspricht. Aus einer wachen Haltung jedoch, die kein Haften mehr an den Dingen kennt, vermag man etwas zu geben um der Sache oder eines anderen willen. Das Glück des Gebens ist dann selbst der schönste Lohn.

Auf dem Weg dahin ist vielleicht schon ein beachtlicher Anfangserfolg, wenn man zunächst lernt, einfach nur wegzugeben, was man selbst nicht braucht. Kann man erst von dem geben, was einem teuer ist, dann ist ein großer Sieg erreicht. Man erfährt, wie man durch Geben reicher wird.

So, wie wir keine Sekunde unseres Lebens halten können, läßt sich kein Besitz über dieses Dasein hinaus retten. Die Konsequenz? Jedes Teil unseres Besitzes »erleben«, lieben, nützen, als Geschenk betrachten. Kennzeichen für alles Gegebene ist meine Dankbarkeit dafür.

3. Ein sittlich reines Leben führen

Mit seiner dritten Regel bezieht sich der Buddha auf den Bereich des Geschlechtslebens. Die Sexualität ist ein wesentlicher Ausdruck unserer Werde-Kraft. Vieles, was der Mensch bewußt oder unbewußt tut, wird entscheidend durch sie bestimmt. Natürlich ist etwas, das so unmittelbar zum Leben gehört, etwas grundsätzlich Positives. Doch alles Positive läßt sich vom Menschen ins Negative verkehren, wenn er in extremer Weise damit umgeht. Bei der Sexualität wären extreme Verfahren die zwanghafte Unterdrückung der eigenen Triebe oder das gierhafte Ausleben seines Verlangens ohne Rücksicht auf andere.

Der Buddha verurteilte keine Form des Umgangs mit der Sexualität, weder die Enthaltsamkeit, noch irgendeine der denkbaren Arten sexuellen Miteinanders. Seine ganze Lehre zielt jedoch darauf ab, daß jeder für sich die rechte Mitte findet.

Wenn jemand glaubt, sexuelle Enthaltsamkeit könnte für das Anstreben seiner Ziele positiv sein, dann mag dies zutreffen, wenn sie in Freiheit gewählt und beachtet wird. Enthaltsamkeit darf sich dann nicht als schwer erweisen.

Bei jeder Lebensform ist es wichtig, wachsam und bewußt zu sehen, was man tut und warum man es tut. Der Buddha hat das bloße Übernehmen äußerer Formen als Fessel gewertet. Stets betonte er die Bedeutung der Einstellung, die den einzelnen in einer gewissen Weise handeln oder nicht handeln läßt.

Jeder, der nicht in Gedanken und Taten enthaltsam lebt, hat sexuelle Kontakte mit einem oder mehreren Menschen oder strebt diese zumindest an. Die Reinheit, die der Buddha in diesen Fällen zur Regel gibt, besteht darin, nicht gegen den Wunsch und das Interesse eines anderen in dessen Intimsphäre einzudringen. Mit anderen Worten: Der Schüler des Buddha soll nicht vergewaltigen.

Nun mag Vergewaltigung hart klingen, grausam. Müssen Sie sich überhaupt angesprochen fühlen? Vergewaltigen beginnt nicht erst dort, wo wir einen anderen mit Brutalität oder Drohungen zu sexuellem Verkehr zwingen. Vergewaltigung herrscht schon überall, wo wir aus Motiven sexuellen Begehrens einen anderen auch mit dem leichtesten Druckmittel zu etwas bewegen wollen, was er nicht möchte.

Es ist dabei eine sehr fadenscheinige Entschuldigung, wenn man sagt: »Der andere muß selbst wissen, was er tut. Und wenn er das mitmacht, was ich ihm antrage, ist er schließlich selbst verantwortlich.« Jeder, der sein Bewußtsein erweitern möchte, muß eine große Empfindsamkeit für den Nächsten entwickeln. Er darf ihn nicht zu einem Mittel zum Zweck der eigenen Befriedigung entwerten. Vielmehr muß er lernen, sich wahrhaft zu fragen, was gut für den anderen ist. Gerade bei der Sexualität, wo starke Triebe bestimmend sein können, mag dies schwer sein.

Besonders wichtig ist es auf sexuellem Gebiet, jenen Beweggründen, die man sich selbst vormacht, zu mißtrauen: Das wenigste, das wir für

Liebe halten, ist wahrhaft Liebe. Was wir für andere zu tun glauben, geschieht meist nur, damit diese sich so verhalten, wie wir es wollen. Auch wenn man sich seiner diesbezüglich ganz sicher wähnt, sollte man doch ehrlich prüfen: »Was fordere ich vom anderen? Will er wirklich auch das, was ich verlange? Was möchte er selbst?« Gerade Nähe macht oft blind. Man nimmt seine Gewohnheitsrechte wahr, doch der andere gibt vielleicht nur mechanisch, was wir fordern, ohne mit Würde dabei zu sein. Doch wenn wir ihn entwürdigen, dann entwürdigen wir uns selbst.

Auch hier müssen wir wieder sehen, wie der Schaden, den wir anderen zufügen, unser eigenes Wesen mindestens zu gleichem Teile trifft. Doch auch dann, wenn ein anderer nicht leidet, weil sich das Negative nur in unserer Phantasie oder im Denken abspielt, arbeiten wir damit gegen uns selbst. Phantasien, von denen wir genau wissen, daß sie uns etwas vorgaukeln, was der andere in Wahrheit nicht will, sind für unseren Geist gefährlich. Es wirkt wie ein Teufelskreis: Man phantasiert über etwas Unerreichbares, an das man sich gehängt hat. Dadurch haftet man immer stärker am Unmöglichen. Das Mögliche und Erreichbare verliert man dadurch aber aus den Augen. In diesem Falle ist wieder Gedankenarbeit zu leisten, wie sie uns der Buddha durch seine fünf Methoden der Schulung des Denkens gelehrt hat. Auf diese Weise können wir dem Teufelskreise aussichtsloser Vorstellungen entrinnen und statt der Gier nach Unerreichbarem dem Erreichbaren näherkommen.

Wir werden offener für den anderen, indem wir ihm nicht fordernd, sondern fragend begegnen, um stets zu sehen, was für ihn das Beste ist.

Einst lobte der Buddha einen Schüler mit Namen Ugga wegen dessen besonderen Eigenschaften.[30] Wenn man hört, was dieser Ugga tat, wird man es wohl wahrhaft außergewöhnlich finden: Wie zur alten Zeit in Indien oftmals üblich, hatte jener Mann mehrere Ehefrauen. In jenen Tagen wurden die Mädchen durch geschäftsmäßige Händel von den Eltern an den Ehemann gegeben, wobei die Braut in der Regel kein Mitspracherecht besaß. Für Liebesheiraten war kaum Platz. Dennoch war es auch damals nicht zu vermeiden, daß Menschen sich ineinander verliebten. Trafen die Eltern aber ein anderes Abkommen, hatte die Frau ihre Pflichten dort zu verrichten, wohin sie bestimmt wurde. Man kann sich leicht vorstellen, wie tragisch die Schicksale oft waren, in welche die Frauen sich fügen mußten. Der Rückweg zu den Eltern war ausgeschlossen und die Trennung vom Mann, um allein zu leben, unmöglich.

Als Ugga, der so mit vier Frauen zusammen war, mit der Lehre des Buddha in Berührung kam, begann er in allen Lebensbereichen damit Ernst zu machen. Er übte sich in Meditation und beachtete die Ratschläge des Buddha für ein bewußteres Dasein. So stellte er auch konsequent das in Frage, was zuvor als allzu selbstverständlich galt: Was dachten eigentlich diese Frauen, die nicht freiwillig zu ihm gekommen waren? Was wünschten sie sich wahrhaft? Vielleicht hatten sie ganz andere Träume und Vorstellungen gehabt und waren nun zu einem Zusammenleben mit ihm gezwungen.

Eine große Selbstehrlichkeit, die er aus dem Anwenden der Weisungen des Buddha gewann, erlaubte ihm jetzt, sich zum Wohle aller Beteiligten über das zu seiner Zeit Übliche und Schickliche hinwegzusetzen. Er sprach mit seinen Ehefrauen in aller Offenheit und fragte sie, was sie sich wünschten: Wollten sie weiterhin in seinem Hause leben mit allem Verfügungsrecht über den Besitz, doch ohne die Verpflichtung, ihm zu Willen zu sein? Wollten sie sich lieber bei Verwandten niederlassen? Oder sehnten sie sich vielleicht nach anderen Männern, mit denen eine Verbindung durch seinen Handel mit den Eltern nicht zustande gekommen war?

Tatsächlich nannte ihm die erste seiner Frauen einen anderen Mann, mit dem sie gerne zusammengelebt hätte. Offenbar liebte jener Mann auch die Frau, und so sorgte Ugga dafür, daß beide zueinander fanden. Persönlich richtete er die Hochzeitszeremonie aus, ohne in diesem Augenblick Zorn, Wut oder Trauer zu empfinden.

Hierfür rühmte der Buddha ihn als einen Mann mit außergewöhnlichen Eigenschaften. Er hatte es geschafft, seine Gier zurückzunehmen, um vollkommen das zu berücksichtigen, was im Interesse des anderen ist. Dabei kannte er weder Stolz noch Eitelkeit. Er sah ein, daß es keinen Sinn hat, sein Leben auf einer Täuschung aufzubauen und sich eine scheinbare Zuneigung zu erkaufen. Zugleich aber verwirklichte er damit etwas, was zumeist mit der eigenen Gier verwechselt wird, nämlich wahre Liebe.

Eigentlich kann nur derjenige lieben, der Abstand nimmt von dem, was er selbst will, fordert und verlangt, um ganz nach den Interessen des Menschen zu fragen, den er liebt.

Immer weniger Partnerschaften werden heute von den Eltern ausgehandelt, und so leben zunehmend Menschen zusammen, die sich hierzu aus mehr oder weniger eigenem Antrieb entschieden haben. Braucht einer, der nun die Fragen des Ugga stellt, deshalb nicht damit zu rechnen, daß sein Partner ihm den vollkommenen Unwillen zur Gemeinsamkeit erklärt? Lieblosigkeit und Zwang gibt es heute wie damals. Heute entsteht sie aus Verblendung, denn die Freiheit, mit der wir heute wählen, ist auch die Freiheit, Irrtum und Verblendung zu wählen. Ein allgemein verbreiteter Irrtum: Als unerwachte Menschen neigen wir dazu, die Nähe, Zuwendung und Fürsorge eines anderen sowie die Befriedigung, die er uns verschafft, als Selbstverständlichkeiten hinzunehmen.

Auch wenn es sehr unbequem sein sollte, über das Selbstverständliche kritisch nachzudenken, müssen wir uns ohne Umschweife fragen: »Was will der andere?« Wir selbst müssen uns diese Frage beantworten, nicht der andere. Vielleicht hat sich unser Partner aus Liebe darauf eingestellt, uns bestimmte erwartete Leistungen zu erbringen, unter denen er insgeheim leidet. Wir nehmen sie fraglos hin und merken gar nicht, wie wir den anderen buchstäblich vergewaltigen. Vielleicht verdrängt er es aus seinem Bewußtsein. Doch wir müssen unsere Augen dafür öffnen! Besonders im Geschlechtlichen dürfen wir nur das nehmen, was uns wirklich aus vollem Herzen gegeben wird.

Nichts auf der Welt darf uns eine Verfügungsgewalt über einen anderen Menschen geben! Trotz aller Eheverträge oder Versprechen, die uns ein anderer gibt, können wir letztlich keine Forderungen oder Ansprüche an ihn stellen, wenn wir seine Freiheit als uns gleichwertiger Mensch wahrhaft achten. Die Gegenwart des anderen bleibt für uns immer ein kostbares Geschenk. Was wir dabei durch offene oder versteckte Drohungen und Forderungen erzwingen wollten, hätte keinerlei wahren Wert. Der andere Mensch würde damit ein Mittel unserer Selbstbefriedigung. Äußerlich wären wir nicht allein, doch innerlich blieben wir einsam.

Wer die Gegenwart eines anderen, auch wenn sie noch so gewohnt ist, als Geschenk begreifen kann, für den wird sie niemals selbstverständlich sein. Liebend kann er geben, ohne selbst einem Anspruchsdenken zu verfallen. Zärtlichkeiten und liebe Worte sind dann der Ausdruck wahren Gebens. Man gibt, weil man den anderen schätzt, und dies auch dann, wenn er sich nicht so verhält, wie man selbst es gerne hätte.

Erst mit dieser Grundhaltung ist unsere Liebe echt. Wir sind frei von unseren Forderungen und Ansprüchen, die immer wieder Leid brachten, wenn sie sich nicht erfüllten. Die Freiheit läßt uns das jeweils Geschenkte in Freude annehmen: Eine Zuwendung, die wir nicht innerlich fordern oder äußerlich erzwingen, wird uns zur wahren Begegnung mit dem anderen.

4. Lügen und grobe Worte vermeiden

Über das Sprechen eines Menschen, der nach Einklang mit den universellen Harmonien strebt, lehrte der Buddha einst:

»Lüge hat er verworfen, vom Lügen hält er sich fern. Er spricht die Wahrheit, ist der Wahrheit ergeben, standhaft, vertrauenswürdig, kein Heuchler und Schmeichler der Welt.

Zwischenträgerei hat er verworfen, von der Zwischenträgerei hält er sich fern: Was er hier gehört hat, erzählt er dort nicht weiter, um jene zu entzweien. Was er dort gehört hat, erzählt er hier nicht weiter, um diese zu entzweien. Vielmehr einigt er Entzweite und festigt Verbundene. Eintracht macht ihn froh, Eintracht freut und beglückt ihn. Darum spricht er die Eintracht fördernde Worte.

Grobe Worte hat er verworfen, von groben Worten hält er sich fern: Worte, die ohne Fehler sind, dem Ohre wohltuend, liebreich, zum Herzen dringend, höflich, viele erfreuend, viele erhebend, solche Worte spricht er.

Leeres Geschwätz hat er verworfen, vom leeren Geschwätz hält er sich fern: Zur rechten Zeit spricht er, den Tatsachen gemäß, auf das Heil bedacht, den Inhalten getreu. Seine Rede sei inhaltsreich, angebracht, klar bestimmt, umfassend und heilsam.«[31]

In *Übung 8* hatten Sie schon einmal grundsätzlich die eigenen Redegewohnheiten beobachtet. Nun erfahren wir, welche konkreten Arten des Sprechens auf dem Wege zu höherer Wachheit wir ablegen und welche wir annehmen sollen. Der Buddha schlägt dabei das Beachten von vier Aspekten vor:

a) Von der Lüge zur Wahrheit

Mit jeder bewußten, absichtlichen oder kaum bewußten, gewohnheitsmäßigen Lüge entsteht eine Disharmonie zwischen unserem Wesen und der Wahrheit. Wir schaffen eine tiefe Kluft zwischen uns und dem Belogenen, die uns absondert und immer einsamer macht, je öfter wir lügen. Mögen wir auch hunderte Menschen um uns haben, die voller Bewunderung gläubig an unseren Lippen hängen, wir sind eigentlich ganz allein, wenn wir wissen, daß alles auf Täuschung beruht.

Genießt man dennoch die scheinbaren Vorteile einer Lüge, indem man sich etwa vormacht, eine erschwindelte Bewunderung wäre echt, bleibt jede Erweiterung des Bewußtseins ausgeschlossen. Man lebt in seiner engen, sich und anderen vorgespiegelten Scheinwelt und läßt keine höhere Wachheit zu. Auch wenn die Lüge einem Ansehen, Reichtum und Befriedigungen aller Art bringt, echtes und tiefes Glück bleibt ausgeschlossen. Wer sich zum Sklaven selbsthervorgebrachter Täuschungen macht, ist unfrei.

Nicht nur Lebenslügen sind gefährlich, mit jeder kleinen Unwahrheit, die wir anderen bewußt auftischen, verdunkeln wir unseren Charakter: Das eigene Wesen wird von Mal zu Mal unwahrhaftiger. Wie der Buddha lehrt, ist derjenige, der noch zu bewußter Lüge fähig ist, immer noch imstande, auch jede andere unheilsame Tat zu vollbringen.[32] Das Maß unserer Wahrhaftigkeit ist ein Gradmesser für die positive Beschaffenheit des eigenen Charakters.

Gerade die vielen kleinen Lügen, die gar nicht auffallen, sind in diesem Zusammenhange bedeutend und sollten entlarvt werden. Wichtig ist dabei der Hinweis des Buddha, daß man kein Heuchler und Schmeichler sei.

Fragen Sie sich selbst: Stimme ich manchmal anderen zu, obwohl ich innerlich ablehnend bin, nur um zu imponieren? Bin ich oft zu feige, standhaft zu sein, obgleich ich nichts zu befürchten hätte, wenn ich ehrlich meine Ansicht vertreten würde? Kommt es vor, daß ich beipflichtend nicke, innerlich jedoch Ablehnung und Vorbehalte empfinde?

Denken Sie, daß es sich hier nicht um wirkliche Lügen handelt? Schließlich möchte man doch nur dem anderen nicht wehtun. Aber stimmt das denn? Ist es nicht vielmehr die eigene Bequemlichkeit oder der Wunsch, bei jedermann gut angesehen zu sein, der zu solchen Handlungen veranlaßt? Es gibt keinen Grund dafür, stets grob zu widersprechen, wenn man anderer Auffassung ist. Doch weshalb Zustimmung heucheln, obgleich man voller Zweifel blieb? Wäre Schweigen da nicht angebrachter? Auch Schweigen kann schon der Vorhof zur Lüge sein. Im kleinsten müssen wir beginnen, unser Leben zu verwandeln, es wahrhaftiger und heller zu machen. Auch das scheinbar Unwichtige erhält bei der heilsamen Arbeit an uns selbst hohe Bedeutung: Jedes unserer Worte, jede unserer Handlungen muß zum Ausdruck der Wahrheit werden.

b) Keine Zwischenträgerei

Wie bei allem, was wir tun, kommt es gerade beim Sprechen der Wahrheit auf unsere Absicht an. Wenn uns ein niedriges Motiv dazu treibt, die Wahrheit auszusprechen, dann wächst unser Wesen nicht an dieser scheinbaren Wahrhaftigkeit. Sie macht uns vielmehr zu armen Wesen mit einem engen Bewußtsein. Man stelle sich die ehrliche Frage: »Spreche ich manchmal oder häufig aus bloßer Boshaftigkeit die Wahrheit? Möchte ich andere damit verletzen? Bereitet es mir geheime Freude, Mißverständnisse zu stiften? Schweige ich auf der anderen Seite, damit eine Unstimmigkeit bestehen bleibt, obwohl ich die Wahrheit sehr gut kenne?«

Gerade hierbei können wir erkennen, wie ernst es uns mit unserem Wunsch nach Einklang mit den universellen Gesetzmäßigkeiten und Harmonien ist: Wenn es uns gelingt, auch dort Frieden und Eintracht zu wünschen und zu stiften, wo es gar nicht in unserem Interesse scheint, können wir in einem entscheidenden Punkt über uns hinausblicken, und das ist ein wesentlicher Beitrag zur Erweiterung unseres Bewußtseins.

c) Von der Grobheit zur Höflichkeit

Beim Sprechen kommt es nicht nur darauf an, *was* wir sagen, sondern auch darauf, *wie* wir es sagen.

Natürlich ist es zuweilen notwendig, harte Wahrheiten auszusprechen. Zudem muß sicher manches deutlich gesagt werden. Menschen, die uns wohl Verdientes streitig machen möchten, können wir daher klar in die Schranken weisen.

Auch dann, wenn wir uns mit Bestimmtheit Gehör verschaffen müssen, brauchen wir nicht grob und beleidigend zu werden. Schlimmer, als wenn es im Streitfalle zu Grobheiten kommt, ist es aber, grundsätzlich barsch im Reden zu sein.

Selbst dann, wenn wir viel einstecken mußten, wenn wir unter Streß stehen..., was kann der andere, den wir ohne nachzudenken wütend anfahren, dafür? Wir mögen uns selbst damit trösten, daß wir unsere Grob- und Barschheiten nicht böse meinen. Wer kennt nicht Schmerz, Kummer und Enttäuschung, die man der Seele eines Kindes bereitet, das barsch und grob behandelt wird. Es versteht gar nicht die Sorgen, die den anderen so gereizt machen. Und warum sollte einem Erwachsenen mit mehr Verständnis nicht auch Würde und Achtung zustehen.

Ist es uns einmal nicht gelungen, eine Grobheit zu vermeiden oder wird sie uns erst später bewußt, dann sollten wir uns nicht vorschnell vor uns selbst entschuldigen. Es gibt ja auch den Angeredeten. Denken wir beim Reden an ihn, ist es uns gelungen, über uns hinauszublicken. Schaffen wir es, liebevoll auf den zuzugehen, der unsere Grobheit zu spüren bekam, um uns bei ihm zu entschuldigen, wachsen wir damit aus unserem engen Ich heraus. Wir schließen auch den anderen in unser Bewußtsein ein. Wir werden offener, weiter, freier. Wer um Verzeihung bitten kann, hat die Fähigkeit erworben, sich zu seinen Fehlern zu bekennen. Dies ist ein großer Schritt voran! Die versteckten Fehler wird man nicht leicht überwinden. Doch die erst einmal bekannten und offengelegten sind schon halb besiegt!

d) Kein leeres Geschwätz

Eigentlich läge es auf der Hand, zu schweigen, wenn man nichts zu sagen hat. Doch aus vielerlei Gründen tun wir es dann doch. Wir reden aus Angst, Unsicherheit, um uns selbst oder anderen etwas vorzumachen. Vielleicht wollen wir uns auch nur wichtig machen oder fühlen uns akzeptierter, wenn wir mitreden können. Täuschen wir nicht andere dadurch, die dann glauben, wir wären besonders klug. Die daraus gewonnene Selbstbestätigung freut einen nicht recht: Man verschleiert vor sich selbst, daß man keine Ahnung hat. Wer viel über Dinge spricht, über die er eigentlich keine Kenntnisse besitzt, führt ein armes Leben: Diejenigen, die mehr wissen als er und ein tieferes Verständnis besitzen, wollen mit einem Schwätzer nichts zu tun haben. Sie lachen über ihn und ziehen sich zurück. So bleibt er auf den Umgang mit denen angewiesen, die ihn immer weiter in die Selbsttäuschung hineintreiben.

Es ist wichtig, seine Grenzen anzuerkennen, worüber man etwas sagen kann. Dort, wo wir nichts zu sagen haben, sollten wir *fragen* und *zuhören!* Nur auf diese Weise können wir lernen und wachsen.

Schweigen und Zuhören sind wichtige Begleiter auf dem Wege zu höherer Wachheit.

5. Die Bewußtheit nicht durch Drogen trüben

Die fünfte Regel, deren Beachtung der Buddha seinen Schülern nahelegte, mahnt uns, unsere Wachheit nicht zu betäuben, das Bewußtsein nicht zu trüben und uns nicht auf Sucht und Abhängigkeiten einzulassen, die unsere Freiheit zerstören.

Das Beachten aller anderen Regeln, unsere Arbeit am eigenen Denken, die Meditationsübung, all dies ist nur auf der Grundlage eines klaren, nüchternen Geistes möglich. Über die Abhängigkeit von Suchtmitteln, die unser Bewußtsein trüben, wurden einige wichtige Gedanken schon bei den zehn Fesseln gegeben.

Wenn wir den Geist dieser Regel über den Buchstaben hinaus erfassen möchten, dann müssen wir klar erkennen, daß uns nicht nur Heroin oder Alkohol zu bewußtseinstrübenden Suchtmitteln werden können. Wir sollten genau herausfinden, was unsere eigenen Drogen sind: Dinge, zu denen es uns immer wieder treibt, die unser Wahrheitserleben verzerren, unseren Geist betäuben, uns unfrei machen.

Da gibt es zum Beispiel Hoffnungen, die man immer wieder nährt, die jedoch an der Tatsächlichkeit vollkommen vorbeizielen. Man lebt dann in einer Traumwelt, wartet auf das Eintreffen des Unmöglichen und versäumt das, was zu tun wäre. Der Glaube an das Unwahre kann in diesem Sinne zur schlimmeren Droge werden als die, die sich auch so nennt.

Wenn wir wach werden wollen, müssen wir die Wahrheit sehen, wie sie ist. Auf ihrem gesicherten Grunde haben wir zu stehen. Dazu bedarf es der Nüchternheit. Und um dieser willen sollten wir alles aufgeben, was uns vom Boden der Tatsachen wegführt. Wir gewinnen dafür echte Freiheit und Glück, die nicht von Mitteln abhängen, die uns süchtig machen und täuschen.

ZUM AUSKLANG

Wir meditieren. Wir bemühen uns um ein Lösen der zehn Fesseln. Wir steben nach einem wahrheitsgemäßen Bild von der Welt. Wir versuchen, uns im täglichen Leben durch ein Arbeiten mit den fünf Regeln des Buddha zu bewähren. *Warum das alles?*

Es ist die uralte Sehnsucht nach Freiheit und Glück für dieses Leben und darüber hinaus, die uns anspornt. Wir ahnen, daß wir dieses Glück nicht in den kurzfristigen Freuden des Egoismus finden. Wir fühlen, daß echte Freiheit nicht in der Absonderung unserer selbst besteht: Es geht um ein Erfahren der universellen Verknüpftheit aller Dinge und Wesen, wie es der Buddha im Erwachen erleben durfte. Nur das Bewußtsein unserer wahren Stellung in der Welt kann uns auch über sie hinausblikken lassen.

Erst dann, wenn wir unseren Standort kennen, können wir sinnvoll und zielgerichtet weitergehen. Zu unseren Voraussetzungen, unserem Ausgangspunkt gehören die grundlegenden Weltgesetze wie jenes der Nichtdauer aller Dinge und Wesen. Solange wir uns gegen die Gesetze der Natur und des Geistes sträuben, verharren wir in der Täuschung. Wenn wir nicht einmal wissen, wo wir sind, können wir schon gar nicht sehen, wohin der Weg führen soll.

Wir dürfen uns auch nicht der Täuschung hingeben, es genüge, das Ziel unseres Strebens zu kennen. Es hat keinen Sinn, in Phantasien zu schwelgen und schwärmerisch von unserer Einheit und Harmonie mit dem Universum zu träumen. Unser Weg ist zwar voll Freude, aber dennoch fast nüchtern! Wir müssen zunächst uns und die Welt der Wahrheit gemäß erleben.

Erst wenn wir uns unserer selbst und der Welt, der wir zugehören, wahrhaft bewußt geworden sind, können wir den Blick darüber hinaus wagen. Wer den momentanen Augenblick über Spekulationen bezüglich der Wandlungen nach dem Tode vergißt, flieht seine eigene Gegenwart. Solange unser Bewußtsein noch nicht so umfassend ist, daß unsere Wahrnehmung über den Bereich dessen hinausreicht, was uns als die gewöhnliche materielle Welt erscheint, hat es wenig Zweck, in der Phantasie solche Gebiete zu bereisen.

Was nützt es uns, zur Bedeutung des Karma-Gesetzes über den Tod hinaus lange Überlegungen anzustellen, wenn wir noch nicht vollkommen sehen, wie wir *hier und heute* Dinge tun, die uns und anderen schon unmittelbar danach Nutzen oder Schaden bringen? Im Alltag müssen wir sehen lernen, wie selbst die banalsten Gedanken, Worte und Taten Wirkungen haben, bevor sich uns die immer größeren Dimensionen des Karma-Gesetzes erschließen! Was wir im Kleinsten nicht schaffen, wird uns auch im Großen nicht gelingen. Wer nicht seine unmittelbare Umgebung überschaut, wird kaum darüber hinausblicken können. Wer nicht lernt, mit den einfachsten Dingen seines Lebens in rechter Weise umzugehen, wird sich auch nicht vielverspechend mit einem Dasein danach beschäftigen können.

Immer wieder sagte es der Buddha seinen Schülern: In dieser Welt müssen wir uns bewähren und positiv ausrichten, wenn unsere Wandlungen auch über das Sterben hinaus einen positiven Fortgang nehmen sollen.

Mysterien des Todes

Die Wichtigkeit einer Bewährung in dieser Welt und im Alltag für die Art und Weise eines Daseins nach dem Sterben wird auch vom sogenannten *Tibetischen Totenbuch* bestätigt. Dieser bemerkenswerte Text beschreibt aus der Erkenntnis fortgeschrittener Schüler des Buddha den Sterbevorgang und die damit verbundenen Erfahrungen. Berichte klinisch Toter, die man wieder zu Bewußtsein brachte, und Ergebnisse moderner Sterbeforschung bestätigten die Aussagen des *Tibetischen Totenbuches* in aufsehenerregender Weise.

Einen wesentlichen Aspekt der symbolhaften Schilderungen von den

Erlebnissen des Sterbens bilden Lichterscheinungen: Helle und trübe Lichter erscheinen dem Bewußtsein eines Wesens, dessen Körperkraft verging. Die hellen Lichter stehen für die höchsten Ideale des Menschen, sie sind Ausdruck der höchsten Wachheit und der wunderbarsten Möglichkeiten, die man nun noch einmal in all ihrem Strahlen vor sich sieht. Das trübe Scheinen jedoch symbolisiert ein gewöhnliches Welterleben mit seinem Auf und Ab, seinen Zwängen und Fesseln.

Wie das *Tibetische Totenbuch* darlegt, müßte man sich im Geiste auf das helle Licht zubewegen, sich zu den höchsten Idealen bekennen und darauf ausrichten, und man würde im Sterben eine Loslösung von allem Leid und allen Beschränkungen erfahren. Der Weg von Wiedergeburt zu Wiedergeburt hätte dann ein Ende, und man wäre fähig, sich in liebender Harmonie mit den positiven Kräften des Universums, in Freiheit und Glück heilsamer und förderlicher Arbeit zum Nutzen allen Lebens und Bewußtseins zu widmen. Doch in der Regel strebt man ins trübe Licht. Da ist eine tiefe Angst vor dem Klaren, Hellen und Wunderbaren. Man gibt sich lieber mit weniger zufrieden, als vollkommen *Ja* zum Höchsten zu sagen.

Warum sollte man sich im Sterben anders verhalten als im Leben unmittelbar davor? Die Chance der besseren Wahl im Tode wird vertan, weil die Wahl des Besseren zu Lebzeiten nicht verwirklicht wurde. In fast jedem Augenblick unseres Alltages scheuen wir das Helle und geben uns mit dem Trüben zufrieden: Obwohl wir oft bessere Möglichkeiten kennen, begnügen wir uns mit der zweiten Wahl: Wir tun lässig, was wir vollkommen erledigen könnten; leichtfertig lassen wir Talente und Fähigkeiten verkümmern, indem wir uns für den bequemen Weg entscheiden; obwohl wir das Positive genau kennen, wählen wir oft das Unheilsame und nehmen die daraus entspringenden negativen Konsequenzen in Kauf.

Im Alltag müssen wir lernen, uns immer wieder bewußt vom Dunklen und Trüben abzukehren, die schlechtere Möglichkeit sein zu lassen, um uns dem Klaren und Großartigen zuzuwenden. Auf diese Weise das Herrlichste aus seinem Leben zu machen, ist zugleich das beste Mittel gegen jede Form der Todesangst.

Einmal kam Mahânâma, ein Vetter des Buddha, zu diesem, um sein

Leid zu klagen: »Wenn ich, durch Geschäfte bedingt, immer wieder in der lauten und hektischen Stadt zu tun habe, verliere ich dadurch oft die Konzentration meines Geistes. Leicht zerstreuen sich dann meine zuvor auf Heilsames und Positives gerichteten Gedanken. Nun bange ich darum, welchen Fortgang es wohl mit mir nehmen wird, wenn ich in einem solchen Moment sterben müßte?«

Der Buddha fragte darauf: »Was glaubst Du, wenn ein Baum ganz nach Osten geneigt ist, wohin wird er dann fallen, wenn man ihn umschlägt?«

Mahânâma antwortete: »Er wird natürlich in die Richtung fallen, in die er gebeugt ist!« Dieser Antwort zustimmend, legte der Buddha seinem Vetter und Schüler nun dar, daß ebenso derjenige, der sein Leben auf eine Überwindung von Gier, Haß und Verblendung ausrichtete, im Tode automatisch in diese Richtung fallen wird, auch wenn er sich ihrer durch eine vorübergehende Zerstreuung nicht bewußt ist. Wer das Beste aus seinem Leben macht, es in Einklang mit den Gesetzmäßigkeiten der Natur und des Geistes bringt, hat eine bange Furcht vor den Wandlungen nach dem Tode nicht mehr nötig.

Die Mysterien des Todes sind die Mysterien des Lebens: Immer wieder müssen wir uns im Sinne unserer Ideale ausrichten, dann fallen wir nach dem Tode von selbst in ihre Richtung. Doch dazu müssen wir gelernt haben, mit bewußter Absicht frei zu wählen, nach dem Strahlenden zu greifen und das Trübe zu lassen. Diese Fähigkeit ist das größte Wunder unseres Daseins.

Die Freiheit des Willens

Es wurde darauf hingewiesen, daß der Buddha die *Absicht* als das eigentlich Karma-Wirkende bezeichnete. Durch unsere Absichten gestalten wir uns selbst zu dem, was wir sind. In unserer Fähigkeit zur Absicht zeigt sich das Ausmaß unserer Freiheit.

Wahrhafte *Absichten* haben wir dann, wenn wir etwas *absehen* können, also einen Überblick besitzen: Nur wer mehrere Wege kennt, kann sich mit bewußter Absicht für einen davon entscheiden. Wer nur einen oder keinen kennt, geht seinen gewohnten Trott oder überläßt sich dem Zufall und der Beeinflussung durch andere.

Das menschliche Dasein gleicht einer Feder: Wie ein Stückchen Flaum wird man vom Umstand des Windes umhergeweht. Bald oben, bald unten, bald rechts, bald links, findet das Fliegen schließlich ein Ende, wenn man am Boden landet. Planlos und ohne Absicht hatte man sich treiben lassen. Doch kann dieses federleichte Dasein auch ein freies schwereloses Schweben erleben. Wer die Gesetze des Windes kennt, kann sich selbst ausrichten, um im Aufwind zu sein. Mit Leichtigkeit bewegt er sich mit Hilfe des Windes, benutzt ihn und seine Gesetze, um in eine selbstgewählte Richtung zu steuern.

Freiheit bedeutet *Freiheit der Wahl.* Und Wählen kann oft heißen, sich bewußt gegen das zu entscheiden, wohin einen der Wind der Umstände wehen möchte. Aus diesem Grunde ist es so wichtig, daß wir in der Meditation und im ethischen Bemühen lernen, notfalls auch gegen unsere Neigungen zu handeln: Wir bemühen uns, still zu sitzen, auch wenn alles in uns zappeln will. Wir entscheiden uns bewußt für den positiven Gedanken oder die heilsame Tat, obwohl das Negative leichter kommen möchte und Teil unseres Wesens ist. Bewußt entschließen wir uns für das Helle, auch wenn das Trübe bequemer erscheint!

Wenn wir uns unablässig bemühen, gelangt unser Wesen nach anfänglicher Anstrengung in zunehmenden Einklang mit den Gesetzmäßigkeiten der Natur und des Geistes. Worum man zuvor kämpfen mußte, geht dann mit Leichtigkeit wie von selbst. Freiheit und Glück sind so für uns nicht länger nur große Worte. Wir erfahren unsere Verknüpftheit mit dem Ganzen.

Wir streben für uns und die Welt!

Doch Vorsicht! Es ist leicht, sich in die abstrakte Idee einer Ganzheit mit allem und jedem hineinzusteigern und dadurch ein Opfer der Selbsttäuschung zu werden. Wie weit die Erfahrung tatsächlich gewonnen ist, zeigt sich praktisch in unserer Beziehung zu dem, was uns am nächsten ist, besonders zum nächsten Menschen!

Werden wir gleichmütiger gegenüber unserem eigenen Wohl und Wehe? Treten Gier und Haß zurück? Können wir das Leid eines anderen teilen? Vermögen wir uns mit ihm zu freuen? Können wir ohne

Vorbehalte lieben? Fühlen wir uns dabei wahrhaft freier und glücklicher? In der ehrlichen Beantwortung dieser Fragen zeigt sich, ob wir vorankommen!

Begrenzte Zeit leben wir als die Menschen, die wir sind, in dieser Welt. Es ist unsere Welt. Wir sind in ihr und aus ihr entstanden. Nur indem wir sie annehmen und uns ihren Aufgaben stellen, können wir frei werden.

Tomo Geśe Rinpoche, ein tibetischer Weiser, der die Lehre des Buddha vollkommen verwirklichte, sprach einst zu seinem Schüler Anagarika Govinda:

»Solange wir uns anderen überlegen dünken und auf die Welt herabschauen, können wir keinen wirklichen Fortschritt machen. Sobald wir aber zu der Einsicht gelangen, daß wir genau in *der* Welt leben, die wir verdienen, werden wir die Fehler anderer als unsere eigenen empfinden, auch wenn sie in anderer Form als bei uns selbst in Erscheinung treten. Es ist unser eigenes Karma, daß wir in dieser unvollkommenen Welt leben, denn sie ist im letzten Sinne unsere eigene Schöpfung. Nur eine solche Haltung kann uns helfen, unsere Schwierigkeiten zu überwinden, denn sie ersetzt die fruchtlose Verneinung durch den positiven Impuls zur Vervollkommnung, der uns nicht nur einer besseren Welt würdig, sondern zu ihren Mitwirkenden und Teilhabern an ihrer Schöpfung macht.«

Die positive Arbeit an uns selbst verbessert zugleich unsere Welt. Jeder Mensch, der heilsam denkt, redet und handelt, verwandelt die Welt dadurch zum Heilsamen. Jeder Schritt, auch der kleinste, zählt dabei. Indem wir uns bemühen, wache, glückliche und freie Menschen zu werden, dürfen wir sicher sein, daß wir es nicht alleine für uns selbst tun. Wir wirken immer für uns *und* die ganze Welt. Es ist eine große Verantwortung...

Als der Buddha sich im Alter von achtzig Jahren klar bewußt und heiter zum Sterben niederlegte, erinnerte er seine Schüler an die Vergänglichkeit alles Gewordenen. Keine Chance kommt wieder! Dann sprach er seine letzten Worte: »Strebet ohne Unterlaß!«

Anhang

WORTE DES BUDDHA

ÜBER DIE LIEBE

»Was es auch in diesem Leben an Möglichkeiten geben mag, die innere Werte erschaffen, sie alle haben nicht die Bedeutung eines Sechzehntels der Liebe, der Befreiung des Herzens: Die Liebe, die Befreiung des Herzens, nimmt sie in sich auf und leuchtet und flammt und strahlt.

Und wie aller Sternenschein nicht die Bedeutung eines Sechzehntels des Mondenscheins hat, sondern der Mondenschein ihn in sich aufnimmt und leuchtet und flammt und strahlt, so auch haben alle Möglichkeiten, die innere Werte erschaffen, nicht den Wert eines Sechzehntels der Liebe, der Befreiung des Herzens: Die Liebe, die Befreiung des Herzens, nimmt sie in sich auf und leuchtet und flammt und strahlt.

Und wie im letzten Monat der Regenzeit, im Herbst, die Sonne am klaren, wolkenfreien Himmel aufgehend alles Dunkel im Luftraum vertreibt und leuchtet und flammt und strahlt, so auch haben alle Möglichkeiten, die innere Werte erschaffen, nicht den Wert eines Sechzehntels der Liebe, der Befreiung des Herzens: Die Liebe, die Befreiung des Herzens, nimmt sie in sich auf und leuchtet und flammt und strahlt.

Und wie in der frühen Dämmerung der Morgenstern leuchtet und flammt und strahlt, so haben alle Möglichkeiten, die innere Werte erschaffen, nicht die Bedeutung eines Sechzehntels der Liebe, der Befreiung des Herzens: Die Liebe, die Befreiung des Herzens, nimmt sie in sich auf und leuchtet und flammt und strahlt.

Wer am Morgen, am Mittag und am Abend ein Geschenk von je hundert Töpfen Speise macht, und wer am Morgen, am Mittag und am

Abend auch nur einen Augenblick in seinem Herzen Liebe hervorbringt: Der Zweite hat den größeren Gewinn davon!

Darum, meine Schüler, sollt Ihr dies lernen:

Die Liebe,
die Befreiung des Herzens,
wollen wir erzeugen,
steigern,
fördern,
uns aneignen,
sie ausüben,
für uns gewinnen,
vollkommen zum Ausdruck bringen!«[33]

ÜBER EIN GRUNDGESETZ DES DASEINS

Nicht dauerhaft ist alles Gewordene!
Wer dies mit Weisheit klar durchschaut,
der wird von allem Leiden frei.
Dies gilt als Weg zur Läuterung![34]

ÜBER STREBSAMKEIT UND FLEISS

Strebsamkeit ist der Weg zum Todlosen!
Doch Schlaffheit ist der Weg zum Tod.
Strebsame werden frei vom Tod,
die Schlaffen gleichen schon den Toten.

Der Strebende unter Schlaffen,
der Wache unter Schlafenden:
So wie ein schnelles Pferd das lahme schlägt,
geht siegreich der Weise voran.

Wer sich am Streben freuen kann
und die Gefahr der Trägheit sieht,
geht nie von seinem Ziele ab,
er ist Nirvâna nahe schon.[35]

ÜBER DIE UNERMESSLICHKEIT DES WELTPROZESSES

Wenn da ein Felsblock wäre aus einer einzigen Masse: eine Meile lang, eine Meile breit, eine Meile hoch, ungebrochen, ungespalten, unzerklüftet, und es würde alle hundert Jahre ein Mann kommen und den Felsen mit einem seidenen Tüchlein einmal reiben, so würde doch der aus einer einzigen Masse bestehende Felsblock eher abgetragen sein und verschwinden als eine Welt. Das ist die Dauer einer Welt. Solche Welten sind viele dagewesen, hunderte, tausende, hunderttausende. Wie aber ist das möglich? Unfaßbar ist dieser Weltprozeß, unerkennbar der Beginn der Lebewesen, die in Nichtwissen gefangen und von Gier gefesselt von Geburt zu Geburt eilen.[36]

ÜBER DAS GEBEN
ZUM WOHLE ALLER WESEN

Selbst wenn jemand die Spülreste aus Schüssel oder Schale in einen Tümpel entleert, mit dem Wunsche, daß die darin befindlichen Lebewesen davon verzehren mögen, so hat er schon dadurch heilsam gewirkt; um wieviel mehr aber, wenn es sich um menschliche Wesen handelt![37]

SELBST DENKEN!
NICHT BLIND GLAUBEN!

Geht nicht nach Hörensagen, nicht nach Überlieferungen, nicht nach Tagesmeinungen, nicht nach der Autorität heiliger Schriften, nicht nach bloßen Vernunftsgründen und logischen Schlüssen, nicht nach erdachten Theorien und bevorzugten Meinungen, nicht nach dem Eindruck persönlicher Vorzüge, nicht nach der Autorität eines Meisters!

Wenn Ihr aber selber erkennt: Diese Dinge sind heilsam, sind untadelig, werden von Verständigen gepriesen, und, wenn ausgeführt und unternommen, führen sie zu Glück und Freude, dann mögt Ihr sie Euch zu eigen machen![38]

ÜBER WAHRES HELDENTUM

Nicht wer tausend mal tausend Männer
auf dem Schlachtfeld besiegt hat,
sondern nur, wer sich selbst besiegen kann,
ist wahrhaftig ein echter Held![39]

WISSEN ALLEINE GENÜGT NICHT!
DIE KONSEQUENZ ENTSCHEIDET!

Wer alles Wissen erfährt,
es jedoch nicht vollkommen in die Tat umsetzt,
der kann nicht frei von Verblendung
der Wahrheit entsprechend erkennen und begreifen.

Wer jedoch das Wissen hat,
es vollkommen in die Tat umsetzt,
der kann verblendungslos
der Wahrheit entsprechend erkennen und begreifen.

Wer aber die Wahrheit entsprechend
erkennt und begreift,
der macht allem Leid ein Ende.[40]

ÜBER DEN UNTERSCHIED ZWISCHEN GEWÖHNLICHEN MENSCHEN UND ERFAHRENEN SCHÜLERN

Der unerfahrene, gewöhnliche Mensch empfindet angenehme, unangenehme und neutrale Gefühle. Auch der erfahrene Schüler empfindet angenehme, unangenehme und neutrale Gefühle. Was ist dann aber der Vorzug, der Gegensatz oder Unterschied des erfahrenen Schülers gegenüber dem unerfahrenen Menschen?

Wenn der unerfahrene Mensch von einem unangenehmen körperlichen Gefühl betroffen ist, dann wird er zusätzlich bekümmert, beklommen, jammert, stöhnt, gerät in Verwirrung. So empfindet er eigentlich zwei Gefühle: ein körperliches und ein geistiges.

Es ist, als wenn ein Mensch zuerst von einem Pfeil und sodann von einem zweiten getroffen würde, um so doppelten Schmerz zu leiden: Ganz gleich empfindet der Unerfahrene, wenn er von einem unangenehmen körperlichen Gefühl betroffen ist und dann zusätzlich bekümmert und beklommen wird, jammert, stöhnt und in Verwirrung gerät, in doppelter Weise unangenehmes Gefühl: körperliches und geistiges.

Wenn der erfahrene Schüler von einem unangenehmen körperlichen Gefühl betroffen ist, dann wird er nicht zusätzlich bekümmert, beklommen, jammert, stöhnt, gerät in Verwirrung. So empfindet er lediglich ein Gefühl, das körperliche, jedoch kein geistiges.

Es ist dann, als wenn ein Mensch von einem Pfeil getroffen würde, nicht aber von einem zweiten: Wenn der erfahrene Schüler von einem unangenehmen körperlichen Gefühl betroffen wird, empfindet er nur ein körperliches Gefühl, jedoch kein geistiges, indem er nicht zusätzlich bekümmert und beklommen wird, nicht jammert, stöhnt oder in Verwirrung gerät.[41]

DIE URSACHEN UNGLÜCKLICHER WIEDERGEBURT

So wie ein Stab, der in die Luft geworfen wird, immer wieder zur Erde fällt, wenn er auch einmal mit dem unteren Ende, einmal mit der Mitte und einmal mit der Spitze herniederfällt, so gehen die Wesen, die mit Hemmnis der Unwissenheit behaftet und durch die Fessel der Gier gebunden sind, einmal aus dieser Welt in jene Welt und kehren dann wieder aus jener Welt in diese Welt zurück. Sie müssen umherirren und wandern.

Und warum das alles?

Weil sie die Vier Edlen Wahrheiten nicht erkannt haben. Welche sind dies? Die Edle Wahrheit vom Leiden, die Edle Wahrheit von der Entstehung des Leidens, die Edle Wahrheit von der Aufhebung des Leidens, die Edle Wahrheit vom Pfad, der zur Aufhebung des Leidens führt.

Alles Wahrnehmen und Denken sei daher gerichtet auf das Erkennen von Unzulänglichkeit und Leid, auf deren Entstehen, auf deren Aufhebung und auf den Pfad, der zur Aufhebung des Leidens führt.[42]

ÜBER DEN RECHTEN UMGANG MIT GEISTIGEN LEHREN

Unverständige Menschen eignen sich Lehren an, bemühen sich jedoch nicht um ein Ergründen des Sinns. Auf diese Weise helfen ihnen die Lehren allerdings nicht weiter. Sie befassen sich nur damit, um Gesprächsstoff zu haben und Meinungen äußern zu können. Aber am eigentlichen Zweck der Lehren gehen sie vorbei. Eine derartige Beschäftigung mag ihnen sogar für lange Zeit Unheil und Leid bringen, denn sie haben die Sache falsch angefaßt.

Es ist so, wie wenn jemand eine Schlange fangen möchte, schließlich eine große Schlange findet und diese dann irgendwo am Körper oder am Schwanz anfaßte. Die Schlange würde sich umwenden, ihn in die Hand, den Arm oder ein anderes Körperteil beißen. Er hätte unter Schmerzen zu sterben, weil er die Schlange falsch anfaßte.

Verständige Menschen eignen sich Lehren an, um deren Sinn für sich zu erforschen. Auf diese Weise helfen ihnen die Lehren sicher weiter. Es geht ihnen nicht darum, mit Gesprächsstoff glänzen zu können oder Meinungen zu äußern. Sie begreifen vielmehr den Zweck dieser Lehren. Für lange Zeit finden sie dadurch Glück und Freude, denn sie haben die Sache richtig angefaßt.

Es ist so, wie wenn ein Mensch eine Schlange fangen möchte und eine große Schlange findet. Mit einem ziegenfußförmigen Stock hält er sie fest, um sie dann fest am Hals zu packen. Auch wenn die Schlange mit ihrem Leib seine Hand oder seinen Arm umringelt, erleidet er keinen schmerzhaften Tod, weil er sie richtig anfaßte.[43]

BEWÄHRUNG GERADE UNTER UNGÜNSTIGEN UMSTÄNDEN

Es war einmal eine Hausfrau, die im guten Rufe stand, sanftmütig und friedfertig zu sein. Sie hatte eine geschickte, tüchtige und fleißige Magd. Diese dachte: »Meine Herrin steht im Rufe, sanft und friedfertig zu sein. Kennt sie wirklich keinen Zorn, oder bricht er nur deshalb nicht aus, weil ich meine Arbeit stets sehr gut verrichte? Wie wäre es, wenn ich sie einmal auf die Probe stellte?«

Da stand die Magd erst bei hellem Tage auf. Da rief die Frau: »Was ist denn los, warum stehst Du erst so spät auf?« Die Magd antwortete: »Das schadet doch nichts.« Die Frau aber runzelte die Stirn und meinte verärgert: »Das soll nichts schaden, Du schlechte Magd, daß Du erst so spät aufstehst!« Die Magd aber dachte bei sich: »Sie steckt also doch innerlich voller Zorn und zeigte ihn bislang nur nicht, weil ich so gute Arbeit leistete. Ich möchte sie noch etwas auf die Probe stellen.«

Darauf kam sie am nächsten Tag noch später aus dem Bett. Wieder wurde die Hausfrau wütend und schimpfte. Als daraufhin die Magd am Tage darauf noch später aufstand, ergriff die Frau schließlich einen Türriegel und warf diesen ihrer Magd an den Kopf. Blutend lief die Magd nun zu den Nachbarn und schrie: »Seht, das hat die sanfte und friedfertige Frau mit ihrer einzigen Magd getan! Nur weil ich etwas später aufgestanden bin, schlägt sie mit dem Türriegel den Kopf blutig!« Seit diesem Tage stand die Hausfrau im Rufe, sie wäre zornig, grob und streitsüchtig.

Ebenso ist mancher Schüler nur solange sanftmütig und friedfertig, als man ihn nicht beleidigt. Doch gerade dann, wenn er beleidigt wird, sollte er sanftmütig und friedlich sein. Nicht den nenne ich anständig, der sich nur solange anständig verhält, als er alles ausreichend besitzt:

Kleidung, Nahrung, Wohnstätte und Arznei für Krankheitsfälle. Ich nenne ihn deshalb nicht anständig, weil er dann nicht so bleibt, wenn er etwas von dem Benötigten nicht erhält. Anständig nenne ich den, der sich aus reinem Pflichtempfinden und Achtung vor dem Recht anständig verhält. Darum, meine Schüler, seid anständig aus reinem Pflichtgefühl und Achtung vor dem Recht! So sollt Ihr Euch üben![44]

BEIM EIGENEN TUN
AUCH AN DEN ANDEREN DENKEN!

»Weißt Du, wozu man einen Spiegel braucht?«

»Man braucht ihn, um sich zu betrachten.«

»So mußt Du Dich immer wieder betrachten, wenn Du etwas tust, redest oder denkst. Wenn Du etwas tun, reden oder bedenken möchtest, mußt Du Dich folgendermaßen betrachten: Würde das, was ich tun, reden oder denken will, mir oder einem anderen oder uns beiden schaden, dann ist es unheilsam und leidbringend. Wenn du bei ehrlicher Betrachtung feststellst, daß es Schaden, Unheil und Leid bringen würde, dann mußt Du es, wenn Du irgend kannst, nicht tun, reden oder denken. Wenn du aber merkst, daß es weder Dir, noch einem anderen, noch Euch beiden schaden würde, daß es also heilsam ist und Erfreuliches mit sich bringen würde, dann sollst Du es tun, reden oder denken.«[45]

DAS DENKEN GEHT VORAN!

Vom Denken gehn die Dinge aus,
sind Denk-gezeichnet, Denk-geformt.
Wenn einer mit unreinem Geist
in Worten oder Taten wirkt,
so folgt daraus das Leiden ihm,
sicher wie dem Zugtier folgt der Wagen!

Vom Denken gehn die Dinge aus,
sind Denk-gezeichnet, Denk-geformt.
Wenn einer dann mit reinem Geist
in Worten oder Taten wirkt,
so folgt daraus die Freude ihm,
sicher wie dem Zugtier folgt der Wagen![46]

ÜBER DIE DANKBARKEIT

Was ist es, das einen schlechten Menschen ausmacht? Ein schlechter Mensch ist undankbar, kennt keinen Dank. Das ist es, was man bei den Schlechten findet: die Undankbarkeit, den Undank. Die Summe all dessen, was einen schlechten Menschen ausmacht, ist dies: Undankbarkeit, Undank. Ein guter Mensch aber ist dankbar, er kennt den Dank. Das ist es nämlich, was sich bei den Guten findet: die Dankbarkeit, der Dank. Die Summe all dessen, was einen guten Menschen ausmacht, ist dies: die Dankbarkeit, der Dank.

Zwei Wesen will ich Euch nennen, für die es eine angemessene Vergeltung niemals geben kann. Welche zwei sind dies?

Die Mutter und der Vater. Wenn einer seine Mutter auf der einen Schulter und seinen Vater auf der anderen Schulter hundert Jahre lang herumtrüge, wenn er sie mit Einreibung, Massieren, Baden und in jeder Weise bediente, so hätte er damit noch immer nicht den Eltern Dank bezeigt und deren Wohltaten vergolten. Und selbst wenn er seinen Eltern die Herrschaft über die ganze Erde mit all ihren Schätzen verschaffen würde, so hätte er damit noch immer nicht den Eltern Dank bezeigt und deren Wohltaten vergolten. Und warum das? Viel Gutes erweisen die Eltern ihren Kindern als Erzeuger, Ernährer und Erklärer dieser Welt.[47]

ÜBER DIE VERGEBLICHKEIT DER LÜGE

Nirgendwo in der Welt gibt es ein sicheres Versteck für den, der unheilsam gehandelt hat:
Auch wenn man lügt, das eigene Wesen weiß immer, was Wahrheit und was Lüge ist![48]

VOM SEGEN DES GEBENS

Würden die Menschen um den Lohn des Gebens wissen, so wie ich ihn kenne, so würden sie niemals essen, ohne gegeben zu haben. Die Selbstsucht würde nicht ständig ihren Geist vergiften. Selbst den letzten Bissen, den letzten Brocken, würden sie nicht essen, ohne auch ihn zu teilen, wenn Empfänger da wären.[49]

WER ERKENNT SICH HIER SELBST?

Was da ein anderer an Fehlern besitzt, das enthüllt der schlechte Mensch, auch wenn er nicht danach gefragt wird. Wie erst, wenn man ihn fragt! Befragt, berichtet er ohne Auslassen und Zögern vollständig und ausführlich die Fehler des anderen. Den hat man als schlechten Menschen zu betrachten!

Weiter sodann, was der andere an Vorzügen besitzt, das erwähnt der schlechte Mensch nicht, selbst wenn man ihn danach fragt. Wie erst, wenn er nicht gefragt wird! Selbst wenn man in ihn dringt und ihn zur Rede stellt, berichtet er nur, indem er ausläßt und zögert, unvollständig und lückenhaft von den Vorzügen der anderen. Den hat man als schlechten Menschen zu betrachten.

Weiter sodann, was der schlechte Mensch an eigenen Fehlern besitzt, davon spricht er nicht, selbst wenn er gefragt wird. Wie erst, wenn er nicht gefragt wird! Befragt und zur Rede gestellt, berichtet er lückenhaft und zögernd, unvollkommen und wenig ausführlich von eigenen Fehlern. Den hat man als schlechten Menschen zu betrachten!

Weiter sodann, was der schlechte Mensch an eigenen Vorzügen besitzt, das enthüllt er selbst ungefragt. Wie erst, wenn er gefragt wird! Auf eine Frage hin berichtet er ohne Auslassen und Zögern, vollständig und ausführlich von den eigenen Vorzügen. Den hat man als einen schlechten Menschen zu betrachten![50]

ACHTSAMKEIT BEI ALLEM TUN

Sei stets achtsam bei der Sache! Ob Du fortgehst oder zurückkommst, nach vorn oder zur Seite blickst, ob Du ein Glied beugst oder streckst, ob Du Dich kleidest oder die Eßschale trägst, ob Du ißt, trinkst, kaust oder schmeckst, ob Du Dich entleerst, ob du gehst, stehst, sitzt, einschläfst, aufwachst, sprichst oder schweigst, sei stets achtsam bei der Sache![51]

KEINE FALSCHEN VORBILDER NEHMEN! SELBST VORBILD SEIN!

Andere mögen gewalttätig sein, wir wollen niemanden verletzen! Andere mögen Lebewesen töten, wir wollen nicht töten! Andere mögen Nicht-Gegebenes nehmen, wir wollen nichts nehmen, was uns nicht gegeben ist. Andere mögen sich an Mitmenschen vergehen, wir wollen ein sittlich reines Leben führen! Andere mögen lügen, wir wollen die Wahrheit sagen! Andere mögen verleumden, wir wollen es nicht tun! Andere mögen schimpfen, wir wollen höflich sein! Andere mögen sich leerem Gerede hingeben, wir wollen es nicht tun! Andere mögen habsüchtig sein, wir wollen uns bescheiden! Andere mögen boshaft sein, wir wollen liebevoll sein! Andere mögen falschen Ansichten anhängen, wir wollen uns um vollkommene Einsicht bemühen! Andere mögen negativ gesinnt sein, wir wollen uns um edle Gesinnung bemühen! Andere mögen negativ reden, wir wollen positiv reden! Andere mögen unheilsam handeln, wir wollen heilsam handeln! Andere mögen auf schlechte Weise ihr Geld verdienen, wir wollen uns um einen rechten Lebensunterhalt bemühen! Andere mögen sich kaum bemühen, wir wollen uns vollkommen bemühen! Andere mögen nicht gegenwärtig sein, wir wollen uns um vollkommene Vergegenwärtigung bemühen! Andere mögen nicht meditativ streben, wir wollen vollkommen meditieren! Andere mögen sich nicht für die Freiheit interessieren, wir wollen um vollkommene Freiheit kämpfen! Andere mögen müde und träge sein, wir wollen munter und rege sein! Andere mögen aufgeregt sein, wir wollen nach Beherrschung streben! Andere mögen schwanken, wir wollen alle Zweifel überwinden! Andere mögen zornig sein, wir wollen den Zorn überwinden! Andere mögen grollen, wir wollen den Groll überwinden! Andere mögen grob sein, wir wollen zärtlich sein! Andere mögen unbarmherzig sein, wir wollen barmherzig sein! Andere mögen neidisch sein, wir wollen neidlos bleiben! Andere mögen habgierig sein, wir wollen gierlos sein! Andere mögen unehrlich sein, wir wollen ehrlich bleiben! Andere mögen betrügen, wir wollen zuverlässig sein! Andere mögen uneinsichtig sein, wir wollen beweglich bleiben! Andere mögen anmaßend sein, wir wollen zurückhaltend bleiben! Andere mögen grob reden, wir wollen feinsinnig reden! Andere mögen schlechten Umgang haben, wir wollen uns gute Menschen zu Freunden nehmen! Andere mögen schlaff sein, wir wollen strebsam sein! Andere mögen gewissenlos sein, wir wollen gewissenhaft sein! Andere mögen unbelehrbar bleiben, wir wollen uns belehren lassen! Andere mögen lasch sein, wir wollen tatkräftig sein! Andere mögen unachtsam sein, wir wollen achtsam sein! Andere mögen sich wie Narren benehmen, wir wollen weise sein! Andere mögen niedrig gesinnt, hartnäckig und unnachgiebig sein, wir wollen hoch gesinnt, verträglich und nachgiebig sein![52]

ÜBER DIE RECHTE WEISE DES REDENS

Wenn die Rede fünf Eigenschaften aufweist, ist sie wohl gesprochen, nicht übel, tadellos und wird von Verständigen nicht kritisiert. Welches sind diese fünf Eigenschaften?

Wenn die Rede zur rechten Zeit gesprochen wird, wenn sie wahr, höflich, zweckmäßig ist und aus liebevollen Motiven kommt.[53]

ÜBER ZIELLOSIGKEIT

Wer lange ziellos umherstreift, den treffen fünf Nachteile: Nicht Gehörtes bekommt er nicht zu hören; bereits Gehörtes wird ihm nicht klar; was auch immer er an Wissen besitzt, darin ist er unsicher; Krankheit mag ihn befallen; und er bleibt ohne Freunde.

Der Zielbewußte aber hat fünf Vorteile: Noch nicht Gehörtes bekommt er zu hören; bereits Gehörtes wird ihm klar; was auch immer er an Wissen besitzt, darin ist er sicher; schwere Krankheit kann ihm nichts antun; und er gewinnt Freunde.[54]

ÜBER DROGENGENUSS

Sechsfachen Unsegen bringt der Drogengenuß: Er führt zum Verlust des Vermögens, zu Streitigkeiten, ist eine Quelle der Krankheit, erzeugt üblen Ruf, zerstört das Schamgefühl und schwächt die Einsicht.[55]

EMPFEHLUNGEN ZUM RECHTEN REDEN

Kennt man ein Geheimnis oder ein Gerücht, das unwahr und schädlich ist, so soll man es nicht ausplaudern oder weitergeben! Kennt man ein Geheimnis oder ein Gerücht, das zwar wahr, jedoch schädlich ist, soll man davon absehen, es weiterzuerzählen! Kennt man ein Geheimnis oder ein Gerücht, das wahr und nützlich ist, überlege man gut, ob es günstig ist, darüber zu sprechen!

Redet man überstürzt, ermüdet der Körper, Geist und Stimme werden überanstrengt, die Kehle wird rauh. Verworren und unverständlich bleibt dadurch die Rede. Spricht man aber gemächlich, ermüdet der Körper nicht. Geist und Stimme werden nicht überanstrengt. Die Kehle wird nicht rauh. Die Rede bleibt dadurch klar und verständlich. Darum soll man gemächlich und ohne Überstürzung reden.[56]

ÜBER DAS TADELN

Wer einen anderen tadeln möchte, soll folgendes bedenken: »Zur rechten Zeit will ich zu ihm sprechen, nicht zur Unzeit. Den Tatsachen gemäß will ich sprechen, nicht im Widerspruch zu den Tatsachen. Höflich will ich sprechen, nicht grob. Zweckmäßig will ich sprechen, nicht unzweckmäßig. In liebevoller Gesinnung will ich sprechen, nicht aus innerer Bosheit.«

Der Getadelte aber sollte stets in der Wahrheit und Unerregbarkeit fest bleiben: »Sollten mich die anderen auch zur Unzeit tadeln, nicht zur rechten Zeit; unberechtigt, nicht berechtigt; grob, nicht höflich; unzweckmäßig, nicht zweckmäßig; aus innerer Bosheit, nicht aus liebevoller Gesinnung, so will ich doch in Wahrheit und Unerregbarkeit fest bleiben. Wenn ich einsehe, daß diese oder jene Sache bei mir zutrifft, werde ich sagen: ›So ist es. Diese Sache stimmt.‹ Erkenne ich aber, daß diese oder jene Sache bei mir nicht zutrifft, werde ich sagen: ›So ist es nicht. Diese Sache stimmt nicht.‹«[57]

AUCH ANDERE STREBEN NACH GLÜCK

Alle Wesen zittern vor Gewalt, alle fürchten sich vor dem Tode. Bedenkend, daß sie einem derart gleichen, töte man nicht und lasse nicht töten.

Alle Wesen zittern vor Gewalt, allen ist das Leben lieb. Bedenkend, daß sie einem derart gleichen, töte man nicht und lasse nicht töten.

Wer, indem er sein eigenes Glück sucht, das Glück anderer Wesen gewaltsam verletzt, erlangt nach dem Tode kein Glück.

Wer, indem er sein eigenes Glück sucht, das Glück anderer Wesen nicht durch Gewalttat verletzt, der erlangt nach dem Tode Glück.[58]

KARMA UND WIEDERGEBURT

Vier Arten von Taten gibt es, die ich genau kenne: schwarze Tat, die schwarze Folgen hat; weiße Tat, die weiße Folgen hat; schwarzweiße Tat, die schwarzweiße Folgen hat; weder schwarze noch weiße Tat, die weder schwarze noch weiße Folgen hat.

Schwarz ist eine Tat, die man mit negativer Absicht tut, sei es in Werken, Worten oder in Gedanken. Wer mit negativer Absicht handelt, spricht oder denkt, der gelangt in eine negative Welt. Dort trifft er mit Negativem zusammen. Daraus aber erwachsen ihm negative, ausschließlich schmerzhafte Gefühle. So richtet sich die Wiedergeburt nach dem, was geschehen ist. Wie einer handelt, so ist seine Wiedergeburt und dementsprechend das, womit er zusammentrifft. Darum sage ich, daß die Wesen Erben ihrer Taten sind.

Weiß ist eine Tat, die man mit positiver Absicht tut, sei es in Werken, Worten oder in Gedanken. Wer mit positiver Absicht handelt, spricht oder denkt, der gelangt in eine positive Welt. Dort trifft er mit Positivem zusammen. Daraus aber erwachsen ihm positive, ausschließlich beglükkende Gefühle.

Schwarzweiß ist eine Tat, die man teils mit negativer, teils mit positiver Absicht tut, sei es in Werken, Worten oder in Gedanken. Wer teils mit negativer, teils mit positiver Absicht handelt, spricht oder denkt, der gelangt in eine teils negative, teils positive Welt. Dort trifft er mit Negativem und Positivem zusammen. Daraus aber erwachsen ihm teils negative, teils positive, aus Leid und Glück gemischte Gefühle. So richtet sich die Wiedergeburt nach dem, was geschehen ist. Wie einer handelt, so ist seine Wiedergeburt und dementsprechend das, womit er zusammentrifft. Darum sage ich, daß die Wesen Erben ihrer Taten sind.

Weder schwarz noch weiß noch schwarzweiß ist eine Tat, die keine Wirkung hat, wobei man im Geiste das Wirken mit ungewollten Folgen aufgehoben hat.[59]

ANMERKUNGEN

[1] Nach dem Tode des Buddha versammelten sich seine Schüler, um über die Erhaltung seines geistigen Erbes zu beraten. Sorgsam und mit Ehrfurcht wurden alle Aussprüche, Belehrungen und Regeln wiederholt. In der Anfangszeit blieb die Erinnerung an den Meister noch frisch, und man bemühte sich, seine Botschaft im Gedächtnis zu behalten und mündlich weiterzugeben. Doch weitere Generationen von Schülern wollten Leben und Lehre des Buddha niederschreiben, um ihren Erhalt auch für kommende Zeiten zu sichern und Mißverständnisse auszuschließen. So entstand eine umfangreiche Schriftensammlung, die mit dem Sanskrit-Wort *Tripitaka* bezeichnet wird. Dies bedeutet »Dreierkorb«, denn man bewahrte die auf Palmblätter geschriebenen Texte nach drei Sachgruppen geordnet in Körben auf. Der erste Korb (»Vinaya«) enthielt die Regeln, die der Buddha seinen Schülern gab, aber auch Erzählungen über sein Leben und das frühe Wirken seiner Anhänger. Im zweiten Korb (»Sûtra«) bewahrte man die Niederschriften der Reden und Gespräche des Buddha auf. Im dritten Korb (»Abhidharma«) legte man eine systematische Darstellung der Philosophie des Meisters an. Der Tripitaka ist uns in unterschiedlicher Fassung und Zusammenstellung in den indischen Sprachen Sanskrit und Pâli sowie in chinesischer, tibetischer und japanischer Sprache überliefert. Die verschiedenen Fassungen lassen klar und deutlich die wesentlichen Anliegen des Buddha erkennen.

Die nachfolgenden Quellenangaben verweisen auf indische Texte des Tripitaka in der Pâli-Sprache, denen die in diesem Buch zitierten Worte des Buddha entnommen sind, sowie auf das Kommentarwerk

Vissuddhi-Magga von Buddhaghosa. Es liegen dabei Übersetzungen von Paul Dahlke, Karl Eugen Neumann, Nyanatiloka, Karl Seidenstücker, Kurt Schmidt und Moritz Winternitz zugrunde. Die einzelnen Texte wurden der für vorliegendes Buch gewählten Terminologie angeglichen, aus Gründen besseren Verständnisses verschiedentlich gekürzt oder in freierer Sprache wiedergegeben.

[2] Majjhima-Nikâya 80

[3] Majjhima-Nikâya 22

[4] Anguttara-Nikâya III, 66

[5] Udâna VI, 4

[6] Anguttara-Nikâya I, 22

[7] Majjhima-Nikâya 63

[8] Anguttara-Nikâya IV, 13

[9] Majjhima-Nikâya 22

[10] vgl. Majjhima-Nikâya 135

[11] Anguttara-Nikâya III, 62

[12] Anguttara-Nikâya VI, 44

[13] Majjhima-Nikâya 86

[14] Anguttara-Nikâya VI, 63

[15] Majjhima-Nikâya 19

[16] Majjhima-Nikâya 20

[17] Dhammapada 1 – 2

[18] Vissuddhi-Magga VIII

[19] Majjhima-Nikâya 131

[20] Anguttara-Nikâya III, 66

[21] Samyutta-Nikâya LVI, 41

[22] Vissuddhi-Magga VIII

[23] Itivuttaka 112

[24] Majjhima-Nikâya 4

[25] Vissuddhi-Magga XIV

[26] Majjhima-Nikâya 2

[27] Majjhima-Nikâya 10

[28] Dîgha-Nikâya 26

[29] Anguttara-Nikâya X, 176

[30] Anguttara-Nikâya VIII, 21

[31] Majjhima-Nikâya 51
[32] Itivuttaka 25
[33] Itivuttaka 27
[34] Dhammapada 277
[35] Dhammapada 21, 29, 32
[36] Samyutta-Nikâya XV, 5
[37] Anguttara-Nikâya III, 58
[38] Anguttara-Nikâya III, 66
[39] Dhammapada 103
[40] Anguttara-Nikâya IV, 175
[41] Samyutta-Nikâya XXXVI, 6
[42] Samyutta-Nikâya LVI, 33
[43] Majjhima-Nikâya 22
[44] Majjhima-Nikâya 21
[45] Majjhima-Nikâya 61
[46] Dhammapada 1 – 2
[47] Anguttara-Nikâya II, 4
[48] Anguttara-Nikâya III, 40
[49] Itivuttaka 26
[50] Anguttara-Nikâya IV, 73
[51] Majjhima-Nikâya 107
[52] Majjhima-Nikâya 8
[53] Anguttara-Nikâya V, 198
[54] Anguttara-Nikâya V, 221
[55] Dîgha-Nikâya 31
[56] Majjhima-Nikâya 139
[57] Anguttara-Nikâya V, 167
[58] Dhammapada 129 – 132
[59] Majjhima-Nikâya 57